海帆远影

中国古代航海知识读本

中国航海博物馆 编著

上海人民出版社　上海书店出版社

编 委 会
（以姓氏笔画为序）

顾　问：徐祖远
主　任：张东苏
副主任：王　煜
委　员：刘迎胜　孙光圻　席龙飞　葛剑雄

主　　编：张东苏
执行主编：武世刚
编　　辑：温志红　单　丽　赵　莉
撰　　写：孙光圻（前言）　叶　冲（第一章）　刘义杰（第二章）
　　　　　冯　毅（第三章）　毛　敏（第四章）　顾宇辉（第五章）
　　　　　赵　莉（第六章）　单　丽（结语）

序 一

由中国航海博物馆编写的《海帆远影——中国古代航海知识读本》即将付梓，细阅此书，让我忆起自己为之工作多年的航海事业，感触颇多。在建设海洋强国的新时代，能够有一本反映中国航海历史文化的知识读本，对于普及航海知识，宣传航海文化，促进社会民众热爱海洋、投身航海事业，为民族复兴做出新贡献具有重要的现实意义。

我国地域辽阔，山海资源丰富，自古以来就是一个内陆与海洋文化相得益彰的大国。然而，由于近代以来的"落后挨打"，尤其是西方列强凭借"坚船利炮"打开了中国的大门，这使得民众逐渐对传统失去了骄傲与信心，对海洋充斥着恐惧与迷茫。翻开中国的历史，古代中国曾经是世界上最为强大的航海大国之一。古代中国那些让世界为之瞩目的航海发现和成就，不应仅存于学术著作中，而应通过各种宣传、教育、推广手段传递给社会公众，以增强民众的海洋自信、自豪与自强。《海帆远影——中国古代航海知识读本》的编写，就是对这一理念的践行。

本书打破传统以年代为主线的梳理方式，而以专题为框架，提纲挈领地将中国古代航海知识融为一体，从造船技艺、航海技术、港口变迁、海贸货物、文化交流、知名人物六个方面，将中国古代航海故事娓娓道来，篇幅不长但内容颇为丰富。我还注意到，本书用语通俗易懂，而且选配了大量图片，有效地增强了书籍的可读性，与科普读物的定位相契合。总体而言，我认为这是一本内容丰富、深入浅出、图文并茂，能够全面反映中国源远流长、博大精深的航海历史文化的知识读本，因而我很愿意将这本书推荐给大家。

我对中国航海博物馆有着特殊情感，这不仅因为我曾在这座博物馆工作过，更在于我认为博物馆在沟通历史、现在与未来，在弘扬传统文化，提升文化自信方面具有独特作用。中国航海博物馆自2010年开馆以来，在陈列展览、文物收藏、社会教育、科学普及、学术研究等方面开展了一些卓有成效的工作，为中国航海历史、科技、文化做出了积极贡献。博物馆的馆舍空间有限，要突破这一瓶颈，让那些不能来到博物馆的民众也能获益，知识读本的出版是一种有效方式。中国航海博物馆编写的《海帆远影——中国古代航海知识读本》，就是在这方面的探索和突破。

党和政府一直高度重视航海事业的发展。2013年10月，习近平总书记在出访东盟国家期间，提出共同建设"21世纪海上丝绸之路"的构想，正是植根于我国古代深厚的航海文化。党的十九大吹响了夺取新时代中国特色社会主义伟大胜利的前进号角，发出了"坚定文化自信，推动社会主义文化繁荣兴盛"的伟大号召。我期待，这本书的出版能够为民众了解航海、关注航海、支持航海营造良好氛围。我也坚信，在全体民众的共同努力下，中国的航海事业一定会蓬勃发展，迈向更加美好的明天。

序 二

古代中国是世界上的航海大国，拥有悠久的航海历史、先进的航海技术和灿烂的航海文化，并借由航海走向域外，与其他国家和民族的文化相融，为世界各国各地区的跨民族、跨地域、跨文化交流做出了卓越贡献，在世界文明发展史上占有重要地位。古代"海上丝绸之路"即为这一史实的突出代表。

中国航海博物馆位于上海市浦东新区，是经国务院批准设立的我国第一家国家级航海博物馆，于 2010 年 7 月 5 日正式开馆。作为国家级航海博物馆，中国航海博物馆以"弘扬航海文化、传播华夏文明"为办馆宗旨，致力于保护航海遗产、传播航海文化、增强海洋意识。开馆以来，我们高度重视学术传播的力量，努力通过展览、活动、出版物等博物馆特色方式，向社会公众普及航海知识、阐述航海内涵。编写《海帆远影——中国古代航海知识读本》，正是我们践行这一理念的最新举措。

面对源远流长、博大精深的中国古代航海历史文化，我们编写这样一本航海知识读本，初衷并非面面俱到地讲授航海历史，亦非孜孜以求地探求航海文化的精要，而是希望通过这样一本小书，把中国古代航海的基本知识传递给更广泛的民众。本书的编写，突破了文史写作以年代为主线的叙述方式，注重以航海构成要素为剖面而展开。追溯航海，最初是人类在江河湖海等水域环境中，借助舟船工具，实现从此地到彼地的交通需求。伴随舟船与技术的演进，人类航海活动范围不断拓展，由此催生了港口营建、航线开辟，带来了人口迁徙、外交出使、经贸通商、宗教传播以及科技人文交流等，使得农耕文明、游牧文明、海洋文明等主要文明形态，从地域性的封闭独立状态发展到相互影响、相互依存的整体状态。广义上的航海，实为人类跨越水域空间的阻隔，实现文明交汇的动态过程。因此，人、舟船、技术、港口、航线、文化交汇是航海文史的永恒话题，也是本书力图重点呈现的中国航海要素。在写作方式上，本书注重学术与通识的交互转换，采用图文并茂的方式、通俗易懂的语言，并融合近年来相关领域的新资料、新观点以及考古发掘新成果，努力向读者深入浅出地呈现中国航海文史画卷，带领读者走进博大精深的航海世界。

回首历史，古代中国的航海事业为推动世界跨区域交流做出了卓越贡献；放眼未来，建设"21世纪海上丝绸之路"体现了人类社会的共同理想和美好追求。聚沙成塔，川流汇海。我们相信，唯有动员最广泛的民众来关心、支持、参与航海，我们的航海事业才能得到真正的传承与发展。我们希望，借此"读本"在普通民众心中播撒蓝色的种子，相信这颗种子一定能够茁壮成长，春华秋实！最后向本书的参编人员以及对本书提出专业指导意见的专家学者们表达诚挚的谢意！

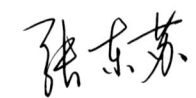

目　录

前言 ··· 1

第一章　舟楫致远 ·· 13
一、舟船源流 ·· 15
二、船型舟式 ·· 31
三、构造部件 ·· 51
四、涂装绘饰 ·· 63

第二章　指向行舟 ·· 77
一、导航器具 ·· 79
二、海图针经 ·· 104
三、火长舟人 ·· 121

第三章　港通天下 ·· 131
一、古港初兴 ·· 133
二、港埠渐隆 ·· 143
三、市舶兴港 ·· 152
四、港史翻澜 ·· 161

第四章　海丝物语 … 175
一、帆影寻踪 … 177
二、异域奇珍 … 193
三、瓷销天下 … 201
四、沉船遗珍 … 213
五、巧工寰宇 … 227

第五章　海国世界 … 233
一、泛海弘法 … 235
二、郑和下西洋 … 243
三、妈祖信仰 … 252
四、东西互鉴 … 259

第六章　航海名家 … 271
一、秦汉时期 … 273
二、三国至隋唐时期 … 276
三、宋元时期 … 288
四、明清时期 … 299

结语 … 320

参考文献 … 323

前　言

我国位于亚洲东方，濒临西太平洋，拥有漫长的海岸线与众多岛屿，优越的航海自然条件促生了悠久的航海历史。早在新石器时代，我国航海文明即已萌芽，此后从公元前 3 世纪到 15 世纪中叶，中华民族的古代航海事业与航海技术始终居于世界领先地位。晚近以来，内外交困的局面使得中国航海事业举步维艰。伴随着新中国的建立，特别是改革开放四十年来的奋斗与发展，我国航海事业已经取得举世瞩目的成就。

一、航海史绩

我国大陆东、南环海，形成了渤海、黄海、东海和南海四个海区，长达 18000 余公里的海岸线，及大小 7000 多个岛屿所形成的 14000 千米的岛屿岸线，为航海提供了广阔的海域环境。我国各地纵横交错的通海江河与各类湖泊，又为沿海海区的航海活动提供了极为宽广和纵深的水运腹地。自然条件方面，我国沿海季风范围广且强度大，在传统风帆时代可以为航海提供强大的助力；我国海区及附近水域的暖流、沿岸流和风生流等规律性海流，也为航海活动提供有利的条件。基于这些优越的航海条件，在以江河湖海为环境的生产实践中，中国古代人民经过数千年航海经验的累积，在舟船制造、航海技术、航线开辟等方面取得了辉煌的成就，不但有力地推进了中国航海事业长盛不衰，而且对世界经济与文化的发展做出了重大贡献。

（一）舟船演进

在人类文明史上，最早出现的小船是独木舟。史料及考古成果证明，中国不但有独木舟，而且有世界上最早时期的独木舟：2002年在浙江杭州萧山发现的跨湖桥独木舟距今约8000年，这不仅是中华第一舟，也是世界上最早的独木舟之一。

进入夏商周时期，舟船形制在独木舟基础上有了改进。据甲骨文记载，此时已出现木板船。这种创制体现在两方面：一是在独木舟四周装上木板，将它改进为尖底或圆底木板船；二是在筏的底部装铺木板和筏体四周装上列板，将它改进为平底木板船。据文献记载和考古成果，作为船舶航行最重要的驱动装置——帆在此时也已产生。这使得中国的水上运载工具开始摆脱了原材料方面的桎梏，进入了一个更为经济、科学、自由的领域。

到春秋战国时期，造船工艺进一步发展，铁箍与铁钉被用于拼接船板，铅皮、麻布、油灰填塞缝隙的工艺技术，使船舶载重量增加，并趋于重甲板、大型化，如吴国大型"楼船""艅艎"以及主力战船"三翼"船。至此，商船与战船独具建制。

至汉代，能够为远航提供不竭驱动力的风帆已发展成熟。并且随着船只的体势增大，推进与操纵的职能开始分开。在操纵航向方面，船桨的桨翼渐变短宽，操作的位置由舷侧转向船尾，并将其固定在船尾的支承点上，船尾舵因之产生。

公元 8 世纪前后，外国人还主要使用船体脆弱、抗风浪能力较差的缝合木船。唐代的中国船舶已是结构精良、舱室与帆樯众多的大型船舶。阿拉伯大旅行家苏莱曼在《中国印度见闻录》（又名《苏莱曼游记》）中写道，波斯湾中风浪险恶，中国唐代的海船特别巨大，抗风浪能力强，能在波斯湾中畅行无阻。因此，唐五代间，阿拉伯商人东航皆乘中国船。唐代海船之所以称雄世界，关键是掌握了当时世界上最先进的钉榫接合的水密隔舱技术。这种技术通过横隔板将整个船舱分隔为多个相互独立的水密隔舱，极大地加强了船体的横向结构强度和抗风浪能力，即使碰到海难事故导致部分船舱进水，也不会引起整艘船舶倾覆或沉没。

在盛唐造船的基础上，宋元制造海船的技术与工艺又有了新的提高。宋代海舶有如下特征：一是体势庞硕，载重量大；二是船体坚固，结构精良；三是航器先进，设计齐备。大型海船有三帆以至十二帆，航行时"帆若垂天之云"；在操纵装置上，有适应海水深浅的"大小二等"的"正舵"和"三副舵"；在抛泊装置上，有铁锚或木石锚，并可由"船首两颊柱"中间的"车轮"收上或放下。

明代郑和下西洋是我国古代航海史中的辉煌篇章。每次出洋，都有大、小海船 200 余艘组成一支结构精良、种类齐全的特混船队。据载，郑和船队中的大型海船被称为宝船，"长四十四丈四尺，阔一十八丈；中者长三十七丈，阔一十五丈"，可立九桅、张十二帆者，其"篷、帆、锚、舵，非二三百人莫能举动"，堪称明代造船家们的惊世杰作。

（二）航海技术

1. 导航技术

原始先民最初的航海活动，是建立在最古老简单，然而也是最可靠的陆标定位与导航基础上的。早期航海多是紧贴海岸的航行或短途逐岛航行，这与西方地中海、尼罗河区域的原始航海是一致的。同时随着原始航海活动的开展，中外涉海人群注重观察日月星辰等自然现象，并通过其恒定的出没位置来为船只定位导航。

春秋战国时期，北斗七星和北极星已成为夜间航海识别方向的主要参照。随着燕、齐、吴、越、楚诸国海上活动的兴起，人们的目光开始投向海外。人们已经开始懂得海洋并非世界边际，在海洋中还有很多未知的陆地与岛屿。同时，人们也开始将中国大陆外侧的水域划分为几个不同的海区。到汉代，航程与航期也开始有了初步的估算与明确的记载。如著名的汉使航程就以"月"和"天"（或"日"）作为海上计程单位。三国至南北朝时期已有较为粗疏的航海活动记录，包括港口、海湾、航向、航期、河口等要素的航路指南初现端倪，与此同时，天文定向越来越成为海洋航行的重要技术手段。至唐代，天文导航开始由定向往定位趋势发展，同时具有早期航路指南性质的文字记载已开始见于史乘。贾耽在"广州通海夷道"中就对当时远洋活动在某些区段之间的航行方向、距离与时间乃至人工航标都有具体的记载。

到宋元时期，通过观测天体来判认船舶地理位置的记载已十分明确，观测天体高度的仪器有"望斗""量天尺"等。宋时海域观念趋于细化，东、西洋等概念出现，"海中之地"也因其形势不同而被赋予相应的地理概念。同时，航海之人还依据沿岸不同的山形物景，睹物状名，使陆标判认趋于具体，并出现了对景定位技术。如徐兢《宣和奉使高丽图经》中有"海驴礁，状如伏驴"的实录。

在此基础上，至迟在12世纪，中国有了叙述性的航路指南，根据海上活动绘制的航海图也已经问世。令人遗憾的是，这些海图早已流失，难识其貌。元代的航路指南更趋具体化，对安全航路、航行方法、海上航程、危险物等的记述日益明确、详细，使航海者取得了更多的主动权与自由度，而航海图的应用也更为普遍。当然，宋元时期地文航海技术上最重要的贡献，是将指南针这一全天候的恒向导航仪器应用于航海。这一世界航海史上划时代的技术变革，为15世纪的"地理大发现"准备了必要的技术前提。

明时令人注目的天体测量仪器为牵星板，明人李诩（1505—1592年）的《戒庵老人漫笔》有相关记载。到明代郑和下西洋时期，建立在"针盘"基础上的地文导航技术取得了重要发展。著名的《郑和航海图》堪称我国古代地文导航技术的集大成式总结。李约瑟曾对《郑和航海图》导航的精确性与航用价值进行过中西对比研究，文中论及米尔斯和布格登两位非常熟悉马来半岛海岸线的西方航海家对中国航海图给予了很高的评价。

2. 船舶操纵技术

可以想见，最早的舟筏应是通过桨、篙之类的划水动作来驱动和转向的。在人力驱动方面，中国人的重大贡献是发明了一种特殊的长桨——橹。橹纵置于舷侧，行舟时用手来回摇动橹柄，即可使柄叶在水中相应翻动，产生持续的推力，这比间歇性做功的普通船桨要提高不少功效。同时，通过调节橹的摇动速度，并单向加大橹叶入水角度，还能控制船舶航向。这种简便、多能、高效的航行器具，至今仍广泛地使用于非机动船舶上。

船舶操纵技术的另一进步是帆舵结合的打偏和掉戗使风技术。史料表明，至迟到三国时期，这一技术已被掌握。当时中国南海航海者的船艺水平已走向成熟，他们能利用偏风行船，并以舵配合来克服横漂，使船舶按预定航向前进。

到宋元时期，船工的船舶操纵技术已非常娴熟。他们不仅能借风使帆来提高航速，还能"随水深浅"更易不同主舵。同时，宋人还掌握了平衡舵操纵技术。这在《清明上河图》中可以看得非常清晰。在用锚技术方面，不但已能根据不同的需求用锚，在抛泊时固定船身，遇风时镇浪稳定船身，而且已能注意抛锚与风向、水流、海底底质的关系。

3. 海洋气象技术

海洋气象状况不仅影响航海活动的正常进行，而且直接关系到船舶与船员的安危。在海洋气象中，风的态势最为重要。从殷墟卜辞看，商代已知东、南、西、北的四方风。到春秋战国时期，又产生了八方风与十二方风的概念，并且已有专管观测和预报气象的官员，不但能将气象与时令联系起来，对气象演变规律进行季节性预测，而且能将各种气象联系起来，作出各种预测。

秦汉时代，中国人已知风向与节候之间的互相关系，汉使远航印度洋即对季风进行了充分利用。汉朝人将这种随季节而变、定期而至的风称为季风或信风。东汉应劭在《风俗通义》中即提及"五月有落梅风，江淮以为信风"。"落梅风"又被称为"舶棹风"，说明其与航海关系密切。到宋元时期，"北风航海南风回""每遇冬汛北风发舶""夏汛南风回驶"等航海经验已被总结提炼出来。

从宋代起,"祈风"与"祭海"活动相当盛行。一般来说,"岁两祈风",分夏冬进行。夏季祈风,泉州通常为四月,广州为五至六月;冬季祈风,则在十月至十二月。祈风往往与祭海同时举行,市舶祈风,郡守祭海,主要是祭奠海神天妃。

宋元航海者已能"善料天时"并"审视风云天时而后进",这一技术工作,主要由火长负责。到了元代,简单的海洋气象预测知识开始趋于全面,并采用易于上口和记忆的歌诀形式来对之进行总结。

明清时期,航海气象知识与预测手段更为具体,有"逐月定日恶风"的歌诀,对从正月到十二月易有大风雨的日子都有明确预告。这充分表明,当时的航海者不但能对近期的气象态势作出及时观测与预报,而且对常年的气象变化规律也有了一定的认识,从而使航海活动建立在相对科学与安全的基础上。

(三)航海路线

我们的先民很早就迈开了走向海洋的步伐。各类滨海地区的考古成果显示,从距今7000至5000年前左右,黄海与东海的沿岸航行、跨越半岛之间及海峡的横渡航行,以及从我国北方黄海沿岸通往朝鲜半岛和俄罗斯远东滨海地区的沿海航行已渐次展开。此外,据远古造船工具有段石锛的分布态势,我国沿海先民可能已借助太平洋海流,与台湾、菲律宾、苏拉威西、北婆罗洲等地区建立了航海联系。

春秋战国时期,江海交叉的综合航行网络已开始形成。海路主要包括：渤海与渤海海峡横渡的航路，环绕山东半岛的航路，由浙江沿海至山东半岛的航路，江浙闽粤之间的沿海航路等。同时，越海航行与远洋探索也有了新的进展：一是东南沿海的越人可能已有计划、有组织地主动性横渡台湾海峡并对台湾实施行政管理；二是据司马迁记载"自威、宣、燕昭，使人入海，求蓬莱、方丈、瀛洲"，深海大洋探险活动已经开始。至迟到战国年间，不少中国人已从海上抵达日本，而我国东南沿海的越人也已通过南海进行海外贸易。

秦汉之际，徐福东渡与武帝时期海上丝绸之路的开辟是中外海交史上的重大历史事件。延至西汉，武帝派使臣开辟了第一条从徐闻、合浦起航，循南海南下，经马六甲海峡和孟加拉湾到达南亚的印度半岛东岸和斯里兰卡的远洋航线。这是第一条通达印度洋的远洋航线，标志着"海上丝绸之路"的开辟，成为世界航海史上极其光辉的一页。

三国时期，吴国的孙权利用优越的海洋地理条件和东南沿海人民擅长航海的传统，组织了多次近海与远洋航行活动，不仅留下了正史关于台湾海峡两岸通航的第一次明确文字记载，也使航行范围扩展到北印度洋水域。

唐代远洋航海走向全面繁荣，如唐代的外交家杨良瑶，就曾以"聘国使"身份率外交使团，航海出使印度洋沿岸南亚、中东国家，最后抵达黑衣大食（今伊拉克等国家和地区）。贾耽在"广州通海夷道"中对当时中国与西亚、东非地区的远洋航路以及与南洋地区的传统航路作了详细的总结。

宋元时代，远洋航行非常发达，亚非航线全面成熟，通航区域空前广泛。以广州（或泉州）为始发港，整个南洋以及广大的北印度洋甚至地中海区域都留下了中国航海者的踪影，出现了"东西南数千万里，皆得梯航以达其道路""虽天际穷发不毛之地，无不可通之理"的鼎盛局面。特别值得指出的是，在当时主要的远洋航路中，广泉—兰里—麻离拔、广泉—兰里—东非已是横渡印度洋的重要航路，这在中国和世界航海史上具有重大的开拓意义。

明初郑和下西洋时期，在继承与发展宋元航海的基础上，开辟了中国古代历史上航程最长的远洋航线。同时，郑和船队在海洋上有分有合，形成了占城、满剌加、苏门答剌、锡兰山、古里、溜山等六大主要航运枢纽。辐射的航路多达58条，形成了多点纵横交叉的综合性远洋航路网络，这是中国远洋航海的重大成就。

二、"海丝"贡献

中国自汉代开辟、到郑和下西洋时期洋集大成的海上丝绸之路，在欧亚大陆之外架起了一条海上大通道。历史上，欧亚大陆是古代世界最主要的文明地区，但沟通欧亚大陆的陆路不但路途漫长，地形复杂，而且关卡众多，盗匪出没，故一向被沿途各国视为畏途。而海上丝绸之路的开辟，不但可以避开陆路上的各种复杂局面，运输人员与物资的能力也远远超过陆上运输。这就为连接欧亚各国提供了一条安全便捷的交通模式，使沿途各国能够方便地进行各种性质的交流。

通过"海上丝绸之路"，中国向东亚、南洋和西亚等地输送丝绸、茶叶、瓷器、纸张、文化用品等商品，以及大量的金银铜钱作为商品交易的结算货币；中国也输入了香料、玉米、番薯、洋葱、药物、象齿、通犀、翠羽、沉香、珍珠以及奇禽异兽等舶来品。从中可见，海上丝绸之路的存在，有效承载了中外经贸物资交流，使得异域风物可以互通有无，交流也更顺畅便捷。

物资交流之外，包括政治制度、文学艺术、宗教信仰、科学技术等在内的中外文化交流，也是"海上丝绸之路"非常重要的历史贡献。自秦汉起，经过唐宋元明历代的航海交往，中国主要通过"海上丝绸之路"向东亚、东南亚、南亚、西亚等国家与地区，传播了中华民族优秀的思想文化和制度典章，中国古代的"四大发明"也是通过"海上丝绸之路"在亚欧大陆得到了广泛的传播。同时亚欧各国的宗教文化、科学技术、艺术样式也通过"海上丝绸之路"传入中国，促进了中外文化的交融。

值得注意的是，虽然中国在古代"海上丝绸之路"中显示的往往是航海大国和海上强国的形象，但传统中国所秉持的往往是和平友好、互利互惠的理念，明初郑和下西洋即为典型。当时，郑和船队是世界上最强大的海上力量，亚欧地区任何国家的舰队都无法与之相比。然而历时28年的亚非航行中，船队始终坚持和平的外交方针，本着"王者无外，中天下而立，定四海之民，一视同仁"的怀柔精神，每到一地总是"宣教化于海外诸番国，导以礼义"，传播了当时先进的中华文明，互通了物资，交流了文化习俗，在扩大明王朝的国际影响的同时，加强了中外人民之间的相互了解与交流，赢得了"海上丝绸之路"沿途各国的尊重和赞赏。

正是由于如此，郑和及其船队同仁在国外人民心目中留下了和平友好的美好印象，产生了广泛深刻的历史影响。时至今日，在众

前　言

多的东南亚国家与地区，仍流传着不少郑和航海的动人故事，留存着不少以郑和尊号命名的遗迹与纪念或祭祀遗址。

史海翻澜，舟楫致远。古代"海上丝绸之路"蕴含的中外人民之间的共同价值观，仍然是今天中国和世界各国合作共建 21 世纪海上丝绸之路的历史基础；而当下中国与沿途各国和地区的智慧对话、友好合作，还将为丝路历史续写佳篇。

海帆远影

第一章 舟楫致远

By Sail to Distant Lands

《周易·系辞下》曰："舟楫之利，以济不通，致远以利天下"。舟船是人类征服自然、推动社会发展的重要工具之一。人类为谋求生存，借助舟船，通行于江河湖海，采集和猎取食物。舟船逐渐成为沟通各地的重要交通工具，有力地扩大了人类的生活范围，促进了各民族各区域的生产、商业贸易及经济文化交流等。十四五世纪以来，造船与航海技术的发展，推动了人类的远洋航行、海上探险等活动，使人类社会由各区域相对封闭、相互孤立的状态逐渐联结成一个整体的世界，开启了全球化进程。

一、舟船源流

中国北临大漠和草原，西部多为高山，东部、南部向海，海岸线长达 1.8 万公里。中国境内，河川纵横，湖泊众多。辽阔的水域是水上工具使用和发展的有利条件，中国是世界上主要的舟船发源地之一。中国古代舟船，起源于材料简易、技术要求不高的渡水工具，然后逐渐发展，船舶类型越来越丰富，用途更加广泛，技术工艺日趋成熟、先进。

（一）舟船源起

临水而居的远古先民，在水中采集、猎取食物，或与洪水搏斗。生存的需要，促使他们寻求有利于水上活动的工具。古书《世本》记载："古者观落叶因以为舟"，《淮南子》也说："风窾木（注：指中空的树木）浮而知为舟"，这说明人类创造渡水工具可能是受自然界漂浮现象的启示。《物原》记载："燧人以匏济水，伏羲氏始乘桴，轩辕作舟楫"，说明了原始渡水工具由低级向高级形式发展的层次和规律，即：以葫芦为代表的渡水工具为先，各类材质的筏子其次，最后发展为舟船。

1. 原始渡水浮具

最原始的渡水工具，可能是以天然的葫芦、树段等作为水上漂浮物。

葫芦体轻、浮力大，很早就被先民用作浮具。中国古代称葫芦为瓠、匏、壶等。《易经》记载："包荒，用冯河，不遐遗"。"包"是"匏"的假借，即葫芦。"荒"意为空虚，"冯河"指渡河。"包荒冯河"意指抱着空心的葫芦渡河。其他文献也有类似记载，如《诗经》云："匏有苦叶，济有深涉"。意思是葫芦叶子发枯，内部已然成熟，可以用来渡过深水。《国语》曰："夫苦匏不材，于人共济而已"，指葫芦味苦，不可食，但佩匏可以渡水。《鹖冠子》亦云："中流失船，一壶千金，贵贱无常，时使物然"，即船只在中流毁坏，一只葫芦就抵千金，无论是贵人还是贱民，此时需要的就是这个普通的葫芦。陆佃注曰："壶，瓠也。佩之可济涉，南人谓之腰舟"。

第一章　舟楫致远

葫芦作为浮具，在中国的民族史资料中也能得到印证，甚至在今天的中国南部地区还能见到。清《番俗图》绘有台湾土著居民腋下携葫芦游渡的画面。《琼州黎民图》描绘两山之间的大河中有人乘筏横渡，而另一男子正腰带葫芦游水。云南哀牢山下的彝族人过江或捕鱼时，也会在腰部拴上葫芦。较大的葫芦用一个，以网套罩之（图1-1）；较小的葫芦，则用绳子串起来以增加浮力。解放前，在晋南黄河岸边，有些佃户、长工就骑着两个葫芦，往返于黄河两岸[1]。山东长岛居民捞海参时，也常以葫芦为浮具。海南岛中南部的黎族等少数民族聚居的地区，当河水暴涨时，当地居民也靠抱着葫芦浮水过河。依江河而居的黎族居民，几乎每户都收藏有三四个葫芦腰舟，挂在房檐下。使用渡水葫芦过河，不受地点和时间限制，也便于携带，所以保留至今（图1-2）。海南黎族的渡水腰舟，被认为是研究

图1-1　渡水腰舟

图1-2　黎族人至今仍在使用的渡水腰舟

17

史前水上交通的"活化石"[2]。

原始的渡水工具，除葫芦以外，还有一些其他的天然物。比如在四川大凉山地区，近代彝族人过金沙江时，选择一种树干，长约四五米，碗口粗细。游渡者将该树干推入江中，抱住树干，以两足交错击水过江。在云南哀牢山地区，有些彝族小孩过河时，就砍两节带有隔膜的竹筒作为漂浮工具。当地还有一种七里蜂，其巢直径约1.5米，厚3～4厘米。人们把蜂房放在水中，或趴或坐，以双手、双足划水过河。

人类从事饲养业以后，还利用牲畜的皮革制作浮具。中国的黄河和长江上游等地区，就曾使用皮囊（图1-3）作为渡水工具。皮囊制作简单，携带方便，更不怕浅水、激流和险滩。唐代《太白阴经》记载："浮囊，以浑脱羊皮，吹气令满，系缚其孔，缚于腋下，可以渡也。"这里的"浑脱"就是皮囊。在纳西族的象形文字中，人们把皮囊画成一个球状在水上浮动。清人余庆远在《维西见闻录》中记载皮囊"不去毛而乭剥毁皮，扎三足，一足嘘气其中，令饱胀，扎之，骑以渡水"。

图1-3 普米族的羊皮囊

2. 各类筏子的使用

葫芦、皮囊、树干等单体浮具一般呈圆筒状，在水中易滚动，不够平稳，面积和承载负荷有限，且没有方向感，在流水中难以控制。经过不断的摸索改进，人们逐渐把葫芦、皮囊、树干等单体浮具捆束扎起，形成筏。《尔雅》对筏的解释是"并木以渡"。因此，筏是由单体浮具发展演变而来的。

筏，其因大小、地区和质地等差异而有不同的称谓，如筏、泭、柎、桴、栰等。中国南方盛产竹子，因此竹筏的使用非常广泛。北方地区，主要是木筏。将众多皮囊编扎起来，就变成皮筏，组成皮筏的皮囊少者有 6～12 个，多者可达 400～600 个[3]。

筏子的材料来源广泛且易得，结构简单，技术要求不高，大小也可因需要而定。因此，自诞生以来，筏子是人们生产、生活、交通的重要工具之一。即使舟船出现以后，我国从北至南，各地仍有使用筏子。如黑龙江省鄂伦春族的桦木杆筏，云南摩梭人的松木筏子，藏族的牦牛皮筏，黄河上的羊皮筏子（图1-4）以及南方各地的竹筏。

图1-4 黄河上的羊皮筏子

通过选材加工、捆扎用料、编排方法、工具配置、行驶技术等方面的改进，筏子不仅可以作为渔猎和运载工具，甚至还可适用于海上漂航，如中国台湾地区及南岛民族所使用的海洋型帆筏（图1-5）[4]。

3. 独木舟的出现

原始渡水工具，尚不能算作舟船。舟船是指具有容器形态和干舷的水上工具。在人类舟船的发展史上，独木舟的问世标志着真正意义上的船出现了[5]。

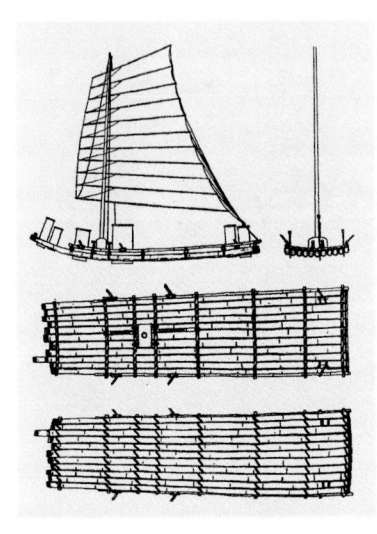

图1-5 台湾的海洋型帆筏

西方船史学者过去认为中国船是从筏直接发展而来，他们认为：一是中国古代没有或极少有独木舟，二是中国船的典型特征是平底、方首方尾、有多道横隔舱壁，这跟平坦矩形的竹筏、木筏非常相似，而横隔舱壁则是模仿竹子的横隔[6]。西方学者的这种观点，已被解放后中国大量考古出土的独木舟实物及中国船史学界的研究考证所否定[7]。

中国舟船起源于独木舟。但中国独木舟究竟起源于何时，由谁发明？《易经》说是伏羲"刳木为舟"。《世本》记载是黄帝的两个臣子共鼓、货狄造舟。《舟赋》说是黄帝的臣子道叶"刳木为舟"。《汉书》《拾遗记》则认为是黄帝创造了独木舟。《发蒙记》提到舜的臣子伯益是舟的创始人。而《吕氏春秋》却提出是舜的臣子虞

图 1-6　跨湖桥遗址独木舟遗迹

姁。古书记载众说纷纭。2002年在浙江杭州萧山跨湖桥遗址出土的独木舟（图1-6），距今约8000年，这是迄今中国发现的年代最早的独木舟。可以据此推断：中国的独木舟至少在8000年前的新石器时代就已经出现[8]。独木舟是舟船的雏形，它具备了船只应有的特征：干舷和容器形态。独木舟因此具有一定的水密空间和储备浮力，使乘舟人和所携带的货物避免被水浸淹，独木舟本身也能适应一定范围内载重量的增减，承受一定强度的波浪袭击。

4. 木板船的问世

独木舟虽然具有一定的干舷和水密空间，但它在水中的稳定性还不够好，大小和内部空间受原株树木的制约较大。伴随人类社会的生产发展、技术进步以及商品交换的需求，人们对水上工具的装载量、适航性等提出了更高的要求，独木舟逐渐向木板船演变。

木板船是由木板构成的船形空间壳体。它由船底、船侧和首、尾部的封板所围蔽，并有木构件加以支撑。它是在独木舟两旁朝横向和竖向加装木板演进而来，从而获得更大的水密空间，提高了干舷并改善了独木舟的稳定性。木板船与独木舟虽然都是通过人工制造水密空间来获得干舷，但较之木板船，独木舟的挖空空间量是微不足道的，其干舷高度更是无法与之相比。因此，木板船所产生的浮力，与独木舟有着本质的区别。木板船的技术本质是人工制造了封闭的水密空间，这正是木板船能够向大型化、多样化方向发展的技术基础[9]。

木板船的产生，至少应具备三个技术条件：制板技术、木构件连接技术、确保连接部位不渗漏水的捻缝技术[10]。制造木板船的首要和必备条件是必须具有木板。7000年前，以河姆渡文化为代表的新石器时代，先民就已经能为构筑干栏式建筑而剖制木板，且具有相当成熟的榫卯技术，说明那时制造木板船的技术条件已基本具备[11]。

从甲骨文中出现五十余次的"舟"字，以及当时青铜器上与"舟"字相关的铭文来看，最迟在中国奴隶社会的商代（约公元前16至前11世纪），木板船已经出现，并成为人们常用的水上工具了[12]。从独木舟发展到木板船，这是中国舟船发展史上的一次飞跃[13]。

（二）舟船发展

新石器时代，中国东南沿海的有段石锛曾在东南亚的菲律宾、马来西亚和印度尼西亚的诸多岛屿，以及太平洋中部的波利尼西亚群岛传播。中国先民可能以相对简易的航行工具（如在独木舟基础上改进的边架艇）漂航，与这些地区的居民有过接触和交流。

第一章 舟楫致远

商代时，木板船已广泛用于水上运输和商贸往来。据卜辞记载，帝辛在征伐人方时，曾两次渡淮河而至齐，然后乘船循海南行。商王武丁，四方征战，曾渡淮河、长江而至今浙江上虞。商王盘庚，自奄（今山东曲阜）迁都到黄河以北的殷（今河南安阳）时，"造舟船渡河"。可见，商代已有大量船只。《诗经·商颂》中"相土烈烈，海外有截"和"四海来假，来假祈祈"等诗句，表明商代与海外已有往来。考古实物和文献记载都证明：殷商时期流通、使用了产自海外甚至热带海域的海贝壳、蚌壳、鲸鱼骨、砗磲等，说明当时舟船已用于海上运输。西周时，东南沿海的诸侯国及沿海土著居民的航海活动比较活跃，例如，今山东半岛的莱夷，世代以捕鱼、晒盐为生，擅长驾船在海上活动；居于东南沿海的越人，善造舟和航海，"水行而山处，以船为车，以楫为马，往如飘风，去则难从"。

随着战争的频繁发生，舟船也应用于军事领域。商周时，舟船主要用于运送兵士，如接送军队泛江渡河，或运载军需物资。西周时，出现管理船只的官职，称为苍兕、舟牧。春秋时，相传鲁班发明木作工具，铁制的斧、凿、锯等工具的出现，提高了木板的加工能力。当时，各诸侯国之间频繁的兼并战争，也涉及水战。这些因素促进了船型的多样化。春秋末期，出现真正意义的战船，如吴国的大翼、中翼、小翼、楼船、突冒、桥船等，秦国的太白船，越国的戈船，越人的须虑船。

战国时期以来，中国舟船不仅在中国沿海畅通航行，更积极向海外航行。战国时齐威王、齐宣王和燕昭王以及秦始皇等，曾多次派人出海远航，寻找海上神山。最著名的就是秦始皇两次派遣徐福入海求仙。一般认为，徐福船队航海到达了日本列岛。秦始皇多次出巡，乘船航行于长江、黄海、渤海等。商贸方面，则"船车贾贩，周于四方"。当时木船还被应用于农田水利领域。考古发现当时的陶质水田模型的田畔沟渠中放有小船（图1-7）。正因为舟船在社会生活领域的广泛应用，当时人们通过艺术手法在壁画、石刻、砖纹、铜器上留下了舟船形象。如山东滕州石刻《苇束船图》(图1-8)、广州楼船纹画像砖及汉代铜镜上的船纹。

图1-7　陶质水田模型及农田用船

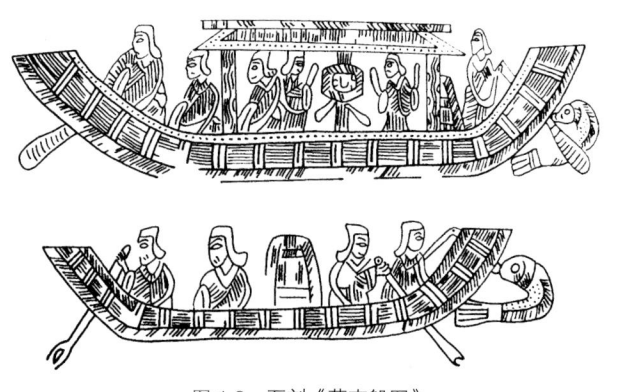

图1-8　石刻《苇束船图》

第一章 舟楫致远

秦汉时,中国舟船发展到一个新的高峰。在结构方面,帆、桅、船尾舵、橹、矴、梢等船舶属具逐渐发展成熟。在船型上,战船已发展为一个庞大的家族,类型多样。有快速攻击战船,如蒙冲、先登、赤马、冒突、走舸等;有执行作战任务的大中型战船,如楼船、戈船、舰等;有保障作战的侦察船,如斥候;有载重运输船,如舫船[14]。在航海发展史上,汉代时期,中国南北航路基本全部开通。《汉书·地理志》记载,自中国南方的徐闻、合浦、日南等地经东南亚至印度的"海上丝绸之路"已出现。东汉李尤《舟楫铭》称:"舟楫之利,譬犹舆马。载重历远,以济天下。相风视波,穷究川野",反映了当时广泛使用舟船的情形。由于航海及造船技术的发展及舟船的广泛应用,中国古代文献中首次出现了有关舟船的专篇著述。如东汉刘熙所撰《释名》的第25篇《释船》,专门对船舶概念、分类及技术进行总结论述。另外,西汉扬雄所著《方言》分类记载了黄河及长江中下游等地区的各种舟船及行船工具的名称。

三国时期,东吴、曹魏与海外地区往来密切,舟船成为出使海外的重要交通工具。《梁书》记载"吴孙权时,遣宣化从事朱应、中郎将康泰"航海至东南亚一些国家;《三国志》记载黄龙二年(230年),孙权"遣将军卫温、诸葛直将甲士万人浮海"抵夷洲,即台湾地区;嘉禾元年(232年),孙权"遣将军周贺、校尉裴潜""浮舟百艘"直达辽东,联络公孙渊政权;嘉禾四年(235年),孙权遣谢宏、陈恂渡海联络朝鲜半岛的高句丽政权,"是时,宏船小,载马八十匹而还"。《太平御览》记载当时东吴的大海船,有的"长二十余丈,高去水三二丈,望之如阁道,载六七百人,物出万斛"。若按当时一丈2.4米计算，则20余丈的大海船已达48米。《三国会要》记载吴国的大船可"载坐直之士三千人"。长沙简牍博物馆有一枚标号为1384的走马楼"舟船属具简"（图1-9），时间为嘉禾二年（233年）。这枚吴简显示帆船的大樯（即主桅杆）"长七丈"，风帆的上下篷杆"长六丈"，有专家据此推算这枚吴简所记的木帆船的船长应超过16.75米，宽度约为7.2米，排水量应达到70～100吨[15]。据《三国志·魏书·倭人传》等记载，从238～247年的短短10年，魏国与日本共有六次使节来往，交往频繁。

图1-9 走马楼"舟船属具简"

两晋南北朝时期，中国舟船的发展出现了新的气象。首先，内陆地区也有大船建造，如《晋书·王濬传》记载咸宁五年（279年）王濬在四川造"大船连舫，方百二十步，受二千余人"，甲板上"皆得驰马来往"。西晋《荆州土地记》记载洞庭湖地区"湘州七郡，大舶（注：应为一种运输船）所出，皆受万斛"。其次，发明创造了一些新式舟船和新的水战装备。东晋《洛神赋》中，画舫由两条船身并列组成，上有重楼高阁，船尾有长橹。《梁书》记载侯景军中"两边悉八十棹"的多桨船,这是我国古代文献记载配置木桨最多的船只。《太平御览》记载东晋战场上一种在船底开洞的船。这种船"开诸船底,以木掩之,名为船械"。打开船械,可"从船底沉行"而出。据《南史》《资治通鉴》记载,晋义熙十三年(417年),刘裕的部将王镇恶由黄河溯渭水而进,"行船者皆在舰内,秦人见舰进而无行船者",这是世界上首次关于桨轮船的生动记录。据《南齐书》记载,祖冲之(429~500年)曾建造过一种能"日行百余里"的船,有人认为这可能是一种利用轮桨推进的车轮舟。当然,还有对中国舟船技术史发展做出重大贡献的卢循建造的八槽舰,这是中国文献目前对水密隔舱技术的最早记载。战船方面,东晋初年(公元4世纪),杜弢起义军就发明水战利器"桔槔"[16]。《晋书》记载杜弢"作桔槔打官军船舰",桔槔即为拍竿,利用桔槔上巨石的重力居高临下砸向他船。当时,装有"桔槔"的杜弢起义军打沉多艘官军舰船。到南北朝,水战极频繁,"桔槔"已改称"拍竿",成为当时大型战船上的普遍装备。

唐代,中国的造船与航运事业继续发展,船舶种类不断丰富:战船、商船、渡船、渔船、漕船等应有尽有。安史之乱(755~763年)后,朝廷为解决关中粮食紧缺,须从江淮运粮。广德二年(764年),刘晏任河南、江淮转运使,在扬子(今江苏仪征)设10个造船场,打造漕运船只几千艘。以坚固著称的"上门填阙船",载重达千石(一石约150斤),即为适应三门峡航段的急流险滩而造。针对汴河的水文条件,建造"歇艎支江船"2000艘,据《新唐书·食货志》记载,这种船体型肥阔,底平舱浅,可载千石。在大历、贞元年间,长江流域出现过著名的大船"俞大娘船",《唐国史补》记载该船堪称"最大,居者养生、送死、嫁娶悉在其间,开巷为圃,操驾之工数百,南至江西,北至淮南",载重差不多接近一万石。日益先进的船只,促进了唐代的航海活动频繁活跃。当时中国海船朝着大型化、远洋化方向发展,以体积大、载量多、结构坚固、设施完善、性能优良而闻名于世。王维《送秘书晁监回日本国》诗云:"九州何处远,万里若乘空。向国唯看日,归帆但信风。"唐代海船不仅掌握信风规律,速度也比较快。唐贞观年间,从今温州地至日本,仅需6天,后来能以3天时间从中国镇海驶达日本。唐末五代间(9世纪以后),连一向以造船和航海而著称的阿拉伯人,都希望乘坐中国海船东航。唐代时阿拉伯人苏莱曼《中国印度见闻录》记载:波斯湾风恶浪险,航行艰难,唯中国海船特别巨大,抗风浪能力强,在波斯湾中通行无阻。但因中国海船吃水太深,船体巨大,无法进入礁多水浅地区,甚至无法进入波斯湾第一大河幼发拉底河的河口。当时海船东航,经过印度半岛故临国时,需交税,别国海船每艘每次仅交一二十个第纳尔,而中国海船却需交五十个第纳尔。

宋代,科学技术发展到空前水平,为中国舟船的发展提供了坚实的物质基础和技术力量。当时,官营的造船工场遍布全国沿海与内陆,大量建造漕运船(也称纲船)、战船、运兵船及官府所用的座船(如客舟、神舟)。民间造船,更是星罗棋布。宋代船舶名目繁多,大体可分为三大类:①运河船。由于运河水浅,运河船都是平底船、浅底船,如航行于汴河上的漕运船、商船和座船。通常,汴河能承受400~600料的漕运船,以及1000料的商船和座船。淮南、两浙运河水源条件不如汴河,最适航的是200~300料的漕运船；②内河船。多为浅底船、平底船，也见有尖底型制。宋代长江上长途航行的船只多有1000料以上的大船，在长江及其支流航行的漕运船、战船等也有大量300～800料的中型船；③海船。宋代因与西北陆域的交通受阻，与外部世界的交流主要依赖海上交通，因此，海船在宋代对外交通中具有特别重要的地位。朱彧《萍洲可谈》记载宋代"船舶深阔各数十丈，商人分占贮货，人得数尺许，下以贮货，夜卧其上。货多陶器，大小相套，无少隙地"。宋代海船，特别是远洋航行的船只，航行范围超过了唐代海船到达最远的波斯湾一带，远及红海、地中海和非洲东岸。《梦粱录》记录："海商之舰大小不等，大者五千料，可载五六百人。中等二千料至一千料，亦可载二三百人"。《梦粱录》记载的5000料海船及北宋徐兢使团出使高丽的"神舟"，属于数量较少的大型海船[17]。中国舟船发展至宋代，真正开始出现客、货分运并产生专门的远洋客船、货船。

元代的政治中心远在北方的大都（北京）。元朝对南粮北运极为重视，多次疏浚、开凿和整治运河路线。运河开通后，为方便管理，限定运河漕船的载重量为150～200料，形成了运河漕船的标准船型。同时，元朝积极组织海上漕运，主要使用遮洋船、钻风船两种船型。元代非常注重与海外的交流，多次派出使节前往东南亚、南亚、波斯湾等地，远洋船也声名远播。

明初，中国的造船、航海事业发展至顶峰。永乐三年至宣德八年（1405～1433年），郑和统率了庞大的船队，七次出海，纵横于西北太平洋与北印度洋的广阔水域，遍历30余个国家和地区。这支船队由宝船、马船、粮船、座船、战船及一些辅助船只（如"水船"之类)等大小船只200余艘组成，包括2.7万名船员，从指挥、供应、操驾、维修等都有具体分工。较之西方哥伦布、达·伽马等船队，郑和船队远航早了半个世纪，其规模、船员数量、航海时间、范围等，皆为世界航海史上的壮举。另外，明代集中出现了多种有关船舶、船厂的专著和专篇，如《天工开物·舟车》《南船纪》《龙江船厂志》《漕船志》《筹海图编》《武备志》《使琉球录》《船政》《船政新书》等。

明代中后期以后，朝廷实行了近二百年的海禁和限制民间海上贸易的政策，限令海船改尖头为平头，限船宽为五六尺。1525年则严令"查海船但双桅者，即捕之"。1533年复令"一切违禁大船，尽数毁之"。这些政策和做法严重地限制了造船业的发展，导致16世纪后期中国造船的停滞和小型化趋势。在民间海外贸易方面，隆庆元年（1567年）开禁，但只允许漳州月港作为中国商船唯一合法的外贸港口。且自万历十七年（1589年）以后，月港逐渐限制每年出洋商船的数量。郑和下西洋停止以后，中国商船就很少前往印度了，一般只在东南亚和东亚航行，重点是日本、菲律宾群岛和东南半岛地区，同宋元时期中国帆船航行于印度洋并以三佛齐、爪哇为贸易重心相比，明后中后期中国帆船的活动范围大幅缩小[18]。

清初，为平定反清势力，清朝与郑成功集团之间展开的造船竞赛，过量地消耗了沿江沿海的造船巨木，导致17世纪后期以降，清代造船材料出现严重的供应危机，造船成本不断上涨，在一定程度上妨碍了清代造船业的正常发展，出现了中国商民和华侨，利用暹罗、柬埔寨等东南亚各国质优价廉的木材及原料在海外造船的现象。同时，清朝前期的海禁政策，同样也阻遏了造船业的技术进步和船舶大型化的进程。中国传统帆船在远洋和东南亚的海上贸易中，受到西方夹板船、飞剪船、近代轮船等的严重冲击，并在竞争中败退下来。

二、船型舟式

中国是世界上造船历史最悠久的国家之一。伴随着实际的航海需求、造船技术发展，中国在历史上形成了丰富多样的船型。至20世纪60年代初，历史遗留下来的船型约有千种以上，其中仅海洋渔船的船型就达二三百种之多[19]。

（一）历史上的著名舟船

纵观中国舟船的发展演进，各历史时期都出现过一些著名的舟船。这些舟船凝结着中国传统造船技艺的精华，也讲述了别具韵味的中国帆船故事，堪称中国古代舟船文化的名片。

1. "中华第一舟"：8000年前的跨湖桥独木舟

2002年，浙江杭州市萧山区跨湖桥新石器时代遗址发现一艘8000年前的独木舟。独木舟残长560厘米，船头上翘，宽约29厘米。离船头25厘米处的舟体，宽度突增至52厘米。船尾一端缺失。独木舟的周围发现多根木桩、柱洞、横木，并堆放有基本与船体平行的木料和木板。船体两侧还发现2件未见使用痕迹的木桨和数件石锛、石器崩片、砾石等。据分析，这些遗迹应该是一个与独木舟有关的木作加工现场。离船头1米处有一片面积较大的黑炭面，东南、西北侧舷内也有一定的黑焦面，这是火焦法挖凿船体的证据。可以说，新石器时期的跨湖桥独木舟是用火烧和石锛挖凿出来的，它不仅是中国、亚洲迄今发现的最为古老的舟船遗存，在全世界范围来说也是极为罕见的[20]。跨湖桥独木舟证明了长江流域也是中国舟船文明的摇篮，更证明了中国木板船是由独木舟发展演变而来，从而否定了一些西方学者认为中国船是由筏子直接演变而来的谬论。

2. 春秋时期吴国水军的典型战船：大翼、中翼、小翼

春秋时期，濒江临海的吴国，造船实力雄厚。吴王余祭时（公元前548～前545年），吴国就已经组建水军，拥有当时最强大的水军舰队。吴国水军战船的著名代表为大翼、中翼、小翼（见下表）。战国时期青铜器上的船纹（图1-10），体现的可能正是吴国战船大翼的形象。从船纹分析，战士在甲板上作战，桨手则在甲板下的船舱内划桨，战船没有风帆，也没有尾舵，完全以人力划桨航行和控制航向。大翼战船的长宽比为7.5，说明其船体极其修长。若顺水而下，再以桨手奋力操桨，则船行如飞。

图1-10 战国青铜器上的攻战船纹

吴国的"三翼"战船

	长	宽	长宽比
大翼	12丈（27.6米）	1丈6尺（3.68米）	7.5
中翼	9丈6尺（22.08米）	1丈3尺（2.99米）	7.4
小翼	9丈（20.7米）	1丈2尺（2.76米）	7.5

注：按1尺0.23米换算。

3. 春秋时期国君的专用座船：艅艎

春秋时期，各诸侯国之间战争频繁。处于江河交错的江南水乡地区，水战以舰船为主。当时的楚国位于长江中游，水运和造船技术水平也颇高。公元前525年，吴国派公子光率舟师逆长江而上，攻打楚国，结果反被楚国俘去吴国王舟艅艎。艅艎，亦称余皇，是春秋时期专供国君乘坐的一种座船，故称王舟。晋代葛洪《抱朴子》称："艅艎，鹢首，涉川之良器也"。据推断，艅艎总长达40米，宽8米，船头绘有鹢首，异常雄伟[21]。

4. 汉代水军和战舰的代名词：楼船

楼船是汉代著名的舰船，也是汉代水军的主力战舰。汉代以前就已经有了楼船，春秋时吴国水军就有楼船。后来，越国迁都，发动"楼船卒二千八百余人"。秦始皇在统一岭南的战争中，也曾动用楼船。由于楼船在军事上的重要作用，它也成为水军部队的总称。汉代史书提到的楼船军，实际上都是以楼船为中心的混编船队。汉代楼船军的主要基地在长江沿岸与沿海地区，主要包括：庐江（今安徽庐江一带）、浔阳（今湖北黄梅西南）、会稽（浙江绍兴）等。《文献通考》记载："江、淮、青、济皆有楼船军"。《史记》记载楼船"高十余丈，旗帜加其上，甚壮"。汉代楼船是一种具有

图 1-11 宋代《武经总要》记载的楼船

图 1-12 斗舰复原模型

多层上层建筑和攻防设施的大型战船。楼船的船体高大，外观巍峨，树旌旗，上列矛、戈等武器，似一座水上堡垒（图1-11）。

5. 三国时期装备精良的新型战船：斗舰

斗舰是东汉末年及三国时期长江中下游的一种新型战船。根据文献记载，斗舰的主要特征是具有多层甲板且都装有木板防护设施。《三国志·吴书·周瑜传》记载，当时，刘表水军中，"蒙冲、斗舰，乃以千数"；而孙权水军"蒙冲、斗舰之属，望之若山"。在决定三国鼎立局面的赤壁之战中，孙刘联军曾以斗舰作为前锋，创造了中国历史上以少胜多的著名战例。据推断复原（图1-12），三国时期的斗舰总长达37.4米，船宽9米，设2桅2帆和30把桨，船尾设拖舵一具[22]。

6. 造船史的世界奇迹：晋代八槽舰

八槽舰是由东晋末年跟随孙恩海上起兵的卢循发明建造。其特点是利用7个水密舱壁将船体分成8个船舱。《艺文类聚》引《义熙起居注》曰："卢循新造八槽舰九枚，起四层，高十余丈"。在卢循十多年的海上起义中，八槽舰航行作战于浙江、广东、北部湾及越南北部等沿海。据复原，八槽舰总长29.4米，宽5.6米，2桅2帆（图1-13、图1-14）[23]。八槽舰是中国乃至世界见于记载的最早运用水密隔舱技术的船舶，对世界造船史产生了深远影响。

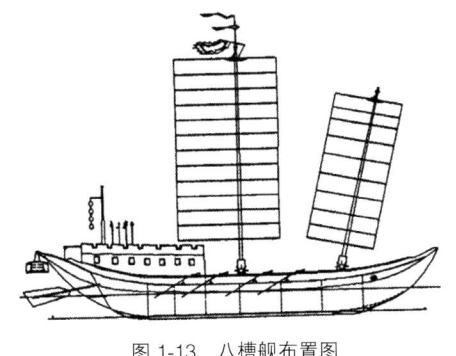

图1-13 八槽舰布置图

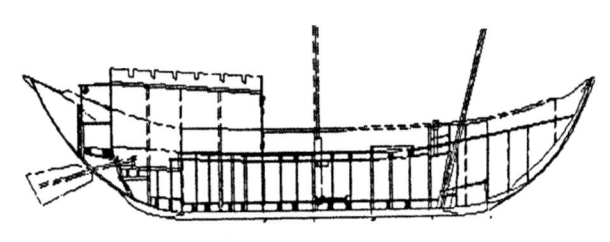

图 1-14　八槽舰结构图

7. 冷兵器时代的强大战船：隋代五牙舰

五牙舰在隋朝统一全国的战争中发挥了重要的历史作用。《隋书·杨素传》记载"素居永安（今四川奉节），造大舰，名曰五牙。上起楼五层，高百余尺，左右前后置六拍竿，并高五十尺，容战士八百人，旗帜加于上"。明代李盘《金汤借箸十二筹》记载五牙舰及其拍竿曰："拍竿，其制如大桅，上置巨石，下作辘轳，绳贯其颠，施大舰上。每舰作五层楼，高百尺，置六拍竿，并高五十尺，战士八百人，旗帜加于上。每迎战敌船，则发拍竿击之，当者立碎。"据研究（图1-15），船长54.6米，宽15米，有五层楼，拍竿前后各2只，左右舷各1只。动力以划桨为主，设40把桨，配2把大尾橹和1个拖舵[24]。

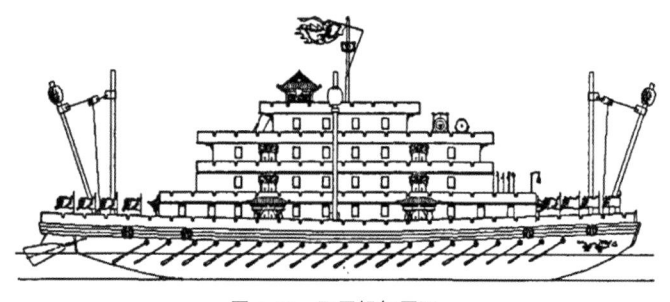

图 1-15　五牙舰复原图

8. 唐代的全天候战船：海鹘船

海鹘船是中国唐代及其以后出现的一种具有优异航海性能的战船。唐李筌《太白阴经·水战具篇》中列举了当时作用各不相同的6种舰船：楼船、蒙冲、战船、走舸、游艇、海鹘。前5种船在前朝已经出现，唯有海鹘船始见于唐代。《太白阴经》记载海鹘船"头低尾高，前大后小，如鹘之状。舷下左右置浮板，形如鹘翅。其船虽风浪涨天，无有倾侧。背上左右张生牛皮为城，牙旗、金鼓如战船之制"（图1-16）。综合唐代、宋代、明代关于海鹘船的记载可以发现：在不同历史时期，海鹘船的外形、大小和推进方式具有多种形式。海鹘船可能是模仿水鸟海鹘而仿生设计和创制的，其主要性能特点是摇摆幅度小，在风浪中有较好的稳性。关于唐代海鹘船大小，并无明确记载。据《宋会要》记载嘉泰三年（1203年）秦世辅在池州打造的一千料海鹘船长10丈，宽1丈8尺，有学者将唐代海鹘船复原设计为总长30.7米，宽9米，分10个水密舱[25]。

图1-16 海鹘船

9. 巍如山岳的外交使船：宋代神舟、客舟

神舟、客舟是北宋时期航行于海上的客船。《宋史·高丽传》记载元丰元年（1078年）安焘出使高丽，"造两舰于明州（今宁波），一曰凌虚安济致远，次曰灵飞顺济，皆名为神舟。自定海绝洋而东"。北宋徐兢《宣和奉使高丽图经》记宣和年间"仍诏有司

更造二舟，大其制而增其名：一曰鼎新利涉怀远康济神舟，二曰循流安逸通济神舟。巍如山岳，浮动波上，锦帆鹢首，屈服蛟螭"。神舟的尺寸，文献没有明确记载。但《宣和奉使高丽图经》记客舟"长十余丈，深三丈，阔二丈五尺，可载二千斛粟。其制皆以全木巨枋挽叠而成"，而神舟"长阔高大，什物器用人数，皆三倍于客舟"。有学者推算客舟、神舟的长度分别达30米、38米[26]。

10. 技术高度成熟的内河船：宋代汴河船

北宋张择端成画于政和、宣和年间（1111～1125年）的《清明上河图》，生动而准确地描绘了汴河上行驶的各类船只。汴河水深一般在3～5尺。据《宋会要辑稿》记载，汴河常用的漕运船为400料、500料，当水深四尺可通行600料的重载漕运船，押纲官的纲座船可达千料以上。《清明上河图》所反映的宋代汴河船，既有货运船，也有客船，两者在型制上有所区别：货船的尾甲板不向后延伸，而客船除遍设客舱外，在舷侧设舷伸甲板供作走廊之用，尾部也向后延伸，形成虚梢（相当于现代内河船常用的假尾），从而增加甲板和舵室面积；货船的顶棚是用木板钉成的拱棚，客船则用苇席制作顶棚。《清明上河图》显示汴河船未见用帆，逆水而行时拉纤，有可倒放的人字桅，具有先进的平衡舵。

11. 元代海运漕船的名片：遮洋船、钻风船

《古今图书集成·考工典》记载："凡海舟，元朝与国初运米者，曰遮洋船，次者曰钻风船"。据《天工开物》《漕船志》记载，遮洋船可载一千石，船体扁浅，平底平头，属沙船型。全长八丈二尺，宽一丈五尺，共16舱，设2桅，4橹，12篙，2具铁锚，舵可升降，用铁力木，坚固可靠。遮洋船行驶万里长滩（长江口至苏北盐城一带的浅水海域)、黑水洋(苏北盐城至山东半岛南面海域)及山东半岛北面的沙门岛(今长岛县)航道。钻风船也是平底船,《学庵类稿》记载:"有四百料者,名曰钻风海船"。

12. 中国古船的巅峰之作和集大成者:明代郑和宝船

宝船意指"取宝之船",是运载西洋宝物和明朝赏赐给番国珍品的船只,也是郑和下西洋船队的指挥舰以及郑和、王景弘等使团领导成员乘坐的旗舰。根据诸多文献的记载,大号宝船长44丈,宽18丈,若按明代一尺为0.283米计算,则大号宝船长约126米,宽51米,虽然郑和宝船的确切大小在学术界仍有争论。但毫无疑问的是,郑和宝船是中国古代造船技术鼎盛时期的结晶。郑和下西洋的随行翻译费信记载宝船张十二帆,《西洋番国志》描述郑和宝船"体势巍然,巨无与敌。篷、帆、锚、舵,非二三百人莫能举动"。

13. 明末清初主导东亚海上贸易的中国帆船:唐船

中国明末清初时,邻国日本正处江户时代,实行锁国政策,唯开长崎一港与中国、荷兰进行海上贸易。当时,往来于中国与日本之间的货物运送皆由中国沿岸与长崎港之间的中国商船(当时被称为"唐船")承担。日本长崎县平户市松浦史料博物馆收藏的一幅题为《唐船之图》的珍贵画卷,绘有12艘船:南京船(图1-17)、宁波船(扬帆状)、宁波船(落帆停泊)、福州造而发自南京的船、台湾船、广东船、福州造而发自广东的船、广南船、厦门船、暹罗船、咬·吧出发船、阿兰陀船。其中前11艘为中国帆船[27]。各船标明船名、比例尺寸,再标明船的主要尺度[28],为了解当时的中国舟船留下了宝贵的史料。

图1-17 《唐船之图》所绘南京船

14. 远洋航行最远的中国帆船："耆英"号

"耆英"号是晚清时期第一艘远航欧美的中国木帆船，它曾创下中国帆船远洋航行距离最远的纪录。这艘中国帆船于清道光二十六年（1846年）建成，以驻广州钦差大臣耆英之名命名。由柚木建造，船体坚硬，首尾高高翘起。船长约50米，宽约10米，深5米，载重约700多吨，有15个水密隔舱，设3桅，采用悬吊式尾舵（图1-18）。该船系英国人为考察中国木帆船的结构和性能而购买作远洋航行，于1846年12月由30名中国水手和12名英国水手驾驶，从香港启航南行，目的地是英国。1847年3月，"耆英"号绕过好望角，成为有记载的第一艘抵达好望角的中国帆船，并凭借自身良好的性能，战胜了在好望角遭遇的一场猛烈的海上飓风。1847年4月，到达南大西洋的英属圣赫勒拿岛。离开该岛后因遇上强劲的逆风和洋流，"耆英"号不得不放弃原计划航线而驶向美洲方向，分别在纽约、波士顿等地停留。1848年2月启航向英

图 1-18 耆英号

国，仅用 21 天时间横渡大西洋进入泰晤士河。"耆英"号到达伦敦后，受到英国各界人士的关注。英国维多利亚女王等皆上船参观。"耆英"号的远洋航行，充分证明了中国古代木帆船优良的构造和性能[29]。

（二）中国海船的基本类型

中国拥有漫长的海岸线和悠久的航海历史。海船是航海活动的工具和依托，也是中国灿烂海洋文化的载体。根据对中国帆船的航行区域、船舶部位（如船底、首尾、帆、舵等工属具）的主要形态特征等进行总结和分类，学术界普遍认为至明代时期，中国海船已经可以梳理出三大基本船型：即沙船、福船、广船。也有四大船型说，即在前三种船型的基础上增加浙船（或鸟船）[30]。

1. 沙船

沙船是一种重要的江海两用船型，堪称中国平底海船的典型，具有方头、方艄、平底、船身较宽、吃水浅等特点，且多桅多帆，配有披水板。因宜于行沙，故名沙船。顾炎武《日知录》称沙船"恃沙行，以寄泊，船因底平，少搁无碍"。清陈伦炯《沿海形势录》也记沙船因底平，遇有浅滩而"少搁无碍"。沙船不怕坐滩，使用范围很广，长江流域及以北的沿江沿海等地区，几乎都有沙船的踪迹。

沙船历史悠久，可能源出崇明。乾隆《崇明县志》称："沙船以出崇明沙而得名。太仓、松江、通州、海门皆有。"《南船纪》也称"巡沙船（图1-19）取象于崇明三沙船式……履险如夷，走船如马。……以沙船之习习之"。《宋史·兵志》记载南宋抗金水军舰船中有"防沙平底船"，似为沙船

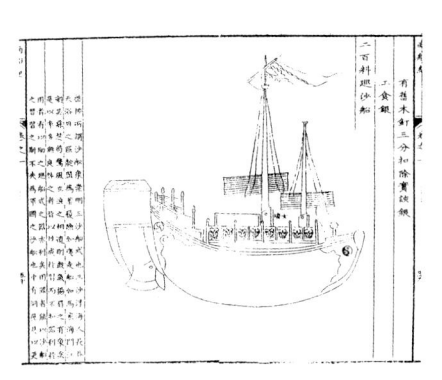

图1-19 《南船纪》所绘二百料巡沙船

的祖式。《大元海运记》记载元代朝廷诏张瑄、朱清"限六十日造平底海船六十只"，元代海运漕粮的"平底海船"应为后世沙船的原型。沙船之名最早出现于嘉靖初年成书的《皇朝奏疏类钞》[31]，明嘉靖年间成书的《南船纪》载有"二百料巡沙船"图，同时期的《筹海图编》也有沙船的图文。明代以后通称"沙船"。

作为中国古老的海船类型之一，沙船在中国航海史上发挥了重要的作用。元初，朝廷命崇明人朱清与嘉定人张瑄造平底船（即沙船）60艘，运粮6.4万石，由海道至北京，元代以沙船开展海路

第一章　舟楫致远

漕运自此开始。海道漕运从至元十九年至天历二年（1282～1329年），历40余年，最盛时海运量达350万石以上，其间沙船功不可没。

明清时期沙船应用于军事活动。《海运疏》称沙船轻捷，万历年间曾调沙船水兵援朝鲜，后期又差调沙船援辽。据《明史·兵志》记载，在嘉靖以前，长江三角洲和沿海一带，很早就用沙船作为战船（图1-20）。《筹海图编》称当时太仓、崇明、江阴、通州、泰州等地大户多自造双桅沙船十数只，小户则几家合伙备造沙船。清代兵船也普遍使用沙船，如江苏狼山、苏松等镇，东海、盐城、扬州、太湖、浏河、福山、京口等营，江西南湖营、浙江台州协、湖北荆州镇、山东登州镇等处均有沙船战船[32]。

图1-20　《筹海图编》所绘明代沙船式战船

对上海而言，沙船尤其具有重要意义。清代以来，沙船运输业带动了上海港口、航运及城市的发展。清康熙二十四年（1685年）上海"海关设立"以后，上海沙船就日益活跃于北洋航线。清包世臣《海运南漕议》记载"关东豆、麦，每年至上海者千余万石。而布、茶、南货至山东、直隶、关东等，亦由上海载而北行"。嘉庆中期，"沙船聚于上海，约三千五六百号，其船大者载官斛三千石，小者千五六百石"[33]。道光年间漕粮改由海运，用沙船千艘。大号沙船可装3000石，次一号的也能装2000余石。也有记载大号沙船1500石，中号1000石，小号700～800石。据估计当时全国沙船总数在万艘以上，而上海则有沙船5000艘，拥有全国最大的沙船船队。自上海北行，以夏至以后南风当令最为迅速，六七日可到天津。沙船一般在北洋航线上每年航行4次。咸丰年间上海沙船尚存2000艘，轮船兴起以后，沙船渐少，到同治十一年（1872年）上海沙船仅存400余艘，航次也减少为每年两次。20世纪30～40年代，上海及其附近还有不少沙船（图1-21）。据上海浦东地区一位家族从事沙船运输业的老人回忆，在20世纪50～60年代时，其家族还拥有长达50米的3桅运输沙船。沙船堪称近现代上海城市发展的重要驱力，因此上海市徽的设计中出现了沙船图案，以纪念上海城市与沙船的重要渊源。

图1-21 法国人所记的近代五桅沙船

2. 福船

福船是中国古代著名的海船[34]，以行驶于南洋和远海著称。明代中叶嘉靖年间（1522—1566年）出现"福船"之名。早期的福船，多指战船，明朝《武备志》《筹海图编》等记载福船型的战船系列包括一号福船、二号福船、哨船（草撇船）、冬船（海沧船）、鸟船、快船。后来，"福船"逐渐成为历史上福建沿海地区，或按福建造船工艺所建造的木帆船的统称。福船的主要特征为首尖尾宽、两头翘，尾封结构呈马蹄形。船体底尖上宽，帆装多呈扇形，与船体配合和谐，尾部较阔，具有较多的水密舱壁。这些特征都利于破浪，尤其适合远洋航行。

福建的造船历史悠久。《山海经》有"闽在海中"一说，可见福建海洋属性的地域特征由来已久。闽越人山行水处，素来以船为车，以楫为马。春秋时期，吴王夫差曾在闽江口设立造船场。秦至西汉数百年间，今中南半岛的越南中北部地区与中央王朝的交通，是以福州为主要中转站进行的。作为中转站的福州，有港口、船舶的优势。三国、魏晋时期，福建地区设有温麻船屯（即造船工场）、典船校尉督造舟船。唐宋时期，福建逐渐形成了福州、泉州、漳州、兴化等重要的造船中心。北宋前往高丽的使节所乘"神舟""客舟"，应主要顾募自福建地区。这些使节官船多为双桅双帆，"上平如衡，下侧如刃"，具有福船的典型特征，船用"全木巨枋挽叠而成"，具有13个隔舱。船具备有三个舵，有布帆、竹帆和辅助所用的野狐帆。明清时期，琉球作为中国的藩属国，明清王朝前后20多次出访乘坐的册封舟（图1-22）也多以福建顾募民间商船充用，或在福州等地建造。宋元时期，民间福船是航行远洋的

图1-22 周煌《琉球国志略》封舟图

主要客货用船，宋人说："海舟以福建为上"。与沙船多走北洋航线不同的是，福船主要走我国东南沿海的远洋航线，我国考古已发掘的泉州湾后渚港、广东"南海一号"、南海"华光礁一号"等多艘宋代沉船和元代新安沉船，这些沉船都具有福建地区典型的传统工艺特征，船壳板采用多重板搭接，充分证明了宋元时期福船远洋航行的繁荣。明代，福船因其船体、结构上的优势亦成为水师的主力舰船。郑若曾《筹海图编》说"福船高大如楼，可容百人。其底尖，其上阔，其首昂而口张，其尾高耸"。明代福船两侧有护板，分四层。下层装土石以压舱，二层住士兵，三层是操作场所，上层是作战场所，居高临下，射弓箭火炮，往往能克敌制胜。福船首部高昂，且有坚强的冲击装置，能犁沉敌船，是优良的海洋战船。清朝时，福船型战船主要为"赶缯船"。光绪《漳州府志》记载"其在前明，福建有福船、哨船、冬船、鸟船、快船。冲犁外洋，福船为最。战攻哨操，以次各有所宜。国朝改鸟船，制加长大，次为赶缯，为双篷艍、哨船……海波既恬……尽改鸟船为大赶缯"。由此可见，清朝水师的主要战船，是从前代的福船型战船鸟船改制的赶缯船[35]。

3. 广船

广船最初是古代广东地区民用船的泛称。到了明代,因东南沿海抗倭需要,将东莞的"乌槽"、新会的"横江"两种大船增加战斗设施,改制为良好的战船,统称"广船"[36]。

汉代,中国东南沿海的徐闻、合浦、日南(属交趾郡)皆为海上航路的始发港,番禺则为贸易都会。1989年在珠海高栏岛宝镜湾发现的石刻岩画,绘有春秋或更早时期的船图。图中描绘了船身上翘、上宽下窄,底部圆或略尖,且有多人和动物围绕一条大船奔跑跳跃的场面。据考应为当时的海船。我国两广地区的汉墓中也考古发掘出数量较多的汉代陶船模型。唐代则有著名的"广州通海夷道",即自广州经南海直抵波斯湾地区。高州(今广东茂名)、琼州(今海口)、交州(今越南北部)都有造船工场,航行于远洋的中国海船以构造坚固而闻名。宋代,广州、惠州、端州(今肇庆)、潮州、雷州等地都有造船工场。元代时,意大利人马可·波罗记述当时"海船之往来波斯湾、中国海间者,华船最大,多广州、泉州所造";当时的阿拉伯人伊本·白图泰在游记中也记录了海船有大小三等,"此类商船皆造成于刺桐(泉州)、兴克兰(广州)"。

广船的基本特点是船首尖船尾宽,下窄上阔,尖底,两端上翘,线型较瘦。广船常有开孔舵和扇形帆,粤西海域一带的广船常有中插板[37]。船底特别尖,在海上摇摆较快,但不易翻沉。广船结构坚固,用料颇为讲究,龙骨、肋骨、船底板、舵杆等构件均用上等木材。《明史·兵志》记载"广东船,铁栗木为之,视福船尤巨而坚"《武备志》也说"广船若坏,须用铁力木修理,难于其继。且其制下窄上宽,状若两翼,在里海则稳,在外海则动摇"。说明当时广船型战船使用坚固的铁力木制造，比福船型战船更加坚固，但难于维修。除使用铁力木以外，广船还多用樟木、乌婪木、荔枝木等上好木材。清代，著名的广船则有红头船、大眼鸡、红单船等，广东水师最重要的战船则是广东米艇。

2003年，有学者在福建南部东山湾海域内发现了我国最后仍在使用以风帆为唯一动力的"金华兴"号古帆船。20世纪80年代前，"金华兴"号一直在珠江口一带和广东饶平沿海一带捕鱼，其后历经多次周折，于1986年落籍于福建省云霄县列屿镇的汤姓渔民。这是一艘典型的广船，船体庞大，工料坚实。该船长26.63米，宽约8米，主桅杆高21.5米，载重量达200吨。船体主要用材为热带硬木类的坤甸、厚力和樟木、松木、杉木，"金华兴"号体现了广船的诸多标志，被称为我国帆船时代的活标本。

4. 浙船

浙船是浙江沿海的代表船型，也是南方深水船的重要代表。历史上浙船的主要产地是温州、明州（宁波）。据《宋会要辑稿·食货》统计，宋徽宗政和四年（1114年）明州、温州各造海船600艘；宋宁宗嘉定十四年（1221年），温州建造海船25艘，又临安船场建造大小海船112艘。宋李心传《建炎以来系年要录》记载："浙江民间有钓鱼船，谓之钓槽，其船尾阔可以分水，面敞可以容兵，底狭尖可以破浪"；《武备志》记载"吧剌唬船，浙中多用之，福建之烽火门亦有其制。底尖面阔，首尾一样，底用龙骨，直透前后"，又载"出温、台、松门、海门等处，船首形如鸟嘴，有风则篷，无风用橹"[38]。

沉船发掘中也有浙船，如山东蓬莱元朝古船、明朝古船，以及浙江象山明朝古船、宁波宋朝古船等古船实物[39]。宁波东门口发现的宋代沉船，属中型商船，船体形态与结构类似泉州湾宋代海船和新安沉船，但有不同之处，如单层船壳板及削斜接法、舭龙骨结构等；宁波象山明朝古船，规模大于宁波东门口宋船，舱内龙骨两侧穿过横舱壁的纵向"龙筋"结构以及船壳板外侧抗横摇的"护舷木"结构。实际是"护舷木"结构是直接继续宁波东门口宋船的舭龙骨结构而来。

从文献记载和考古沉船可以发现，浙船的特点是船体狭长，尖底尖首，船首形似鸟嘴状（故浙船俗称为"鸟船"）。但"浙船"与"福船"的尖底具有鲜明差异，从船形上，浙船船底前半部为V字形，后半身则变为U字形[40]。可能因为船底后半部为U形，清代薛传源《防海备览》才说"宁波船底似沙船，可以涉浅，面似福船，可以制敌"。

（三）具有鲜明地域特征的内河舟船

我国船工历来善于吸取、综合多种优良船型的优点，创造新船型。比如，我国沿江沿河地区的人们根据生产生活的需求，建造了具有鲜明地域特征的内河舟船，活跃于内河、江流与湖泊，与海船共同构成中国古代舟船文化大观。兹略举几例说明如下：

歪屁股船

歪屁股船是长江流域乌江上的一种运输船，因其尾部歪斜而得名。主要航行于狭窄曲折、滩多流急的乌江中下游。当地船工因地制宜创造了这种首尾高翘、尾部左高右低的奇特木船。船身多选用材质坚硬的木材，以厚板建造，可增加强度和抵御急流大浪的冲击，又称"厚板船"。

歪脑壳船

又称"橹船"，是我国乃至世界内河航运史上一种独特的船型，为清末至民国时期四川自贡釜溪河上的运盐船。釜溪河的河面不宽，为适应在水急滩浅、弯道急曲的河道行驶，当地船工对运盐船不断改进，形成这种船头由右向左、船尾由左向右歪扭的造型奇特的木船。

岳阳风网船

岳阳风网船属我国长江流域渔船。清光绪年间，湖北天门、汉川两县渔民因逃避洪灾而驾小型风网船至洞庭湖。为适应洞庭湖大风大浪的特点，他们改造设计出两舷各悬挂一仔船，形成三体合一的特殊船型，具有较强的稳定性，能行7级风，破4米高浪，被当地人神传为"风王船"。

太湖七扇子

这是太湖流域的一种大型渔船。据说此船由南宋时岳飞水师战船演变而来，是我国淡水湖泊中最大的捕捞渔船之一。船长约25米左右，宽5米左右，载重可达60吨。该船方头平底，船身浅而宽，配有披水板。最突出的特征是具有7桅7桅，桅短帆低，稳定性较好，能抗9级风，8级风仍能正常作业，非常适合浅水型湖泊的作业。作业时，常由2条或4条船共同进行。

乌篷船

这是旧时江南水乡一带的独特交通工具，因篾篷漆成黑色而得名。又因船家好以脚代手划桨驱船，故又名"脚划船"。船夫以脚蹬桨划船，具有鲜明的地域特色。乌篷脚划船是一种船身窄、船篷低、船体轻盈的小船。船桨一般装在船尾,船工坐在桨后,背靠一块直竖的木板,双脚一屈一伸蹬动双桨划水。据传说,乌篷船可追溯至春秋战国,古代越民无履,善于赤脚从事劳动,用脚代手划船,可能由此而来。

两节头

这是一种在清代有所创新的大运河漕船(图 1-23)。该船的船体长 100 尺(约 32 米),宽 11 尺(约 3.52 米),深仅 3 尺(约 0.96 米),典型特征是在构造上分成两段,在接头处用铁铰链连接或脱开。运河河道较浅,要增大船的载重量,只有增大船宽和船长。由于船身过长,在狭窄的河道中难以调头和回转,于是将连接的铰链脱开,则可使调头变得十分方便。该船主要靠撑篙和拉纤前进,设有高度为 60 尺的桅杆。由于要在河道中操纵船的航向,船首设有长 40 多尺的首招,船尾设长 60 多尺的尾招。

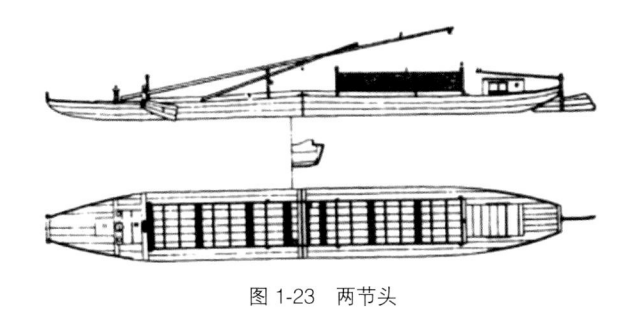

图 1-23 两节头

三、构造部件

从世界造船发展史看,中国的造船技术曾在很长的历史时期里处于世界领先地位。中国帆船不仅留下了丰富多彩的船型舟式，而且在设计、建造、工艺等方面都自成体系且颇具特点。有西方学者评价"世界上没有一个民族在艺术和造船方面比中国人表现出更强的独立性"[41]。中国帆船的设计与建造，没有留下多少准确而具体的文字记录，尤其是缺乏图纸资料，更多的是靠掌管设计和建造的工匠（一般被称为掌线或掌墨师傅）之间的口耳相传。造船工匠根据世代相传的经验和法则，决定船型、尺度、用料、取材、用工、施工等，形成一套自己的营造法式。

（一）传统舟船的定型设计

中国传统帆船的定型设计是在长期的造船实践中总结而来，具有鲜明的地域风格和特色。以福建地区为例，造船工匠按传统比例，分配首、中、尾3段龙骨的长度。根据首、尾龙骨的起翘程度（图1-24），决定船底的弯曲弧度。再确定几块重要的横舱壁在龙骨上的相对位置。其后，根据龙骨的长度，确定含檀堵（即主桅位置的横舱壁）的上宽、下宽和高度（图1-25）。以含檀堵的尺度为基础，再考虑船的种类、用途等因素，计算其他横舱壁的形状和尺寸。这样就能确定船的基本形态。确定了船长、龙骨长、船宽和

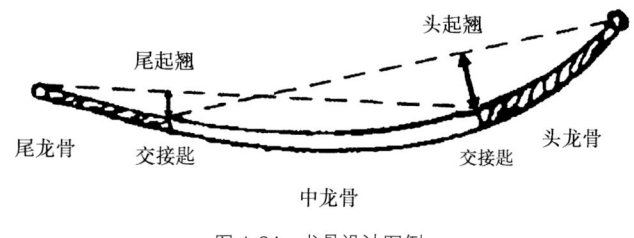

图1-24 龙骨设计图例

船深，再根据既定比例，决定舵、帆、橹、椗等工属具的配置数量、尺寸和形制。福建地区的造船者，基本上就是按上述设计法式，结合所造船只的用途及航行水域

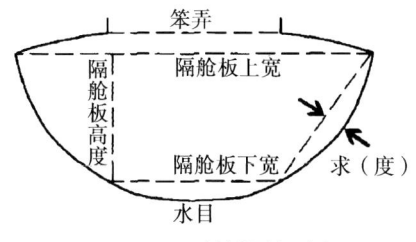

图 1-25 隔舱板设计图例

地理，在一定范围内对船只的各种尺度进行调整，以满足船主的需求[42]。

这种传统的船舶设计方法简便实用，易于操作，将整体和局部巧妙结合，并且可以根据实际的造船需求进行灵活调整，体现了我国船工的智慧和创造性。

（二）传统舟船的建造流程

从诸多中国古沉船及相关地区的造船经验和记忆来看，中国传统舟船采用的是一套具有自身特点的结构法，即以满实的横舱壁作为横向框架，以此支撑船壳外板、保证船舶线型[43]。以福建漳州东山地区的造船流程为例。该地区有众多造船世家，造船技艺世代相传。在没有放样的年代，东山的造船工匠采用以下流程建造木帆船[44]：

第一步，安装3段龙骨（图1-26）

当地称龙骨为"艋"。龙骨一般采用三接。因首、尾龙骨是弯翘的，需要采用弯曲的木料。中龙骨则要求是笔直的木料。3段龙骨（图1-27）需要根据材料大小定位、接好，选择黄道吉日安放龙骨。

图 1-26　福建宁德仿古船的安龙骨

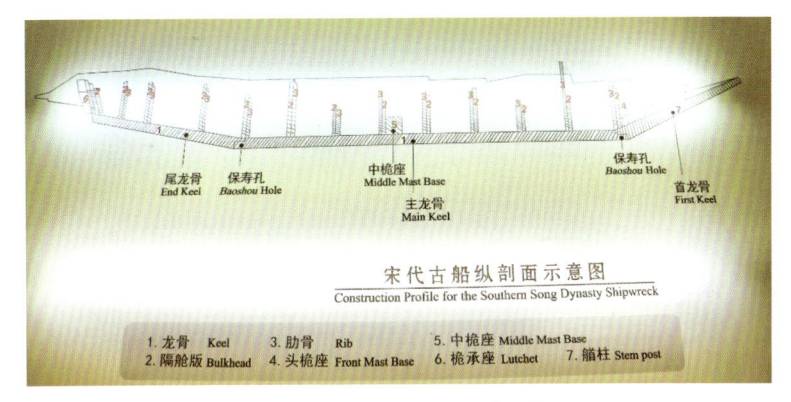

图 1-27　泉州宋船的 3 段龙骨

第二步，做 4 个横舱壁的底座

东山地区称横舱壁为"闸"，福建其他地方也有称"堵""营"等。具体工序如下：①在龙骨上标出 4 个闸的方位，即：头闸、驶风闸、大肚闸、尾闸（图1-28）。最先定位的几个横舱壁又称母营，东山地区采用四母营，福建其他地区也有采用五母营、七母营等的做法；②在龙骨两边各钉两列船底板，该列板要厚于其他的船底板，可以理解为龙骨翼板；③安装4个闸的底座，当地俗称"放闸"。

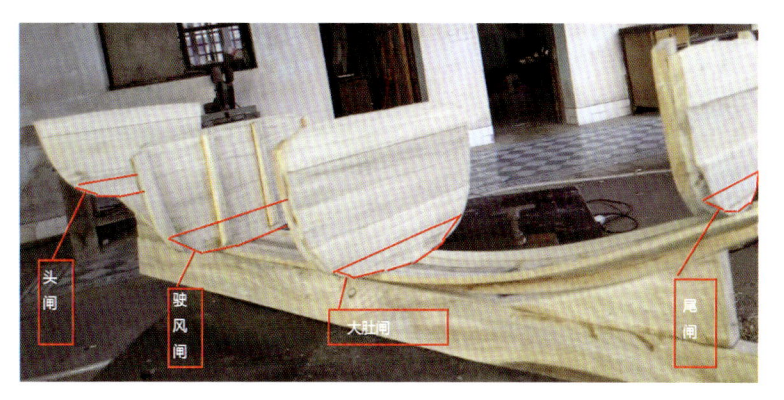

图1-28　四个闸的底座

第三步，安装其他船底板，做底肋骨

首先，安装其他船底板，一直装到闸底座边缘的最高处。然后，造船工匠根据船主的要求，以船的合理使用为原则，对全船进行分舱，安装其他横舱壁的底座。之后，开始做底肋骨（俗称"地梁"）。底肋骨可以接到龙骨，也可以不用接到龙骨而只用短板对横舱壁底座进行辅助支撑。

第四步，安装全部的横舱壁

底肋骨全部做好后，船底已基本定型（图1-29）。之后就可以安装全部的横舱壁（图1-30）。

图 1-29　底宫

图 1-30　安装所有横舱壁板

第五步，钉舷侧板，装舷侧肋骨

从甲板线（俗称"平绳"）扣除大槛（俗称"走马"）、二槛（俗称"水蛇"）的尺寸，余下的空间就是舷侧板的位置。舷侧板从下往上钉（福建其他地区也有采用从上往下钉的顺序），钉到最下面的一条榄（二榄或三榄），然后做舷侧肋骨（俗称"番身""极"）。

第六步，安装首尾部位的部分构件和榄

先安装位于首尾部位的尾燕板、七星冠、冲浪板等各类构件。之后，安装榄。装榄是一件难度较大且极辛苦的工作，安装时，需要用开水浇淋榄使之弯曲又不致折断。榄安装完成后，就可以进入船体甲板及船舶工属具等的安装了。

（三）传统舟船的结构

中国舟船由主船体、上层建筑和工属具等组成。由船壳和骨架组成的船舶主体框架（不包括上层建筑）称为"主船体"。甲板以上，通常为适应客、货运输和船员操作、生活等需要，而设置一些围蔽建筑物，称为"上层建筑"。同时，为实现船舶的推进、定向、系泊、通信、装卸、捕捞、运输、军事等各种功能，以及为满足船上生活而设置的各种工具、属具，则被称"工属具"[45]。

中国舟船的主船体（图1-31），一般包括：龙骨（沙船等平底船，一般认为没有龙骨，但位于船底最中间处的底板，往往较两边其他各列的底板更厚）、船底板、船壳板、横舱壁、底梁、肋骨（一般作辅助支撑所用）、甲板拱梁、首尾封板、甲板、舱口围板及舱盖板等。中国舟船采用横舱壁结构，与欧洲等地区所采用的肋骨结构的做法截然不同。中国船的横舱壁结构是将船壳板钉在坚实的、横列船底板之上的横舱壁上，类似于竹子的节隔膜。

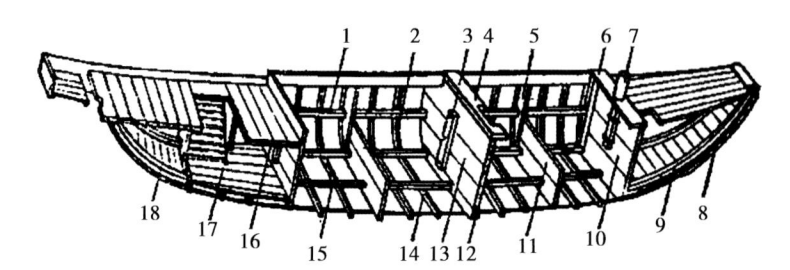

1—边压筋；2—肋骨；3—舱壁扶强材；4—桅面梁；5—肘梁；6—面梁；
7—首系缆桩；8—首护筋；9—首压筋；10—隔舱板；11—半隔舱板；12—桅脚梁；
13—桅满梁；14—脚梁；15—底压筋；16—托梁；17—立柱；18—尾压筋

图 1-31 中国木船典型骨架图

主船体以上一般设有用于生活的各种楼子、拱棚等。楼子是甲板以上的楼式上层建筑，四周按需要设置门窗，供船员生活、住宿和堆放货物等所用，一般设置在船体的中、后位置（图 1-32）。

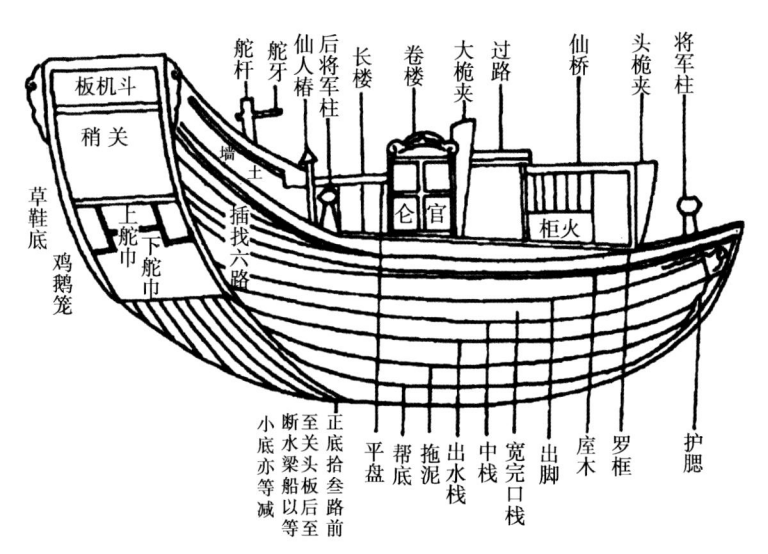

图 1-32 《龙江船厂志》所绘平底船的船体与上层结构示意图

第一章　舟楫致远

中国舟船的工属具，主要包括：

（1）推进工具

桅：即桅杆，古代又称"樯"。《释名·释船》说："前立柱曰桅。桅，巍也。"绝大多数的桅杆都使用木材，但也有一些地区的内河小船上使用竹子等材料制作桅杆。桅是竖立于船上用于挂帆、拉纤等所用的装置，关系到船的航行和安全。因此，较大的木船，对制造桅杆的要求甚严，一般要求桅杆笔直、材质较轻且富有韧性，不易折断，具有较好的防腐性。船上桅杆，有的用一根顺直的圆木制成，也有以数根圆木绑扎而成。明代陈侃《使琉球录》记载"桅木以五小木攒之，束以铁环"。每船配桅的数量、高度等，主要根据船的船型、大小、航区用途等不同而有所差别。

帆：造船驶船之人忌称"帆"（"翻"的谐音）而称"篷"。帆张挂在桅上，利用风对帆面的压力，推船前进，是传统舟船上极重要的装置之一。帆的起源，至今仍难确定。目前，最早明确记载风帆的古籍文献是东汉《释名·释船》。该书描述称"随风张幔曰帆，使舟疾泛泛然也"。早先的帆，多用篾与蒲草等编制。明宋应星《天工开物·舟车》记载："凡船篷其质，乃析篾成片织就，夹维竹条，逐块折叠，以俟悬挂。"后来，主要用布料制成。帆的形状多种多样，大致有方形、刀形、扇形、三角形及混合形。中式帆船的帆与索具，可能是舟船操帆方法发展史上最简单、最易于操作的。与西洋帆装相比，中式帆装具有许多独特的优点。首先，中式布帆横置多根撑帆杆条（多为竹质，也有使用木质）来支撑帆面，形成一具整体比较平整的帆面，使帆面具有一定的硬度，被称为"硬

59

帆"。帆面可将受风力量均匀分散到整根撑条上，即使帆布表面满是破洞，也能照样使用，受力效率高。西洋布帆则没有这种支撑帆面的撑条，属于"软帆"，受风力量全部由帆布承担，需要使用优质帆布，一旦出现破洞，大风可能导致全帆的撕裂。其次，中式硬帆的每根撑条，都有自己的绳索和桅杆相连，从而使受风力量分散地传递到桅杆上下。而西洋帆船，其受力集中在桅杆某处，这个地方就必须用支索进行加强，如前支索、后支索、侧支索，再加操纵上下多重横帆的各种绳索，这些错综复杂的绳索系在船边，使得西洋帆不能绕桅杆旋转，降低了帆船对于不同风向的适应能力。中式硬帆由于没有各种桅支索的阻碍，能够根据风向和航行需要，让帆绕着桅杆自由旋转，成为"活帆"，可使八面风。另外，中式帆装的每根撑条末端都引出绳索，通过滑轮、穿绳板等把这些绳索归并成一股或两股总绳索，帆装的升降吊索和收放帆索等都系在桅杆的底部。这种帆装操作系统，只要一个人或少数几个人就能操纵一面帆，在中式帆船很少看到西洋帆装上站满了人来捆扎帆索的热闹场景。在遭遇大风或风暴时，中式硬帆落帆非常快速，紧急情况下，一刀砍断绳索瞬间落帆，同时，船的重心也下降了，比西式帆船安全得多。

　　橹： 橹是一种使用人力的推进工具。橹用木料制成，长度视船的大小而异，由橹叶（或称橹板）、橹柄以及将二者连接起来的"二壮"所构成（图1-33）。用桨要"划"，用橹却要"摇"。橹一直插在水中，可以人力左右连续不断地摇，比桨具有更高的效率。目前，最早记载橹的文献为东汉《释名·释船》。宋元时代的海船，曾有船设大小橹共20把，大橹多至30人操作。

第一章　舟楫致远

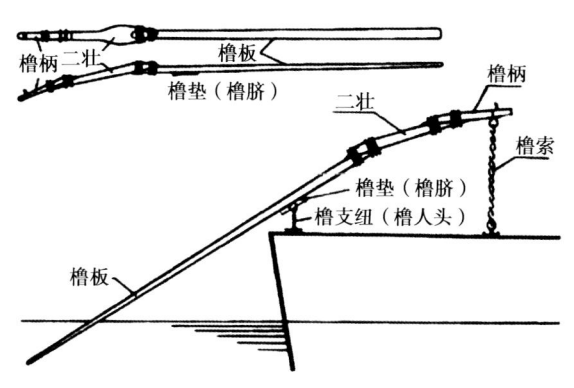

图 1-33　橹的构造与布置

桨：古代又称"棹""楫""札"等。东汉《释名·释船》说"在旁拨水曰棹……且言使舟擢进也。又谓之札，形似札也。又谓之楫。楫，捷也，拨水使舟捷疾也"。桨是最原始的船舶推进工具之一，浙江的河姆渡遗址、钱山漾遗址等都出土过新石器时代的木桨。

篙：由长竹竿或长木杆构成，作为撑船工具。利用篙撑水底或岸边地物，使作为浮体的舟船向作用力的相反方向前进。篙的制作简便，使用方便，最适用于浅水河道和近岸航行的舟船。

纤：是用人力等牵引舟船航行的绳索，也称"纤索"，古称"筰"。东汉《释名·释船》说："引舟者曰筰。筰，作也。作，起也。起舟使动行也。"通常采用篾缆或麻绳、棉纱绳，现在也用塑料绳、尼龙绳等。

（2）定向工具

舵：一般由舵叶（也称舵板）、舵杆和舵柄组成。舵通常设在船尾正中，可以稳定和改变船舶的航向，对船舶稳性也起一定作用。古称"柁""柂"等。东汉《释名·释船》说"其尾曰柁。柁，拖也"。早期的舵是从船尾部的操纵桨演变而来，属于拖舵。拖舵仍然残留着以桨代舵的痕迹，它的舵杆斜伸出船尾，在船后形成一个比较长的凸面。后来，人们对船尾舵做了改进，把舵杆从船尾斜伸改为竖直插进水中，舵面沿着竖直的舵杆轴线转动，发展成为轴舵。广州出土的东汉陶船模型出现了拖舵（图1-34），说明我国的舵至少产生于汉代及其以前。隋唐大运河发现的1号唐船仍使用拖舵，说明拖舵在唐代仍在使用。唐代开元年间郑虔的绘画中出现轴舵（图1-35）。由于航道有深有浅，舵在后来又演进为可升可降的升降舵，船工可以根据水深情况调整舵的高低，停泊时还可以把舵吊上来。宋代以后，又出现了平衡舵，即把一部分舵面积分布在舵杆的前方，减小转舵力矩，使舵的操纵更加轻便。

图1-34　东汉陶船模上的拖舵　　图1-35　唐代郑虔绘画中出现轴舵

梢：装置在船首或船尾用以掌握航向的工具。通常用一根整木料制成，末端做成大刀形状，形似桨、橹而尺寸较大。多用于急流航道的船舶上。湖北、河南及北方地区，也有称之为"招"的。

披水板： 又称"撬头"等，是木帆船驶风航行的辅助工具。通常悬挂在船中部两舷侧各一块，用拉索升降。驶偏风时，将下风舷的一块披水板放到水中，用以减少或阻止船体横向漂移。

（3）靠泊工具

碇、锚： 碇，又写作"椗"，是用绳系石块投于水底，利用其自重以稳定船身。《三国志·吴书·董袭传》记载："孙权讨黄祖，祖横两蒙冲，挟守沔口，以栟闾大绁系石为碇。"后来发展为木石结合的木爪石碇。宋代徐兢《宣和奉使高丽图经》记载："船首两颊柱中有车轮，上缩藤索，其大如椽，长五百尺，下垂矴石，石两旁夹以二木钩。""锚"字始见于6世纪时梁代顾野王《玉篇》，用以固定船位的工具。我国明代已有千斤以上的四爪铁锚，《天工开物》对制造铁锚的工艺有具体描述。

跳板： 一般用木材纵向拼制，用于船与岸、船与船、甲板与舱内装卸货物和行人交通。

四、涂装绘饰

对于生活在水域地区的人们来说，舟船不仅具有水上运输、交通、渔业生产等实际功能和技术内容，还承载着"船民"这一特殊海洋性聚落（海洋群体）的生产生活方式及思想观念。因此，舟船不仅仅是一种物质载体，还是一种重要的精神载体。从人海关系的历史来看，以海为生、以船为家的船民，对江湖河海的认知，大致经历了一个"恐惧→探索→共生"的过程。船民在认识和开发海洋的过程中，思索海洋、陆地与人类关系，探索海洋奥秘，追求和向往美好生活，这些都在中国舟船的涂装绘饰中留下了痕迹。

所谓"涂装绘饰"，是指中国舟船上反映船民信仰、习俗、审美以及精神心理等意涵的装饰元素和构件装置，主要分布在主船体、上层建筑、工属具等部位，形式包括但不限于文字、符号、色彩、图案、徽记、旗帜等[46]。从船型看，由于地域和船型的差异，中国南北各地舟船的涂装绘饰风格也不同，比如沙船的船饰相对较朴素，而浙船、福船和广船则具有丰富的色彩和涂装内容，具有鲜明的地域民俗特色。从涂装绘饰的类型看，大致可作如下分类。

（一）图腾标识

在原始社会，由于社会生产力低下，人们对自然现象无法解释，这是图腾崇拜产生的基础。图腾是人们迷信某种动物或自然物，一般都认为其与本氏族有血缘关系或对本氏族有保护庇佑作用，故用来作为徽号或标志。

在我国古代的民俗文化中，蛇曾是美好的象征，也是华夏民族原始图腾之一。华夏民族的祖先女娲、伏羲、共工等最早的形象便是人首蛇身。东汉许慎《说文·虫部》释"蛮"字云："南蛮，蛇种。"《山海经》云："南海诸中，有神，人面，珥两青蛇，践两赤蛇。"明清之际的顾炎武在《天下郡国利病书·广东》记道："自古以南蛮为蛇种，观其疍家，神宫蛇像可证。世世以舟为居。"清代李调元辑解《粤风》云："疍……或曰蛇种，故祀蛇于神宫也。"世代居于船的水上族群疍民视蛇为始祖。旧时，疍民在船艇上供奉蛇神，称"九使""水龙"，以保佑船和水居的平安。疍民图腾称为

"飞龙乘云，腾蛇游雾，断发文身，以资祛邪"。旧时，蛋民称渔船为木龙。渔船的一些重要部位，比如船头与船尾，常刻有飞龙腾蛇的图案，有的直接以蛟龙戏水为图腾。时至今天，蛋民这种延续几千年的蛇神图腾已经式微，但在他们的船艇上供奉的祖宗神龛，尚有余风。神龛形状为龙殿，呈朱红色，置有两条金龙盘柱。

古代岭南，人们形成具有浓郁地方特色的图腾文化，主要以鸟、鸡、牛、狗、龙、蛇、鳄、雷等为崇拜对象。渔猎时代，鸟类既是古越人的重要食物来源，也是他们的生产助手，有所谓"田鸟助耕""雒田""鸟田"等传说。广州南越王墓出土的铜提筒所镌船纹，舵上立着一只鸟，说明古越人对鸟类的某种崇拜心理[47]。清乾隆周煌自福建所乘册封舟的每侧船舷，绘有五个圆形鸟图腾，以祈求海神保佑和航行平安。

吴越人的古俗是将船装饰为龙形。古代舟船，有时船上画着蛟龙，挂着龙子幡，也是图腾的表示。《古诗为焦仲卿妻作》曰："青雀白鹄舫，四角龙子幡"。又有《襄阳乐》诗曰："上水郎檐篙，下水摇双橹。四角龙子幡，环环当江柱"。清《乾隆南巡图》中有的船将龙形图案彩绘在船两舷外板上和披水板上。

（二）水行镇物

舟船在江河湖海上航行，突遭不测，早期的人们便以为是水中的妖魔怪兽等在作怪。为降服怪兽、求得航行安全，人们便在船首、船尾及其他部位画上各种更凶猛的飞禽走兽。"鹢鸟"是较早出现的水行镇物。民间传说它是一种水上神鸟，水妖浪怪均惧怕它，甚至连龙见到它也十分害怕，因而其形象或眼睛常被绘于船的首、尾，以图吉利。公元前 514 年，吴王阖闾任用伍子胥造战船，当时造出了一艘专供国王乘坐的大型船舶——艅艎。艅艎形体高大，首尾高耸，在恶浪中安稳如山，这种战船的船首便绘有在空中飞腾的鹢鸟，给艅艎增添了惊人的威猛之气。《晋书》云："凭鹢首以涉洪流"，说明当时人们已经认为只要在船体上画上鹢鸟的头像就可以安全渡过湍湍激水。《西京赋》载："浮鹢首，翳云芝"。三国时吴人薛综注解说："船头像鹢鸟，厌水神，故天子乘之"。《晋书·王濬传》记载益州刺史王濬造大船。其所造大船"画鹢首怪兽于船首，以惧江神"。萧子显《南征曲》曰："棹歌来扬女，操舟惊越人。图蛟怯水伯，照鹢竦江神"。除鹢鸟作水行镇物外，虎、鹰、狮等猛兽（图 1-36）也是常用的船饰。这些灵兽既可以震慑水怪，也可降福呈祥。

图 1-36 清《闽省水师各标镇协营战哨船只图说》所绘战船首部镇物

浙江、福建等沿海木帆船的船身后部，多绘有一条海泥鳅鱼或近似海泥鳅的神鱼。海泥鳅鱼，本来是一种又黑又丑的小鱼，但民间画师赋予它神圣的地位，使它转变成一种似龙非龙、似鱼非鱼的海中神鱼。渔民尊称它为"龙外孙"或"鱼龙"。民间传说海泥鳅鱼是东海龙女采食了爱慕她的敲更鱼所变的海树花所生。因为是自己的外孙，东海龙王便封它为鱼中之王。慑于海泥鳅鱼为龙王外孙，各种鱼虾蟹见到它都自动退避，即便是凶横的鲨鱼，也不得不退让三分。这种鱼是海洋里的"鱼头领""鱼统管"，有指挥调度鱼虾水卒的特殊功力，还有镇妖压浪的神通。而类似海泥鳅的神鱼，长相凶猛，全身通红，翘首生须，眼睛乌黑，颈带白练。民间有传说认为它是一种叫"猛"的神鱼，专门钻进鲨鱼肚子吃鲨鱼，大鲨巨鲸见了不敢兴风作浪，因此，船民将它绘制在船尾，以作震慑。

（三）雕绘图案

舟船的彩绘图案题材主要有花纹、花草、禽鸟、阴阳鱼等，还有各种神话传说、佛经故事、英雄人物等。厦门的大型钓艚、泉州惠安崇武的大排与小钓渔船等都在船头绘有俗称为"头犁壁"的图案：一组海浪掀起的山字形，托衬一轮太阳，寓意日光普照、山水相连、海陆互通，仿佛渔船从山门驶入海门，船头如犁，劈波斩浪，耕海牧渔[48]。厦门钓艚的船眼，外围为椭圆形白底色，中间圆形鸟目仁，内外既黑白分明，又有过渡色彩的幻影，中间采用浮雕手法工艺。船眼一般装饰在船头两侧位置。船眼的朝向也有讲究，朝上观天象，朝下测鱼群，平视看潮流。旧时，一般商船的船眼多朝上，渔船的船眼多朝下。其他部位，如后舱门面、门头盖、移窗等，船民利用船体空隙处，饰有"脚踏莲花观世音菩萨""鳌鱼驮岛栖海图""八仙过海""鱼跃龙门""龙凤相嬉""大鹏展翅"等图画，也有的绘制关公、武松、岳飞、穆桂英等历史英雄人物（图1-37）。如苏浙闽沪一带的渔民，都喜欢在船上各处画上"鱼跃龙门""鱼龙飞天"等意境的船饰图画；船尾绘饰，则有福建等船的花屁股图绘（图1-38），色彩斑斓，甚为突出。

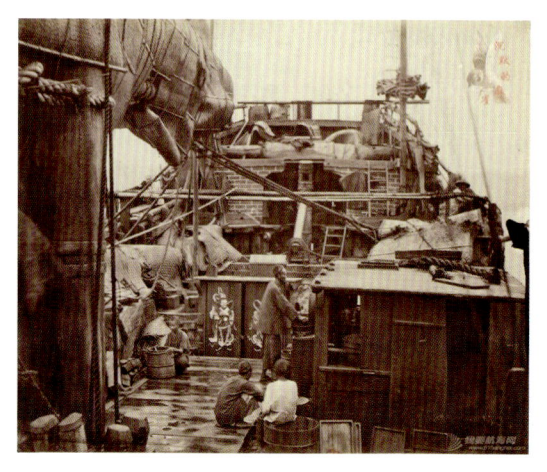

图 1-37　上层建筑的图案

图 1-38　福建运杉船的花屁股彩绘特征（杨育锥制作）

（四）油漆上色

舟船的油漆上色，因地区、船型而异。浙江嵊泗的带角船，船首部位漆成朱红色；船体后部和中舱位置漆成黑色；船眼中心漆成白色，即为"眼白"；船体内部及舱板，均漆成朱红色；船体外部，从"直肋"以下均漆成绿色；船尾四边用白漆勾勒一圈，圈内则用黄丹漆饰。宁波"绿眉毛"冰鲜船的船体体漆饰大致和带角船相同，只是在船眼下有狭长的一段漆成绿色，形状犹如船眼眉毛，且是黑白辉映见绿色，十分醒目，故称"绿眉毛"。绿眉毛的漆色，在其他沿海地区极少见，颇具特色。台州"红头对"渔船的总体漆饰与带角船也大致相同，其不同之处在于船头均漆成朱红色，故有"红头对"之称。江苏"沙飞船"，仅用桐油涂饰船体内外，保持船木之本色，远观之，其船体颜色与沙色相似，又因这类平底船善在长江口沙海行驶，故称"沙飞船"。

厦门地区的蜑民崇尚红色，视红色为吉祥喜庆象征。因此，厦门钓䑩的主体色为红色，整艘船从甲板至船舷都涂上红色。而吃水线以下为一色亮白，以便留下每个航次的浪痕水迹。船身的三道纵向突起的大榅，涂以沉稳凝重的黑色。其余则以黄色作为间隔过渡。

明清时期，有一种红座船，是船身涂红色的官员座船。相传明太祖初得和阳，欲图江南，乘小舟于元旦渡江，水手喊号子，内容是"圣天子六龙护驾，大将军八面威风"。太祖听闻吉利语言，十分欢喜。登基后，访得该船及水手，封官封船，涂朱红色，故又称"满江红"。清代沿用，官员座船涂红色，取其吉利之意。

（五）书字对联

书字对联也是中国舟船文化的重要内容。古代船舶的书字，一般是书写船名或标识该船身份。如清代运输漕粮的剥船，每条船在船尾，编列字号，并书写州县船户姓名，用火烙印"直隶官剥船"字样。同时，在春节、造船时，船民会在船上贴对联，寄托顺风出海、平安返航、满舱而归等美好心愿。

北方如山东、辽宁等地沿海渔民，每年正月十五前后在渔船即将出海时，在渔船的不同部位贴上内容不同的对联。比如，船头的对联是："船头无浪行千里，舵后生风送万里"，横批是"海不扬波"。船尾的对联则是："九曲三弯随舵转，五湖四海任舟行"，横批是"顺风相送"。桅杆对联也各有不同：大桅是"大将军八面威风"，二桅是"二将军开路先锋"，三桅是"三将军协力相助"，四桅是"四将军顺风相送"。

江苏沿海、海岛的渔民，逢春节一般在船头贴斗方，多为招财纳福的吉祥语。上书"招财进宝"或"日进斗金""黄金万两""斗大金元宝"（图1-39）。斗方两边贴"江河湖海清波浪，通达逍遥远近游"，或"日进黄海三千里，风送长江第一舟""龙头金角安天下，虎口银牙保太平""船头无浪多招宝，船后生风广进财"。横批为"一本万利"或"大吉大利"。后梢对联为"顺风相送，满载而归"，横批为"一路福星"或"旗开得胜"。船舵对联为"九曲三湾随风转，五湖四海任舟行"，横批为"一家之主"或"顺风相送""得心应手"。八尺舱（住人的舱房）对联为"宝货上船千倍利，贵客登舟遇顺风"，横批为"四时吉庆"或"八节安康"。大桅贴"大将军八面威风",二桅贴"二将军起步先行",三桅贴"三将军日行千里",四桅贴"四将军一路福星",五桅贴"五将军五路财神"。

福建泉州峰尾圭峰一带造船,一般会在船上贴特定的船联,包括:龙目联("龙头生金角,虎口发银牙")、中桅联("大将军八面威风")、头桅联("二将军开路先锋")、尾桅联("三将军顺风相送")、桅杆联("万军主帅")等。

图1-39 船上斗方的写法

厦门钓艚,则将有寓意的单句条幅标语直接书写或雕刻在相应的特定部位上,如头桅上的"开路先锋"、中桅杆上的"八面威风"、尾桅杆上的"海不扬波"、舵杆上的"万军主帅"、水柜上的"龙水甘泉"、鱼舱上的"锦鳞满载"、帆篷上的"风帆捷至"等。厦门钓艚的对联历来倡导少而精,重点在供奉神龛的地方,俗称"红格顶"。横批是"海国安澜",左联是"水马繁华",右联是"木龙光彩"。江苏沿海、海岛出海船上的娘娘龛,则有对联"子午分南北,卯酉定东西"。后来,随着船型改进和移风易俗、破旧立新,船上书写的标语渐次减少,最后销声匿迹了。

(六)旗帜号带

船旗俗称"定风旗""鳌鱼旗"等。中国古代舟船的旗帜名称不一,五颜六色,类型多样,形状多变。古代遗存的文物以及相关文献图记呈现了不同时期的舟船旗帜。战国时期的青铜器水陆攻战纹饰就绘出了船上的旗帜。三国时期赤壁之战，黄盖的艨冲、斗舰等战船"上有旌旗"。隋代五牙舰"旗帜加其上"，唐代的楼船"树幡帜"，走舸"金鼓旌旗在上"，海鹘船"牙旗金鼓如常"。

古代舟船的旗帜常常是船队识别的标志。明代戚继光的水师部队，大将有腰旗，上书"三军司命"；中军也有腰旗，上书"三军司令"。古代战船，如果船首设门旗，必是将校军官的座船，宋代门旗的图案是神人像，元代的图案是身穿盔甲执戈的武士，明代是用金色书的"门"字。清代《青帮通漕汇海》介绍漕帮时指出：嘉白帮的船"进京打龙旗，出京打凤旗，素日打白旗"，"初一、十五打日月龙凤旗"。总帮的头船"打正白旗，三根红飘带"，腰船"打印花本色飘带"，老堂船"打紫色金花一对杏黄旗"或"棕色杏黄旗"。漕帮使用的船旗还有很多，每种旗子都有特殊识别的含义。明末清初，航行于日本及东南亚的中国籍商船，船头挂的是大红旗和红号带。对于战船而言，旗帜还有利于指挥联络。如宋人用旗指挥战船作战："诸军视大将军之旗，旗前亚，闻鼓则进。旗立，闻金则止。旗偃则还"。旌旗对于战船来说，是语言命令的传递手段之一，不同的主将在旗子使用时，会有一定的区别[49]。

从航海角度而言，船民们使用旗帜以指示风向。如厦门钓艚原先有醒目显眼的桅顶旗，在头桅与中桅顶上高悬三角形有飘带的"顺风旗"，可以随风飘荡旋转，指示风力风向。后来厦门港渔家人张晋因围剿海匪有功，他所在的渔船被封为"王帽船"。张晋遭海匪杀害后，厦门渔家疍户为缅怀纪念其功德，都把桅杆顶上"挂束尖"改为"王帽式"，而将风向旗换到尾桅上，这种旗饰，成为厦门钓艚与其他闽南渔船区别的标志。

除上述的实用功能外,舟船旗帜还具有装饰、祈愿、烘托气氛等作用。古代官员乘船巡游,喜好以旗帜来烘托气氛。汉武帝在汾河大宴群臣和外国使节时乘坐的楼船"旗帜加其上,甚壮"。隋炀帝第一次巡游江都,动用船只 5900 多艘,中军、帅旗用长丈形旗,幡多为白、黑、红三色,整个船队旗帜如林,五彩纷呈,十分壮观。厦门渔港有的新船在新春开正出海第一航,会挂上一面"旗开得胜"或"乘风破浪"的锦旗,表达渔民的美好心愿;清乾隆周煌所乘册封舟的妈祖旗,祈求海神保佑和航行平安。

注释

[1] 宋兆麟:《从葫芦到独木舟》,《武汉水运工程学院学报》1982 年第 4 期。
[2] 来源:海南省人民政府网,http://www.hainan.gov.cn/hn/zjhn/hngl/lsyg/200809/t20080911_365167.html。
[3] 孙春龙:《羊皮筏子及其变迁史》,《新西部》2003 年第 1 期。
[4] 陆传杰、曾树铭:《航向台湾:海洋台湾舟船志》,远足文化,2013 年。
[5] 席龙飞:《中国造船史》,武汉:湖北教育出版社,1999 年。
[6] 戴开元:《中国古代的独木舟和木船的起源》,《船史研究》1985 年第 1 期。
[7] 席龙飞:《中国古代造船史》,武汉:武汉大学出版社,2015 年。
[8] 何志标:《跨湖桥独木舟对探索中国舟船文化发端的重要意义》,《武汉船舶职业技术学院学报》2012 年第 6 期。
[9] 何国卫:《中国木板船探索》,船史研究会武汉年会论文,2017 年 10 月。
[10] 何国卫:《对跨湖桥独木舟的研讨》,收入杭州市萧山跨湖桥遗址博物馆编《跨湖桥文化国际学术研讨会论文集》,北京:文物出版社,2012 年。
[11] 席龙飞:《中国造船通史》,北京:海洋出版社,2013 年。
[12] 王冠倬:《中国古船图谱》(修订本),北京:生活·读书·新知三联书店,2011 年。
[13] 唐志拔:《中国舰船史》,北京:海军出版社,1989 年。
[14] 上官绪智、温乐平:《从秦汉时期造船业看水军战船及后勤漕运保障》,《南都学坛》2004 年第 2 期。

［15］《吴简｜湘江百吨木帆船，去向何方？》，《长沙简牍博物馆》搜狐号，2017-08-25。网址：http://www.sohu.com/a/167187986_556537。
［16］李振乔：《中国古代水战武器拍竿考略》，《邢台学院学报》2010年第4期。
［17］黄纯艳：《造船业视域下的宋代社会》，上海：上海人民出版社，2017年。
［18］陈希育：《中国帆船与海外贸易》，厦门：厦门大学出版社，1991年。
［19］周世德：《中国沙船考略》（中国造船工程学会1962年会议论文），收于氏著：《雕虫集　造船·兵器·机械·科技史》，北京：地震出版社，1994年。
［20］王心喜：《中华第一舟——杭州跨湖桥遗址古船发现记》，《发明与创新》（综合版）2005年第8期。
［21］蔡薇等：《吴国的王舟艅艎》，《国家航海》，2012年第1期。
［22］李蕙贤、文尚光：《赤壁之战斗舰的复原研究》，《武汉水运工程学院学报》1990年第3期。
［23］龚昌奇、席龙飞、吴琼：《晋代"八槽舰"复原研究》，《武汉理工大学学报》（交通科学与工程版）2003年第5期。
［24］龚昌奇、席龙飞：《隋代五牙舰及其复原研究》，《武汉理工大学学报》（交通科学与工程版）2004年第4期。
［25］顿贺、席龙飞：《唐代"海鹘"战船复原研究》，《华东船舶工业学院学报》（自然科学版）2004年第4期。
［26］席龙飞：《中国古代造船史》，武汉大学出版社，2015年。
［27］同上。
［28］同上。
［29］《水运技术词典》编辑委员会：《水运技术词典（试用本）古代水运与木帆船分册》，北京：人民交通出版社，1980年。
［30］林士民：《宁波造船史》，杭州：浙江大学出版社，2012年。
［31］周世德：《中国沙船考略》（中国造船工程学会1962年会议论文）。
［32］周世德：《中国沙船考略》（中国造船工程学会1962年会议论文）。
［33］周世德：《中国沙船考略》（中国造船工程学会1962年会议论文）。
［34］刘义杰：《福船源流考》，《海交史研究》2016年第2期。
［35］刘义杰：《福船源流考》。
［36］广东省地方史志编纂委员会编：《广东省志·船舶工业志》，广州：广东人民出版社，2000年。
［37］金行德：《广东船研究》，广州：广东旅游出版社，2012年。
［38］吴春明：《环中国海沉船——古代帆船、船技与船货》，南昌：江西高校出版社，2007年。
［39］袁晓春、张粤俊：《漆在中国古船的运用与贡献》，载杭州市跨湖桥遗址博物馆编：《跨湖桥文化国际学术研讨会论文集》，北京：文物出版社，2014年。

［40］ 林士民：《宁波造船史》，杭州：浙江大学出版社，2012年。
［41］ ［美］I. A. 唐涅利：《中国木帆船》，陈经华译，陈延杭、王锋校，收入福建省泉州海外交通史博物馆编：《海交史研究丛书》(一)，北京：海洋出版社，2013年。
［42］ 许路：《清初福建赶缯战船复原研究》，《海交史研究》2008年第2期。
［43］ 何国卫：《中国古船建造法考述》，载上海中国航海博物馆编：《国家航海》2015年第13辑。
［44］ 叶冲：《中国帆船的建造流程："架先"还是"壳先"？》，袁晓春、尤泽峰主编：《行舟古丝路致远新视野——2016年中国航海日行舟致远航海文化论坛论文集》，2016年7月。
［45］ 中国航海博物馆船模研制中心：《中式木帆船模型建造考证指南（征求意见稿）》。
［46］ 同上。
［47］ 司徒尚纪：《广东文化地理修订版》，广州：广东人民出版社，2013年。
［48］ 陈复授编著：《厦门疍民习俗》(闽南非物质文化遗产系列)，厦门：鹭江出版社，2013年。
［49］ 顿贺：《话说中国古船上的旌旗》，载上海中国航海博物馆主编：《中国航海文化之地位与使命》，上海：上海书店出版社，2011年。

图片来源：
图1-1　三亚新闻网。
图1-2　三亚新闻网。
图1-3　宋兆麟《从葫芦到独木舟》。
图1-4　无限路程的新浪博客。
图1-5　陆传杰、曾树铭《航向台湾：海洋台湾舟船志》。
图1-6　席龙飞《中国古代造船史》。
图1-7　王冠倬《中国古船图谱》。
图1-8　王冠倬《中国古船图谱》。
图1-9　长沙简牍博物馆。
图1-12　席龙飞《中国古代造船史》。
图1-17　大庭修《唐船图考证》。
图1-24　许路《清初福建赶缯战船复原研究》。
图1-25　许路《清初福建赶缯战船复原研究》。
图1-31　辛元欧《上海沙船》。
图1-33　席龙飞《中国古代造船史》。
图1-34　中国国家博物馆网站。

海帆远影

By Sail to Distant Lands

第二章 指向行舟

海洋约占地球表面积的70%，曾经是人类交通的天堑，又是连接不同地区、国家和洲际的通道。人类航海是以舟船为依托，以导航技术为保障。因此，广义上的航海技术包括造船技术和导航技术。悠远的航海历史已经证明：造船技术和导航水平决定了人类航海的能力，其中导航技术尤为重要。我国古代基于指南针而发明的航海罗盘，促进了15世纪欧洲大航海时代的开启；郑和航海时期，我国航海家从被聘请的阿拉伯领航员（番火长）那儿学会了"过洋牵星术"，实现了横渡印度洋到非洲东岸的航程。因此，航海技术的进步是相互交流学习的结果。我国古代发明的以指南针所代表的导航技术，是人类文明史上具有革命性的创造，通过航海交流，传播到世界各地，促进了人类文明的进步。

一、导航器具

常言道，大海航行靠舵手。但在帆船时代，为保证航行成功，舵手需要听从火长的指令。这是因为在中国古代航海时期，船只能否行驶在正确的航路上，能否避过暗礁险滩，都要依靠火长手中掌握的航海罗盘和其他助航工具来实现。在古代众多导航器具中，较为重要的有航海罗盘、牵星板和测深锤。

（一）航海罗盘

1. 源流与发展

明朝宣德七年（1432年），跟随郑和第七次下西洋的巩珍曾这样形容郑和船队的航海情形，"（大海）绵邈弥茫，水天连接，四望迥然，绝无纤翳之隐蔽。唯观日月升坠，以辨东西，星斗高低，度量远近。皆斫木为盘，书刻干支之字，浮针于水，指向行舟。经年累旬，昼夜不止。"[1] 郑和船队航行时，除了通过观察日月星辰以辨别东西南北外，主要的导航工具就是巩珍所述"斫木为盘，书刻干支之字，浮针于水，指向行舟"的设备，即航海罗盘。

从巩珍的描述中可以看出，航海罗盘的材质是木头，圆盘中间是浮在水上的指南针，盘上有用来标识方位的字符（见图2-1）。可见，航海罗盘的核心部件是指南针，其次是刻度盘。指南针是航海罗盘产生的前提，因此，要了解航海罗盘是如何发明创造的，首先需要了解指南针被发现及其与刻度盘装配的过程。

图2-1 航海罗盘

指南针的发明，源于对磁石吸铁功能的认识。春秋战国时期，古人就已从天然矿石中辨别出这种具有独特磁性的矿石。战国时的《管子》记载："上有慈石者，下有铜金。"指出磁石与其他矿石共生的现象。《山海经》中则记录了磁石的产地："灌题之山……匠韩之水出焉，而西流注于泑泽，其中多磁石。"[2]可见，在春秋战国时期，磁石已经作为一种具有磁性的矿物被认知了。此后，磁石开始被道家用来炼丹，或被阴阳家用作占卜的道具，对航海未来发生的重大影响始自医生探索磁石的药用价值。比如成书于东汉的《神农本草经》就说："慈石，味辛寒。主周痹，风湿，肢节中痛不可持物，洗洗，酸消，除大热烦满及耳聋。一名元石。生山谷。"磁石吸引铁器的特性被认为犹如慈母吸引婴孩一样，故我国早期医学文献中往往将磁石写作慈石。磁石一旦入药，医生就需要有一种辨别磁石磁性大小的方法以确定用量的大小。经过长期经验的积累，到魏晋南北朝时，刘宋王朝的雷敩在其《雷公炮炙论》中就已经总结出了辨别磁石性能的方法："一斤磁石，四面只吸铁一斤者，此名延年沙；四面只吸得铁八两者，号曰续未石；四面只吸得五两已（以）来者，号曰磁石。"依据磁性的强弱，将磁石分为三种，仅有最后一种可以入药的磁石才被医家称作"磁石"。此时鉴别的方法还是通过吸引铁屑的多少来判断磁性的大小。到了梁朝，陶弘景撰写《本草经集注》时，就给出了更精细的判断磁性强弱的方法："（磁石）好者，能悬吸针，虚连三四为佳。"与雷敩和陶弘景同时代的东晋诗人杨方在其《合欢诗》中提到"磁石引长针，阳燧下炎烟"，说明用磁石吸引铁针已经是社会常识。入唐以后，更有大量的中医文献记录了用磁石悬吸铁针以鉴定磁石药效的方法，如孙思邈的《千金要方》与《千金翼方》中，就有数十个药方中用到磁石。中医行医，针灸用针，用吸引针灸用针的方法来鉴别磁性可谓唾手可得的事情，较之于前期采用吸铁的方法就更加简便易行。这种通过悬吸铁针的多寡以鉴定磁石磁性的方法正是将铁针进行人工磁化的物理过程。唐朝诗人戴叔伦（732—789年）《赠徐山人》诗中有"针自指南天寊寊，星犹拱北夜漫漫"的句子，说明至迟到8世纪中叶，人工磁化的铁针所呈现出的指南特性已经被人所认识。由此可知，经过长达千年的摸索，指南针在中医用磁石入药的实践中被发现了。

然而仅有指南针是不够的，要成为航海导航的工具，还需与可以指示方位的工具相结合才行，也就是需要将指南针装置于某种刻度盘中去，而此项工作，在唐朝末年由风水（地理）先生完成了。

我国历史上，唐朝至北宋是"风水"大行其道的时期，看风水的地理先生（堪舆师）用来占卜的工具被称为栻盘，这种从西汉以来就被堪舆师使用的栻盘（见图2-2），是一种上下结构可用作定向的工具。根据天圆地方的观念，栻盘的底座为四方形的地盘，用天干、地支、八卦及二十八星宿标识不同的方位。天盘为圆形，覆盖在地盘中央，天盘的中央绘制有用来辨别方向的北斗七星。天盘与地盘之间有支轴相联，天盘可以围绕支轴转动。《淮南子·齐俗训》提及："司南之杓，投之以地，其柄指南"，可以理解为将天盘上代表指向的"杓"，即北斗七星中组成柄部的三颗星转动到在地盘上指南的方向上，这是古人用栻盘进行占卜的一种方式。用栻盘看风水，到唐朝时就被称作"地理"了。地理先生为了给

图 2-2　武威出土的汉代栻盘

第二章 指向行舟

栻盘确定一个准确的方位，需要依靠日月星辰的帮助。这就与航海家在海上的境遇一样，受到阴晦天气的制约，不能时时刻刻地进行占卜活动。有了指南针后，如果在栻盘的天盘中安装指南针，就可以全天候使用栻盘。于是，地理先生将指南针引进到栻盘中。他们将地盘中央原来装天盘的地方挖出一个圆形的水池（天池）来安放指南针。如此一来，地理先生不再受天气的制约，这是堪舆术上的一次革命性的改造。

为了携带方便，原来四方形的地盘被改造成圆形，这种被改造成圆形并在中央装备了指南针的栻盘被称作罗盘。为与后来的航海罗盘区分，我们将这种罗盘称作堪舆罗盘。堪舆罗盘发明的时间大约在五代十国时期，在北宋初年已经被堪舆师大量应用了。北宋时期大量的堪舆著作中都记载了堪舆师使用罗盘的情况。堪舆罗盘何时被移植到航海中来，目前没有明确的记载，但作为标定方位的堪舆罗盘被引进到航海中用以辨别方位，其功能都是相同的。

北宋名医寇宗奭在其著作《本草衍义图经》（1116年）中有一段指南针使用方法的描述："磨针锋则能指南，然常偏东不全南也。其法，取新纩中独缕，以半芥子许蜡，缀于针腰，无风处垂之，则针常指南。以针横贯灯心，浮水上，亦指南，然常偏丙位。"（见图2-3）这是指南针发明后最常用的两种方法：悬缕法和浮针

图2-3　寇宗奭《本草衍义图经》

法。与之相印证的是北宋宣和五年（1123年）出使高丽的徐兢在《宣和奉使高丽图经》一书中所记载的"洋中不可住，维视星斗前迈。若晦冥，则用指南浮针以揆南北"。可见，早期的航海罗盘是一种"指南浮针"，所以，水浮指南针的罗盘被称作"水罗盘"。这种水罗盘一直使用到明朝，如郑和下西洋时仍然使用的是水罗盘。大约到明朝嘉靖年间，出现了一种支轴式的航海罗盘，指南针被固定在支轴上，这种新式罗盘被称作"旱罗盘"，并逐渐替代了水浮式的罗盘。有文献记载，这种旱罗盘是经过日本传入的西式罗盘，也有认为是我国固有的发明。

地理先生使用的堪舆罗盘是一种极其复杂、有许多圈层结构和附带了很多说法的占卜工具，而被引进到海船上用作导航工具的航海罗盘，则是一种极简化的堪舆罗盘。航海罗盘中，将原来堪舆罗盘中众多的圈层改造为一个圈层，这种简化完全是为了适应航海的需要。因为航海罗盘脱胎于堪舆罗盘，所以，航海罗盘中指示方位的24个符号与堪舆罗盘一样，也是由十二地支的子、丑、寅、卯、辰、巳、午、未、申、酉、戌、亥，十天干中八天干的甲、乙、丙、丁、庚、辛、壬、癸和八卦中的乾、坤、艮、巽组成。在原始的栻盘中，根据阴阳五行和八卦理论，这些字符都被用来代表特定的方位，它们按一定的顺序排列，可以指示24个方向，而天干中的"戊、己"本来是代表中央的方位而居中，但因为位置被指南针占用了，所以原本26个字符就剩下了24个字符。其中，子午被用来指示正北和正南的方向，由于指南针指示的方向就是南北，因此，后来人们就用"子午线"专指南北方向。

如徐兢在《宣和奉使高丽图经》一书中所说，堪舆罗盘被引进到航海上时，也只是一种在阴晦天用来辨别方向的辅助工具。随着航海的需要，航海罗盘的用处越来越大，它可以全天候地进行导航，原来的24方位就显得不够用了。于是，航海家再次借用堪舆罗盘中早已存在的"缝针"法，将相邻两个方位字符间的方位也用来表示一个更小的方位，这样可以将24方位的航海罗盘发展成表示48个方位航海罗盘。如在元朝周达观的《真腊风土记》中就有"丁未针"[3]的记载。在导航指南工具书中，一个方位字符表示一个方向时称"单针"或"丹针"，如"单子针"，就表示正北方向。用两个字符间的方位时就用相邻的两个字符组成一个新的方位称"缝针"，如"壬子针"。原来一个方位字符表示圆周中的15°，有了缝针后，指示的方向就缩小到7.5°了，这是航海技术的一次进步。大约在清朝康熙年间，曾从西方传入32位的航海罗盘（见图2-4）。施世骠绘制的《东洋南洋海道图》就出现过32位航海罗盘，但这种仅在清康熙初年出现在官方档案中的西式航海罗盘，显然并未在我国航海中得到广泛应用，因为清朝水师使用的航海罗盘和琉球册封使所描绘的罗盘图，都是我国传统的24位航海罗盘。

图2-4　32位罗盘

南宋时期，伴随海上丝绸之路的拓展和航海技术的延伸，航海罗盘已经普及到航海中。南宋赵汝适编撰的《诸蕃志》(1225年)中就出现了用罗盘的"丙巳方"[4]来描述方位的说法，指南针（航海罗盘）逐渐成为主要的导航工具："（大海）渺茫无际，天水一色，舟舶来往，惟以指南针为则，昼夜守视惟谨，毫厘之差，生死系焉。"[5]到这个时候，航海已经不用"看天吃饭"了。

随着技术的熟稔，大约在明代中期，航海家在48方位中又发明了一种"对针"的方法，即将两地之间存在的对位关系，简单地用对座针位的形式记述在针路簿和更路簿中：明代万历年间成书的《顺风相送》中就已经出现了"辰戌"这样的对针；在《指南正法》中，用对针来记载针路的情况就更多了。在南海的《更路簿》中，对针的使用更加普遍。因为南海相对来说是个小海区，众多的岛礁密布其间，岛礁之间大多存在着对座的关系，所以《更路簿》中对针的记述方式成为常态。到明末清初，航海家们又发明了一种称作"线针"的针位表示法，即将原来的一个方位格用线细分成五个小区，这样，就使得原来一个指向15°的方位被五等分，每一条线所指方位可以精确到3°，也就是说，整个航海罗盘已经被等分成120等份了。在帆船航海时期，这种方位指示已经相当精确。海南渔民用如此精密的导航技术，可以纵横驰骋于礁石密布的南海诸岛。

2. 传播与交流

指南针发明后，最先将堪舆罗盘引进到航海中的，可能是最擅长航海的闽籍航海家。大约在12世纪，航海罗盘首先传播到与我国有着密切海上交往的波斯人手中，然后经过阿拉伯人传播到西方。传到欧洲的航海罗盘先被改造成16个方位，这与我国的"风有八方"的说法相似，依风向分割罗盘，然后再将其细分为 32 方位，这又与我国的"缝针"极其相似。1544 年在一幅波托兰海图上描绘的罗盘方位图（见图 2-5），与我国传统的航海罗盘极其相似。在西方的航海图上，航海罗盘被描绘成玫瑰花状，故常称作罗经花。除了西传之外，航海罗盘还向东传播到日本。日本的航海罗盘与我国的航海罗盘形制一样，但不擅长航海的日本人将中式航海罗盘改造成只有用地支表示的 12 方位的航海罗盘（见图 2-6）。到 16 世纪，经过大航海的交流，西式的旱罗盘传入我国，航海罗盘再次经历了一次革命性的改造，直至被现代罗盘所替代。

图 2-5　西方 16 世纪航海罗盘方位示意图　　图 2-6　日式 12 位航海罗盘

堪舆罗盘被发明之后，始终都处于动态的改造之中，如风水先生为了出行方便，对堪舆罗盘进行了改造，其中最著名的就是在江西出土的南宋时期的土俑手中把持的一种立式罗盘（见图 2-7），这种立式罗盘被认为是"旱罗盘"的前身。其实，这种旱罗盘并非孤例，在山西繁峙县一座金代庙宇中，有一幅绘有风水先生将罗盘系在腰间的壁画。显然，这种可以随身携带的旱罗盘在南宋时即已出现。但据郑和下西洋时期的《西洋番国志》和明代中叶以后出现的海道针经《顺风相送》记载，当时的航海罗盘依然是水罗盘。反而是传到西方的罗盘从一开始就被改造成旱罗盘，如图2-7所示，罗盘中央有明显的支撑点。文献记载，我国的水罗盘一直沿用到明朝嘉靖后期，即16世纪后半叶，旱罗盘始从日本传入。到清代，水罗盘完全被旱罗盘取代（见图2-8），这从清朝的琉球册封使描绘的航海罗盘即可看出。值得一提的是，并无资料显示从日本传入的旱罗盘是日本人对水罗盘进行改造的结果。旱罗盘之所以从日本传入我国，其最大的可能性是我国的航海家在日本长崎一带与西方航海家交流的过程中见识了这种西式罗盘，然后对我国的水罗盘加以改造，而从日本回航的航海家将这种新式的旱罗盘推广开来。这是航海历史上技术相互交流的例证之一。

图2-7 宋代持立式罗盘土俑　　图2-8 徐葆光绘制的旱罗盘图

3. 航海罗盘的计量单位——更

航海罗盘是我国四大发明之一的指南针在航海中的具体应用。指南针发明后，只有被应用到航海中成为导航工具才有价值，才能对人类文明进程产生影响，才能被称为人类历史的·大发明。

我国航海家在使用航海罗盘中发明了一种特别的计量单位——更。海道针经中，都有有关如何算更的方法，如《顺风相送》中就有"行船更数法"："凡行船先看风汛急慢，流水顺逆，可明其法则。将片柴从船头丢下，与人齐到船尾，可准更数。每一更二点半约有一站，每站者计六十里。如遇风，船走潮水却向潮头涨来，此系是逆流。柴片虽丢顺水流向，后来必紧，不可使作船走议论。古云先看风汛急慢、流水顺逆。不可不明其法。"这是关于航海如何"定更"比较完整且经典的记述，是给火长制定的有关更的法则。

从汉代开始，夜间被等分成五个时段称作"五更夜"，"更"成为专门用来等分夜间时长的一个时间单位。航海家引入"更"的概念后，将一昼夜定为十更，即一天24小时变成10更；航海家还将"更"作为速度，即每更60里，以此来计算航程。一般说来，海船行驶一昼夜的航程可达600里。但船舶有大小，载荷有轻重，海流有缓急，风速有变化，如何计量更就变成为一个复杂的过程，根据具体情况得出的更数就会不同。这个问题在清代的台湾海峡航渡中表现得尤为突出，更数就从每更60里发展到100多里不等，甚至也有30多里的情况。因此，每个海区，每种船型，每个火长都会根据不同的情况得出不同的更数即航行的速度，并用之计算航行时间。

帆船上，为了保证航行安全，一般至少配置两到三个罗盘，火长掌管一个，船长或也配备一个。火长根据罗盘来指示航向，地位仅次于船长。船上专门给火长配属的房间称作"针房"，一般位于船尾的舵位前方，既便于观察航向，也便于迅速向舵手传达指令，把握正确的航向。

历史上，除了指南针之外，古人还发明了跟指南有关的不少工具。如祖冲之曾经复原制造过的指南车，它从三国时期发明，到北宋初年才失传。但这种指南车是通过机械传动装置实现"指南"的，即指南车上指向的木人是事先设定的，不管指南车怎么转向，都会固定指向一方。这种指南车发明以后，与记里鼓车一道，是作为皇帝出行时仪仗队的装备使用的，不具有实用的价值。在发明堪舆罗盘的同时，在北宋初年曾公亮和丁度修撰的《武经总要》中还介绍了一种指南鱼的制作方法，这种指南鱼是将鱼形的铁片利用地球磁场进行人工磁化后获得磁性的"鱼"，用它漂浮在水面上可以获得指南的目的。发明这种指南鱼的目的是为军队行军中迷失方向时提供一种辨别方向的工具，罗盘发明后它就消失了，所以，在后来的兵志类的著述中就再也没有使用指南鱼的记载。南宋以后，民间还有指南龟和指南鱼的游戏，它们都是用磁条装置在木制的龟形和鱼形中来起到指南的目的。

（二）牵星术与牵星板

1. 观星法导航

牵星术，又称过洋牵星术，是通过观测星辰（主要是北极星）的海平高度来确定船舶所处地理位置的一种导航技术。通过测量北辰星的仰角可以大体得知船只所在的纬度,并以此对船舶进行定位。牵星术是在长期的航海过程中发展起来的,经历了"唯望日月星宿而进"的观星法到通过仪器进行量化的过程。

在没有航海罗盘之前,航海家通过观察日月星辰与船舶的相对位置来把握航向。在公元前的航海活动中,航海家一旦在海上迷失方向,其简易的方法就是观察星空中特定的星座来辨明方向,"夫乘舟而惑者,不知东西,见斗极则寤矣"[6],这是汉武帝时期淮南王刘安在《淮南子》中记录的航海时利用北斗七星辨别方向的一种办法,也是航海家早期掌握的最原始的天文导航技术。晋代葛洪(284—343年?)也说:"并乎沧海者,必仰辰极以得返。"[7] 辰极与斗极一样,都是指北斗七星。同时代的法显(337—422年)和尚乘坐外国商船从印度取经航海回国,在船上体验了"大海弥漫无边,不识东西,唯望日月星宿而进"[8]的航海经历。南北朝时梁朝(502—557年)人周捨曾被人咨询如何航海时提及"昼则揆日而行,夜则考星而泊"[9],即是用太阳和北极星来确认方向。由此可知,人类早期的航海活动中,一旦进行离岸航行,辨别方向的办法主要依靠原始的天文航海法——观星法,即以太阳、月亮、星辰,尤其是北斗七星和北极星来辨认东西南北,从而确认船只所处的相对位置和航向。

观星法导航的优点在于只凭肉眼观测而无需其他工具辅助,但缺点也是显而易见的,即如法显航海时所遇到的那样:一旦阴天,航海就进入盲目漂航状态,失去正确的方向。北宋末年,朱彧在《萍洲可谈》中说:"舟师识地理,夜则观星,昼则观日,阴晦观指南针。"[10] 这与徐兢在《宣和奉使高丽图经》中所说的"洋中不可住，维视星斗前迈。若晦冥，则用指南浮针以揆南北"[11]的情形一样，即便在已经有了航海罗盘的情况下，航海家仍然还要靠日月星辰来判断方位，早期的航海罗盘只在无法观测天象时起到辅助的作用。而当航海家熟练地应用航海罗盘进行导航后，天文导航才逐渐退居幕后。到南宋时，航海罗盘已经成为最主要的导航手段，如南宋泉州主管海外贸易的官员赵汝适在其所著的《诸蕃志》中所提及的："舟舶来往，惟以指南针为则，昼夜守视惟谨，毫厘之差，生死系焉。"[12]从中可见当时天文导航已让位于罗盘导航。

我国传统航海以近岸航行为主，导航主要借助地文导航和水文导航，即航海家通过海岸和岛礁的地形地貌来辨认航向；而间或发生的离岸航行，则使用天文导航。到北宋后期有了航海罗盘后，航海活动的区域就不再受到导航技术的限制。但要跨洋在不熟悉的海区航海时，就需要更精确的天文导航技术——牵星术，协助实现越洋的、长距离的离岸航行。这种情况的发生，应在明代郑和下西洋的时候。

2. 牵星术

明朝郑和下西洋使用的《自宝船厂开船从龙江关出水直抵外国诸番图》（即《郑和航海图》）显示（见图2-9），船队出马六甲海峡开始横渡印度洋后，除了保持传统的导航方法外，突然出现了一种其他针路簿上从未出现的导航方式，即在印度洋海区的岛屿与主要港湾上，开始注记某星座的角度，如"巴龙溜"旁注记"华盖五指二角"，"官屿"旁注记"用庚酉针四十五更，收官屿。华盖七指二角"，针路中出现了兼有针路和星座角度的记述方式。在针路之外，还附有四幅风格迥异的"过洋牵星图"（见图2-10），按图中所示的海区，是郑和船队横渡印度洋北部孟加拉湾和阿拉伯海时所用的天文导航图。其导航方法与《郑和航海图》前面所采用的传统罗盘针位导航方法完全不同，也不同于我们熟知的仅凭肉眼观测星空的观星法，它是通过某种仪器测量星座的出水高度即仰角进行导航的一种全新的天文导航技术，并以"指""角"为度量单位记录下所测星座的角度度数，这在我国传统的天文导航术中从未出现过。

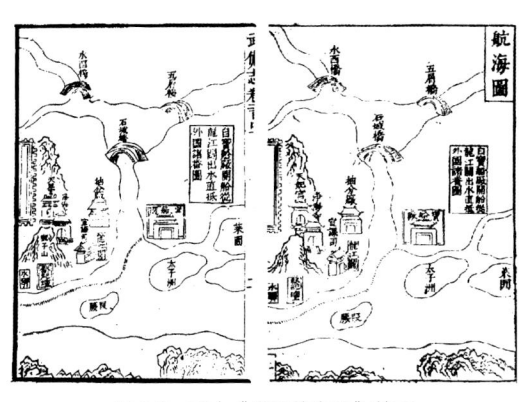

图 2-9 两本《郑和航海图》首页　　图 2-10 过洋牵星图

明代人李翊在《戒庵老人漫笔》中记录有一种被称作"周髀算尺"的仪器："苏州马怀德牵星板一副，十二片，乌木为之，自小渐大，大者七寸余。标为一指、二指，以至十二指，俱有细刻，若分寸然。又有象牙一块，长二寸，四角皆缺，上有半指、半角、一角、三角等字，颠倒相向。盖周髀算尺也。"[13] 李翊认为，马怀德牵星板是古代的一种算术工具——周髀算尺（见图 2-11）。但专家研究认定，它其实就是《郑和航海图》所附"过洋牵星图"中使用的牵星工具。曾随郑和下西洋的巩珍曾说："唯观日月升坠，以

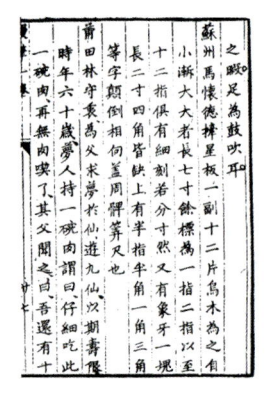

图 2-11 "周髀算尺"书影

辨东西，星斗高低，度量远近。"巩珍所说的"度量"，意味星斗的高低是通过仪器测算出来，也就是"过洋牵星图"中星座角度是用牵星板获得的，这种利用牵星板测算星座高度的方法即牵星术。过往我国航海家出洋航行，一般都称作"放洋"或"开洋"，唯《郑和航海图》中在印度洋海域使用"过洋"这个词，而且需与牵星配合使用。因此推测，过洋牵星术是仅运用于印度洋上进行跨洋航行时的一种导航方式。

遗憾的是，我国文献中从未有记载过牵星板的使用方法。除了《郑和航海图》外，明代的《顺风相送》中也提及航海中"又以牵星为准，保得宝舟安稳"。该针路簿中，跨越印度洋的针路中都出现了如"过洋牵星图"上一样的牵星法，如"阿齐往古里""古里往忽鲁谟斯""古里往阿丹"和"古里往祖法儿"的针路中，都记载有使用牵星术得出的星座角度。明末清初的另外一本海道针经《指南正法》中也有相同的说法："牵星为准，的实无差，保得无虞矣。"在它的"观星法"一节中描绘有"凉伞星"等9个星座的图样（见图2-12）。可见，从明朝到清朝初年，

图 2-12 《指南正法》中的星座图

第二章 指向行舟

在天文导航术方面出现出现了新的天文导航技术,只是没有具体使用何种仪器进行观测的记载,甚至连牵星板的形状都不见描述。但即便如此,通过《郑和航海图》和《顺风相送》等文献的记载已可以推知,至迟到明朝的永乐年间(1403—1424年),我国古代航海家已经使用牵星术进行过洋远航了。

牵星术为何会突然出现在明初的郑和航海中?众所周知,火长是船上掌握罗盘的专职人员,按巩珍的说法,"始则预行福建、广、浙,选取驾船民梢中有经惯下海者,称为火长,用作船师。乃以针经、图式付与领执,专一料理,事大责重,岂容怠忽"[14]。永乐年间郑和下西洋,除本土火长跟随外,还聘请有外籍火长,即番火长。据《明实录》记载,永乐五年(1407年),在朝廷对郑和第一次下西洋有功人员进行奖赏时,受奖人员中第一次出现了一种职位相当高的"番火长",此后,在明朝永乐年间的其他航海活动中,也都出现了番火长的身影。从永乐皇帝对番火长的赏格与御医相同的情况看,番火长在船队中的地位高于本土的火长。直到郑和第五次下西洋(永乐十七年,1419年),船队中才未出现番火长的身影。历史上,阿拉伯人主要在印度洋上航海,他们在印度洋上航海使用的天文导航使用的一种被称作"卡玛"的工具,与李翊所记述的"周髀算尺"相当接近。而番火长出现的时间与郑和下西洋中使用过洋牵星术的时间相吻合,由此推测,或许正是这些番火长将过洋牵星术传授给了本土火长,而本土火长充分掌握了牵星术后,船队就不再聘请番火长了。另有一种可能,即经过长期融合,原先外聘的番火长已本土化,因此文献不再记其为"番火长"。至于李翊在《戒庵老人漫笔》中提及的"周髀算尺",或许就是归化后的番火长留存下来的牵星板。

3. 牵星板

根据李翊记载的牵星板情况与阿拉伯人实际使用的牵星板来看，牵星术中使用的牵星板大概有两种：

一种就是李翊记载的由12块大小不等有刻度的正方形牵星板构成，其中最大的一块牵星板的边长七寸余，约24厘米，最小的一块边长1寸，约2厘米。据《郑和航海图》及《顺风相送》记载，牵星时用的度量单位为"指"和"角"，在阿拉伯航海家牵星术中，周天360°被分成224指（isba），1指约等于1°36′。用实际记载的牵星数据计算，我国航海家使用的牵星板，1指约等于1.9°，而"指"四等分后的单位为"角"。

另外一种牵星板为阿拉伯航海家使用，仅一块牵星板。牵星板的中心有一条牵出的绳，总绳长为牵星板边长的5倍。将绳12等分，在距牵星板边长相同的绳上开始打第一个结，称作12指，然后依次打有9个结。每指约等于1°53′，比第一种牵星板的角度略大，阿拉伯航海家用的这种牵星板被称作"卡玛"（Kamal）。

两种牵星板的牵星方法不同，前一种是通过更换牵星板获得所牵的星座与水天线相切的结果，然后从牵星板上得出所牵星座的指数（见图2-13）；后一种是通过前后移动牵星板达到相切的结果，绳的另一端是含在嘴上的，用牵绳上的结数来看指数。西方航海家将这种牵星板改造成一种叫作"直角器"（见图2-14）的测量工具，原理与牵星板一样，只是牵绳被一木条代替，牵星板可以在有刻度的木条上来回移动达到牵星的目的。从李翊记载的"周髀算尺"有12块乌木组成的牵星板来推测，我国古代牵星术测量星座的出水高度应该采用的是后来发展成直角器的测量法，即通过更换牵星板来读取角度，进而得出船舶所处的地理纬度（见图 2-15）。

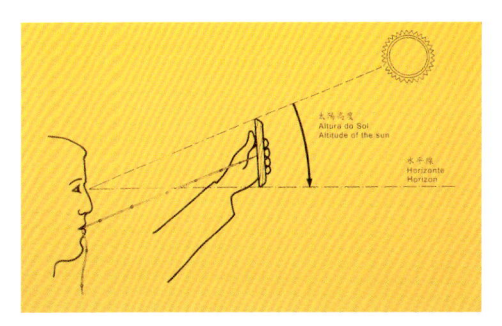

图 2-13　阿拉伯牵星术

图 2-14　葡萄牙邮票上的直角器 　　图 2-15　阿拉伯牵星术示意图所示

过洋牵星术在我国犹如昙花一现，这与我国明代中叶以后航道被葡萄牙人阻断于马六甲海峡东部有关。此后，我国航船鲜有进入印度洋的记载，这种专用于印度洋的过洋牵星术逐渐被遗忘。我国海南航海家虽不使用牵星板，但仍能通过伸直手臂侧起手掌的方式来测量星辰的出水高度，用"掌"来表示高低。福建的航海家则用一种被称为"量天尺"的仪器来测算星辰的高度。这些牵星方法与

《郑和航海图》中所记载的牵星术是否同源？是否明代"过洋牵星术"的孑遗？目前尚无定论。

（三）测深锤

1. 航海测深

北宋宣和五年（1123年），徐兢随路允迪出访朝鲜半岛的高丽国，著有《宣和奉使高丽图经》，在谈到海上航行的艰险时提及："海行不畏深，惟惧浅阁，以舟底不平，若潮落则倾覆不可救，故常以绳鈆硾以试之。"[15]"鈆"为古"铅"字的异写，故"鈆硾"就是"铅锤"。

在航海史上，铅锤是一种测深工具。北宋时期，我国的海船以尖底的福建船（后来称作福船）为主，船型较大。如徐兢使团乘坐的"神舟"，被形容为"巍如山岳，浮动波上，锦帆鹢首，屈服蛟螭，所以晖赫皇华，震慑海外，超冠古今"。福船在我国黄海海区航行时，近海沙洲、浅滩密布，特别容易触底搁浅。为了保证行船安全，船上有了测深的专用工具——测深锤，也就是铅锤（见图2-16）。事实上，徐兢航海过程中也确实使用过铅锤进行测深，船队经过黄海海区时，"故舟入海，以过沙尾为难。当数用铅锤，时（试）其深浅，不可不谨也"[16]，需要不断进行测深作业，方能保得行船安全。至于铅锤的具体使用方式，比徐兢更早些出使高丽的

图2-16 "白礁一号"上发现的测深锤

第二章　指向行舟

人员提及："鸿胪陈大卿言,昔使高丽,行大海中,水深碧色,常以镴碢长绳沉水中为候,深及三十托已（以）上,舟方可行。既而觉水色黄白,舟人惊号,已泊沙上,水才深八托。凡一昼夜,忽大风,方得出。"[17] 引文中的"镴"是铅锡合金,主要成分是铅。"碢"同"砣"字,因此"镴碢"与徐兢所说的"鈆硾"是同一种测深工具,是铅锤的另一种写法。由上可知,测深锤即铅锤系在长绳上,海船吃水较深时,由专职水手不断测试水深。丈量水深的计量单位叫"托",明代福建漳州张燮在《东西洋考》中说："方言谓长如两手分开者为一托。"[18] "托"显系闽南方言,以成人两臂张开的距离为一托,则 1 托大约相当于 1.6—1.7 米左右。

以上两条关于测深锤和如何使用测深锤的记载,应该是我国航海史上最早的记录。北宋时期之所以在这条航线上会有铅锤和测深的过程,以及用闽南语"托"作为测深度量单位的记载,是因为使团出使人员乘坐的海船都是福建造的尖底船,因此留下了闽人的印记。至于平底船如沙船上是否也使用测深锤,目前尚无资料证明。

直到现代化的测深仪发明之前,我国海船上的测深工具都是这种铅锤。诸多海道针经都强调航行中测深工作的意义,如《顺风相送》提及："务要取选能谙针深浅、更筹,能观牵星山屿,探打水色浅深之人在船。深要宜用心,反复仔细推详,莫作泛常,必不误也。"[19] 此"探打水色浅深之人"，"又沉绳水底,打量某处水深浅,几托。赖此暗中摸索,可周知某洋岛所在,与某处礁险宜防。或风涛所遭,容多易位,至风静涛落,驾转犹故,循习既久,如走平原,盖目中有成算也"[20]。我国古代航海图上,均会在重要港湾和航道处注明水深（见图 2-17）,如海南岛东北部铜鼓山和七洲洋一带的山形水势，其右下角的"铜鼓"山形边上有"打水四十托，泥沙地"的注记文字，注明铜鼓山前的水深和底质情况，航海家凭此可以把握正确的航向并根据海底底质判断船位。

图 2-17　山形水势图中的水势

2. 测深锤使用方法

至于测深砣探测海底底质的方法，清代康熙年间朱仕玠所著《小琉球漫志》有如下记载："下铅筒约四十余寻，铅筒以纯铅为之，形如秤锤，高约三四寸，底平，中刳孔，宽约四分，深如之。系以棕绳，投铅筒下海底，孔粘海泥，舵工觇泥色，即知其处，舟行自不错误。"[21] 可见海图上的"泥沙地"就是依靠铅锤底部刳出的孔粘上来的。在此基础上，清初黄叔璥在其《台海使槎录》又作了补充："寄碇先用铅锤试水深浅，绳六七十丈，绳尽犹不止底，则不敢寄。铅锤之末，涂以牛油，粘起沙泥，舵师辄能辨至某处。"[22]可见，在铅锤底部涂抹牛油，可用来提取海底的物质，再比对航海图上的记载，就可以保证航海安全。海南岛潭门镇"更路簿博物馆"中保存有一只铅锤，其底部微凹，就是涂抹牛油的地方（见图2-18）。

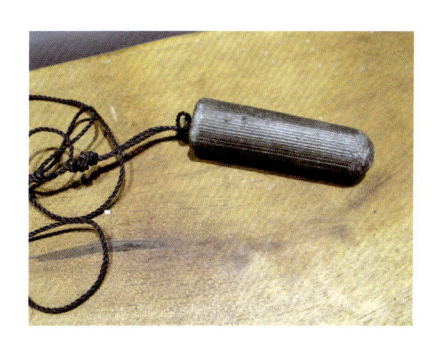

图 2-18　潭门测深锤

在测深锤的底部钻孔并以牛油涂抹以提取海底物质的办法，为中外航海家所通用。我国航海家使用这种方法的时间非常早，如宋熙宁年间，日本高僧成寻（1011—1081年）就记录过，"以绳结铅，入海底时，日本海深五十寻，底有石砂；唐海三十寻，底无石，有泥土。"[23]北宋宣和元年（1119年）朱彧的《萍洲可谈》也提到："舟师……或以十丈绳钩，取海底泥嗅之，便知所至。"[24]能够钩取海底泥土，显然也是铅锤发挥了作用。如果用铅锤测深测不到海底或铅锤上没有粘上任何东西，则意味着此处深不可测，或底质为石质底，遇到这种情况，则"不可寄泊矣"。

如上所述，铅锤的形状就像秤锤，所不同的是底部刳有一凹孔。考古人员在宁波象山海底考古工作中获得了一只铅锤的实物[25]，该铅锤为铅锡合金，即古人所说的"鑞砣"。圆锥形状与传统秤锤相似，底径4.0厘米，高9.3厘米，近顶端有一穿孔用来系绳。底部锈蚀严重，未见到明显的凹孔。测深锤除了铅或铅锡合金外，还发现有石质的测深锤（见图2-19），福建泉州海外交通史博物馆在福建沿海征集到一只石质测深锤，它形如铅锤，但有一背鳍，可控制测深时的漂移。此石质测深锤的底部平整，没有用来涂抹牛油以提取海底物质的凹孔。

至于铅锤名称，除了铅锤、钃砣的称谓外，还有铅碓、铅钟、铅筒、铁锤、水掏、水锤、水砣等的说法。测深的过程一般叫作"打水"，也称作"探水"。在海道针经中，一般都记作"打水××托"。如《顺风相送》有"福建往暹罗针路"，其中在经过越南外海昆仑岛时注明："内过，打水十七八托，烂泥地；外过，硬沙地。"从昆仑岛靠大陆的西边经过称"内过"，引文记录了水深及海底底质。根据此类提示，航海家可以避开水浅和不适合泊船的地方。

图 2-19 石质测深锤
（泉州海外交通史博物馆藏）

一般而言，火长兼任"打水"之职，因为"打水"与导航息息相关。清代徐葆光在描述册封舟上各个人员的守则时说："副火长，经理针房，兼主水鉤。"[26] 册封舟配有正、副火长，正火长负责掌握罗盘，副火长负责测深。其他的船只可能由椗手负责打水，概因下椗之前有打水之需。就出现时间来说，石质测深锤的历史应该早于铅质的测深锤。但测深锤的出现一般出现在尖底海船上，故其应与尖底海船的出现时间相同。

3. 配套属具

与测深锤使用密切相关的船上属具为锚。船上有锚，应该与船舶进入大海航行有关，因为在江河湖泊中行驶的船驻泊时，可以使用简单的系留方式。而在海上，则需要一种能沉入海底固定的工具，这就是锚。最早的锚为石质，此后，木、石结合而成的木石结构锚出现。1955年，广州出土了一具东汉时期的陶船模型（见图2-20），在船舻下垂着一个木石结构的锚，是目前已知最早的船锚模型，这种带爪的船锚的锚泊能力已经大大超过了原始石锚，是船锚制作的一大进步。当此类木石结构的锚成为船舶上的标准配置，矴、碇也就被写成"椗"了。如图2-21为明代航行到日本我国海船上使用的木椗。随着航海能力的提高，尤其是造船技术的进步，海船越造越大，木石结构的椗不敷应用，铁锚开始用于装备海船。明代宋应星《天工开物》详细记载了铁锚的锻造方法（见图2-22）。锚对航海的重要性非同一般，所以有专职水手负责锚的使用，并且随每船

图2-20 广州出土东汉陶船

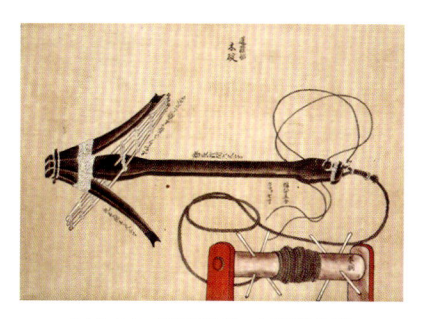

图2-21 《唐船图》中描绘的椗

图2-22 《天工开物》锻造铁锚图

103

碇数的不同，有正碇、副碇、一碇、二碇之分。

在石锚时期，碇的重力可以使船驻泊，因此海底底质对泊船并无影响；到了木石结构的椗和铁锚时期，锚需要用锚爪的抓力提供驻泊的力量，因此海底底质就备受行舟之人的关注。测深锤就在此时发挥了重要作用，这也是海道针经中记水深时多记载海底底质情况的由来。

二、海图针经

（一）山形水势图

1. 何谓山形水势图

古人如何进行航海？明代的海道针经《顺风相送》说："行路难者，有径可寻，有人可问。若行船难者，则海水连接于天，虽有山屿，莫能识认。其正路全凭周公之法，罗经、针簿为准。倘遇风波，或逢礁浅，其可忌之，皆在地罗经中取之。其主掌人观看针路，船行高低、风汛急缓、流水顺急、机变增减。或更数、针位，或山屿远近，水色浅深，的实无差。又以牵星为准，保得宝舟安稳。"[27] 由此可知，帆船航海时期，火长根据针簿和航海图，再辅以"牵星"等技术手段，保证船舶正确的航向，达成航海的目的。火长手中的海道针经和航海图向来都被称作"舟子秘本"，世人难得一见。因此，除了明代的海道针经《顺风相送》和《指南正法》中见到诸如"各处州府山形水势深浅泥沙地礁石之图""灵山往爪哇山形水势法图"和"彭坑山形水势之图"等所谓"山形水势

第二章 指向行舟

图"外，在很长一段时间里不为人知。清朝康熙年间，琉球国人程顺则得到一套福建航海家赠送的针路簿和航海图，提及"康熙癸亥年（二十二年，1683年），封舟至中山。其主掌罗经舵工，闽之婆心人也，将航海《针法》一本，内画牵星及水势山形各图，传授本国舵工"。[28] 程顺则所得针经描绘的航海图即明确为"水势山形图"，他根据这套秘籍改编的《指南广义》中，附有一幅《海岛图》（见图 2-23），从我国台湾岛北端的鸡笼（基隆）经过钓鱼岛列岛到琉球国古米山、琉球中山再到日本野顾山（今日本屋久岛），这个一字展开式的《海岛图》显然还不是"山形水势图"的全貌，因为图中有"山形"而没有"水势"，甚至连航海图中最重要的"针位"也缺失。

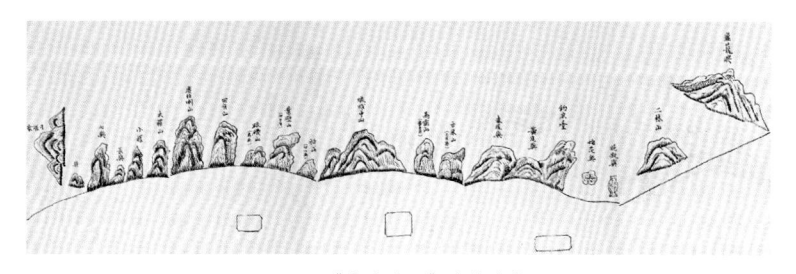

图 2-23 《指南广义》中的海岛图

在著名的《郑和航海图》中（图 2-24），描绘有航线经过的岸线和一些重要的地标即望山，但同样没有"水势"的注记。郑和的航线在出了长江口后，在航线的上下注记了往返的针位和更数，延伸到印度洋后，还注记有牵星的数据并附有 4 幅《过洋牵星图》，可见，这幅《郑和航海图》更像一本图像化的针路簿或航海图，而不是完整意义上的山形水势图。

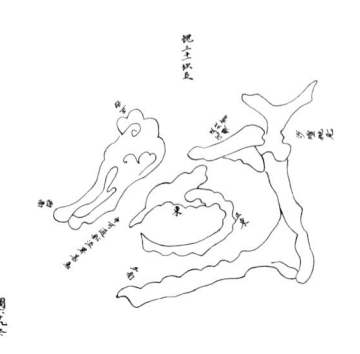

图 2-24 《郑和航海图》局部　　图 2-25　章巽古航海图之一

1980 年海洋出版社出版了一本《古航海图考释》（见图 2-25），如图所示，该图由山形和水势构成，各图之间似乎没有太多关联，每幅图只对应一个海区甚至只对应一座岛礁，且它与西方航海家使用的航海图也大异其趣。由于没有其他资料可为考释者提供证据，最终，考释者谨慎地将它作为"古航海图"出版，而不敢认定它就是山形水势图。直至 20 世纪 70 年代中期，在美国耶鲁大学又发现了一套于 1841 年在中国海域被英国侵略者劫掠走的航海图，终于为我们解开山形水势图之谜提供了又一份佐证资料。

2. 源流与传统

在航海罗盘出现之前是没有航海图的。北宋徽宗宣和五年（1123 年），徐兢出使高丽，因为有了航海罗盘作为导航工具，徐兢在航海中将所经过的"岛、洲、苫、屿而为之图"[29]，以便将来可为导航之用，这些被徐兢观测和记录下来的地形地貌，都是构成航海图的必要元素。从《宣和奉使高丽图经》的名称就可以看出，该书应有图有经，只是图在北宋末年的战乱中遗失了。但从徐兢对航线上的地形地貌进行详细描述的情况看，他所绘的航海图，

第二章 指向行舟

很可能是我国第一幅山形水势图。

航海罗盘发明之后,海上航线逐渐固定,海上线路变得有迹可循,海船可以沿着固定的航路往返。北宋以前,虽然也有将海上航路称作"海道"的,但直至北宋末的徐兢航海以后,始有绘制海道的导航地图出现,并被称作"海道图",这是山形水势图的雏形。

北宋灭亡后,南宋与金国在海上出现对峙的情形,早期的海道图出现了。南宋"绍兴五年(1135年)十有二月,是冬……伪齐刘豫献《海道图》及战船木样于金主亶"。从金国打算以该图为据从海上进攻江南的宋朝的情形推测,刘豫的《海道图》似乎包括了我国东海、黄海和渤海海区,可以引导金国从海上攻击南宋。几乎与此同时,南宋高宗赵构筹备北伐时,也有人编绘了一幅《绍兴海道图》[30]进呈。该图详细描述了长江口以北海区航道及港口、岛礁情况,覆盖的海区与刘豫的《海道图》相同。刘豫的《海道图》和南宋的《绍兴海道图》应是我国最早的航海图,可惜均已失传。

经过南宋100多年航海经验的积累,北方海区的航路已成熟,具备了海图编绘的所有条件。南宋末,金履祥绘制了我国北方海区的航海图,成为元初海漕的依据。然后发展成我国第一幅海道图——《海道指南图》(见图2-26)。这幅被镌刻在负责漕运的官府衙门及天妃宫前的航海图,收入明朝中叶编绘的《海道经》中。

这幅《海道指南图》标示的海道从南京到天津,图上没有描绘航路,只将航路经过的沿海州县的岸线串联起来形成"海道",图上针路,只有东、南、西、北四大方位,但有一些山形和水势的注记,在航路经过的主要岛礁和望山都有注记,而更多的是"水势"的标注,如"黄混水""绿水""桃花水""虎斑水""黑水大洋""官

图 2-26　海道指南图

绿水"和"白蓬头，急浪如雪，见则回避"等等。从形式上说，这种海道图与后来的山形水势图已非常接近。

自《海道指南图》后，我国的航海图开始形成两个传承系统：其一就是真正的航海图，即具有导航功能的山形水势图，它仅在航海家手中传承，与海道针经一样，作为"舟子秘本"，不为世人所知；其二是沿着《海道指南图》的绘制方式发展下去，主要作为海道示意图，如《郑和航海图》《琉球过海图》《针路图》等等，这些"海道图"尽管名目不同，但都有一个共同的特点，即对航路有较清晰的注记，基本都将针路在图上描绘出来，具备了基本的山形水势图的特征，但它们并非真正意义上的航海图，而只是海道图的衍生物，因为它们不是真正用来导航的，大多是供有关人士阅读和欣赏的。

章巽《古航海图考释》共有 69 幅海图，它们简繁不同，各自间似无统属关系，每一幅海图上，都仅对"山形"和"水势"进行注记。它并非原始的山形水势图，有明显描摹的痕迹，使其更像是线描山水图。此外，在美国耶鲁大学发现的另外一套共有 122 图幅组成的山形水势图。据介绍，这套山形水势图系 1840 年中英鸦片战争期间被英国人从一艘中国商船上劫掠走的。耶鲁的山形水势图与古航海图相似度极高,甚至可以重合,它们就是传说中的山形水势图。从这套图中提取与古航海图几乎一样的一幅图(见图 2-27)来进行比较,就会清楚地了解山形水势图所蕴含的导航信息。

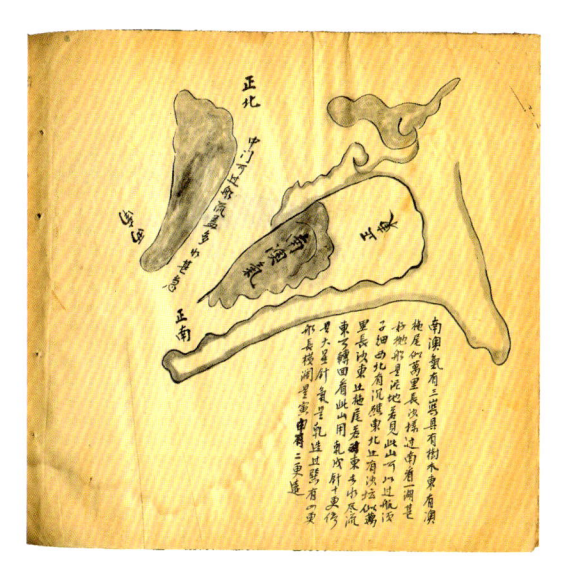

图 2-27 耶鲁图之南澳气

如图所示,它与古航海图(见图 2-26)外形几乎相同,但图中有"南澳气"三字,准确地注明了该图所描绘的海区为今东沙群岛中的东沙岛。在可供通航的航道上也注"中门可过船,流盖多,水甚急"等有关水势的提示文字;在右下角,有大段文字注记了南澳气周边的水文状态、航行注意事项、具体针位及行程所需时间,它提供的导航信息丰富且严谨,为航经此处的海船提供了必要的导航帮助,因此是标准的海图。

与西方海图不同的是,我国航海家使用的此类航海图与针路簿相配合，因此各有侧重：山形水势图侧重的是重要海区中岛礁与岸山的山形和周边水势，针路簿则侧重于整条航路的针位、更数等信息。火长根据山形水势图中某一海区的山形和水文状况记录，尤其是海底底质情况，可以决定航向和进行船舶定位。这种海图之所以被称为山形水势图，是因其以标识海区的山形和水势而得名，它们是从诸如《海道指南图》这类原始海图传承下来的。

对照《顺风相送》和《指南正法》中那些标题为"某某山形水势图"的针路，可知其中的针位和水文等文字都是从山形水势图中转录出来的。也证明了山形水势图的存在。福建泉州海外交通史博物馆藏有一本《针路簿》，其中的山形水势图出现在针路中间，与针路合成一体，成为一本既有针路，又有山形水势图的针路簿，这是仅为一见的针路簿。

3. 特点

山形水势图的发展路径自有特点，首先，因为山形水势图不是独立存在的，它在航海中需要与针路簿相配合，只是各有侧重。山形水势图主要的是对航路中某一海区的"山形"予以标注，这些"山形"不仅要提供沿海可作航海标识山峰或山脉的识别特征，还要描绘出从各个不同方位观察到的山形，这些山形即望山，是火长判断船位和正确航向的重要依据；其次，航路上重要的岛礁，对航海安全具有重要意义的海区，如上面提到的南澳气海区，虽无"山形"可描述，但岛礁周边的走势同样重要，也因此被予以特别的关照；再次，山形水势图的另外一个核心内容是"水势"，它是指某海区的海洋水文状况，主要包括该处打水深浅以及海底底质情况。如图18，为海南岛的七洲列岛海区的一幅海图，此处自古有"去怕七洲"的说法，为海难多发海区。该图将七洲列岛分上下两组，上列一组为"对乾亥看是此形"时七洲列岛组成的图形，并指出只有"此第五门大，可过船"。此处的"水势"为"打水五十托，沙地"，注明七洲列岛的海底底质为"沙地"，水深"五十托"。下列一组是"对辛戌看上是此形，远看鼻头有屿子。近对看相连，打水四十托，沙泥地"。船从"辛戌"的西北方向看到七洲列岛时，海洋的深度和底质都发生了变化。航海家经过此处时，可以凭着手中山形和水势相互结合的山形水势图就可顺利地从第五个航道通过七洲列岛。

山形水势图是从 12 世纪初的海道图发展而来，比 1320 年西方绘制的第一幅波托兰若海图（见图 2-28）要早许多，但共同的特点都是在航海罗盘发明之后才出现。在太平洋西部的密克罗尼西亚，

图 2-28　1320 年波托兰若海图

古老的航海民族还有一种用树枝和贝壳编织成的航海图,他们可以将航海图结合星相用于指导岛屿间的长距离航海,这种独特的航海技术一直保存到现在。西方后来发展起来的墨卡托航海图,与我国的山形水势图是完全不同系统的航海图,二者各有所长。

我国海图发展的另一个系统诸如《郑和航海图》《琉球过海图》和《针路图》这类示意形的航海图,长期以来被当做我国古代的航海图,其实是个误会。还有一些近似的海图:一是明清时期绘制的《海防图》,对沿海地区的岛礁与岸线有详细的记载,同时对一些军事要地也有山形水势的简单注记,类似航海示意图;二是《海运图》,绘有海运航路。实际上是元代《海道指南图》的衍生物。从导航的意义上说,它们都不是海图。

2008年,在英国牛津大学鲍德林图书馆中,发现了一幅1659年入藏的《明代东西洋航海图》(The Selden Map of China)(见图2-29)。在这幅彩色的地图上,绘有我国明代东洋、西洋的针路,因而被我国学者命名为《明代东西

图2-29　明代东西洋航海图

航海图》。与我国其他航海示意图相类,它在针路上注记了针位,但没有注记更数。图的西边最远处到马六甲海峡的西口,未绘制印度洋的针路,但保留了3条有前往忽鲁谟斯、佐法尔和亚丁的针路,这与我国明代中叶以后不再有针路通往印度洋的情况相吻合。与《郑和航海图》一样,它可以宏观地了解绘图时代中国海船所到达的地区和国家,但用来导航则不大可能。

(二)海道针经

1. 早期的海道针经

自北宋末年发明航海罗盘之后,我国的帆船航海便进入了计量航海时期。那么,航海罗盘产生之后的航海是如何进行的?南宋吴自牧《梦粱录》的记载给我们提供了答案:"舶商之船。自入海门,便是海洋,茫无畔岸,其势诚险。盖神龙怪蜃之所宅,风雨晦冥时,惟凭针盘而行,乃火长掌之,毫厘不敢差误,盖一舟人命所系也。"[31]针盘是航海罗盘的另一称谓。古代出海远航叫放洋或开洋,出海时火长掌握罗盘,根据"航路指南"和山形水势图进行导航。因为这种"航路指南"提供了航行所要遵循的航向即针位,所以,最早的这些导航手册就有"针本""针簿""针谱""针位"和"针路簿"等等称谓,由于它在航行中至关重要,所以也被称为"针经"。传统上将海上航线称作"海道",所以也就将这种航海指南手册统称为"海道针经"。历史上它还有其他不同的称呼,如"水程""水镜""海底簿""洋更""水路簿""流水簿"和"更路簿"等等。经过文人墨客加工编辑成册的海道针经,往往被编辑者赋予了不同的称谓,如《顺风相送》《渡海方程》《航海秘诀》《指南正法》《指南广义》《顺风得利》等。

将航海经验不断累积并编撰成册，是一个漫长复杂的过程，而每一条海道的开拓和成熟，也需要几代人的努力，海道针经因此被赋予深厚的内涵。在经济价值之外，海道针经有时还具有一定的军事价值，因而，掌握在火长手中的原始海道针经从一开始就秘不外传，仅在内部传承，也就有了"舟子各洋皆有秘本"[32]的说法。所以，很长时间以来，人们只是约略知道海道针经是航海家手中掌握的航海指南，其内容和使用方法，则知之甚少。

与徐兢的《宣和奉使高丽图经》被作为航海图的雏形一样，海道针经很可能也是自此而始。但在整个南宋，我国航海已经发展到全凭罗盘导航的时代，至于火长是否已经开始编辑针路簿和绘制航海图，尚不得而知。直到元朝，海道针经终于初露端倪。据佚名的《大元海运记》记载，元时"海道都漕运万户府前照磨徐泰亨曾经下海押粮赴北交卸，本官记录，切见万里海洋，渺无际涯，阴晴风雨，出于不测，惟凭针路定向行船，仰观天象以卜明晦……泰亨因而寻访得潮汛、风信、观像，节略次第，虽是俗说，屡验则应，不避叽哂，缀成口诀，以期便记诵尔"[33]。从中可知，徐泰亨的《漕运水程》，是其航海经验的总结以及对此条航路上的航海家进行多次寻访后"节略次第"编辑而来。从保存在《大元海运记》中的部分《漕运水程》内容看，《漕运水程》已经具备了海道针经的基本样式，如已经有相当完整的航路描述，对航路上的潮流、沿海岛礁分布和水文状况以及针位等都有了相应的注记等等。因此，徐泰亨《漕运水程》可称得上是我国第一部海道针经。

从琉球国人程顺则的《指南广义》来看，明初即有针经。该书

第二章 指向行舟

收录了传自"闽人三十六姓《针本》"的10条中琉间针路，而此闽人三十六姓乃明初洪武二十五年（1392年）被朝廷移民到琉球国的福建籍航海家——"善操舟者"，这些闽籍航海家为琉球国人带去了造船和航海技术。被程顺则抄录的10条针路，有一部分就是源自明初甚至元代的针路。但第一本可称作海道针经的针路簿，其实就是《郑和航海图》。该图编制的时间应该在郑和下西洋时期。这套海图的针路从南京启航，顺着长江东下，然后沿浙、闽、粤、琼海岸线向南，经马六甲海峡向西到印度洋，跨越印度洋后南下止于非洲东岸。针路虽起于南京，但南京到太仓段属于长江航段，不需要罗盘导航，所以此段标注长江航线的针路没有针位和更数的注记。出太仓后，虚线连成的针路两侧开始注记针位、更数等导航要素，虚线上侧的针路为下西洋针路即去针，下侧的针路为回航即回针，末尾以四幅"过洋牵星图"结束，整个针路都用虚线勾连起来，将其中的这些针路文字单独辑出的话，就会发现它其实就是一本《郑和下西洋针路簿》。举例来说，《郑和航海图》上第一段标有针位的针路是从长江口的太仓到浙江的韭山列岛针路，这段针路文字与后来在《郑开阳杂著》《筹海图编》《海防纂要》等书中收录的"太仓使往日本针路"几乎丝毫不差，因此可以肯定的是，两者一定有渊源关系。《郑和航海图》的编撰者应该是将明初航海家手中的针路簿和山形水势图进行汇编后形成的，这也印证了诸多海道针经所谓的郑和航海时曾经进行针路校正的说法。

在早期针经中，有两本针经曾备受关注，即《渡海方程》和《海道针经》。据明人董谷在《碧里杂存》中介绍，"余于癸丑岁（万历四十一年，1613年）见有《渡海方程》，嘉靖十六年（1537

年）福建漳州府诏安县人吴朴者所著也"[34]。则《渡海方程》为吴朴所撰。除郑若曾编撰的《筹海图编》《郑开阳杂著》两书外，其他如王在晋的《海防纂要》、邓钟的《筹海重编》以及《两浙海防类考续编》等，都转录有这两针路簿中收入的针路。而《海道针经》的作者很可能是与郑若曾同时期的周述学，据《明史·周述学传》，他博学多才，曾编辑过一本"海道针经"。遗憾的是，它们均已失传。明中叶以后，由于海上丝绸之路畅通，海外交往盛行，海道针经开始大量出现。如嘉靖三十五年（1556年），郑舜功要从广州出发前往日本，短时间内就征集到多种海道针经，有《渡海方程》(《海道经书》)《四海指南》《航海秘诀》和《航海全书》。这些海道针经都是经过文人编辑成册的，正如张燮在编撰《东西洋考》时所说："舶人旧有航海《针经》，皆俚俗未易辨说，余为稍译而文之。"[35]说明这些有了篇名的海道针经，与原生态的海道针经有一定的差距。

2. 两种形态

最接近原始形态的海道针经应该是《顺风相送》（见图2-30）和《指南正法》，1936年，向达先生在为英国牛津大学鲍德林图书馆整理中文文献时发现了它们，并抄录回来。1961年，经向达先生校注，它们被以《两种海道针经》为名合并出版。《顺风相送》于1639年入藏牛津大学时并无名称，1687年，来到英国的一个中国人沈福宗题写了"顺风相送"四字作为了它的书名。至于《指南正法》，则原刊于《兵钤》一书中，向达先生考证其为康熙末年的作品。清康熙二十三年（1683年），琉球国人程顺则得到一套闽籍航海家赠送给他的针路簿和山形水势图，经过整理后编成《指南广义》在福建福州刊印出版。民间的针路簿应该为数不少,一些方志如《福州府志》和《厦门志》中就收有"针经"和"海道考",都是在针路簿的基础上删减而成。清康熙年间,台湾回归祖国后,作为福建的一个府,所以,台湾的府志及县志中也收录有大量的海峡两岸的针路。在明清时期中琉交往史中,还留下了大量的中琉针路,其延续时间最长,校正的次数最多,针路也最完整。因此,海道针经

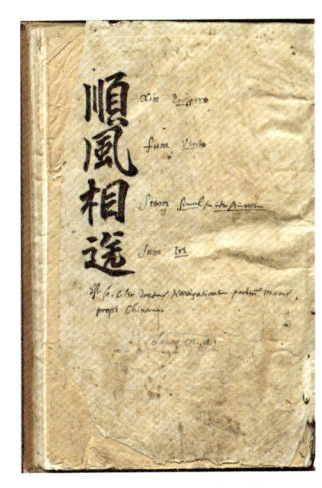

图 2-30 《顺风相送》封面

相对山形水势图来说,形式多种多样,内容也丰富多彩,是我国古代帆船航海时期航海家的智慧结晶。

我国古代航海家使用的用于航道指南的原始海道针经,与西方航海家使用的航海日志类工具书不一样,但用来导航的目的却是相同的。一般地说,没有经过他人编辑整理,只在火长手中流传的,可称作针经、针路簿或原始海道针经。海南岛的《更路簿》则是特例,它基本保持了原生状态。经过他人编辑加工和整理过后的针路簿,如《渡海方程》《顺风相送》《指南正法》和《指南广义》等等,则属于非原始类的海道针经。还有一些针路簿通过被其他著作收录而得以保存,但往往不成体系,如明黄省曾编《西洋朝贡典录》,收录西洋"针位"不少,但其对针路肆意修饰,难以卒读。又如明代万历年间张燮编撰的《东西洋考》,虽收集了不少"航海针经",并编辑修饰成西洋针路和东洋针路,但被割裂糅合后的针路已讹误

从生。再如收录更多针路的《四夷广记》，作者慎懋赏将其所见的针路簿按国别和地区归类，收录有二十多条海外针路，可惜均未注明来源。

历史上，不管是称针本、针经、针谱、针路簿、更路簿，还是叫作海道针经，作为航海指南，其导航的功能都是一样的。

如同我国古代航海图有两个发展系统一样，作为航海指南的"针路簿"也有两个发展系统：其一，从针本（水程）开始，作为火长使用的航海指南，它仅在航海家内部传承，完全采用航海家自己能够领会和使用的术语记录针路，且大多使用方言记录，非常人所能完全知晓其中奥妙，一般情况下，针路簿就是指这种原始海道针经；其二，经过文人修饰改编的针路簿，或单独成册，或转录于其他文献中，许多针路簿因此赖以保存，这种被加工过的针路簿往往被称为非原始海道针经，如《顺风相送》《指南正法》等。

（三）更路簿

《更路簿》是海道针经的一种，是一种适用于南海海区的航海指南手册。它在明朝就已出现，且仅为海南渔民所使用。

1973年，考古调查发现，"至今在琼海一带的渔民中，还流传着不少有关西南沙群岛的'航行更路'的抄本"[36]，这是《更路簿》第一次被记录到官方文献中并被外人所知。1974年9月，文物出版社出版了《西沙文物——中国南海诸岛之一西沙群岛文物调查》一书。书中首次披露了海南岛渔民在西沙群岛等地使用的一种称作《水路簿》的导航手册，同时指出："像这样的航海针经书在海南文昌、琼海等地渔民中间流传着各种各样的本子，都是大同小异而各具特色。"1988年，由厦门大学韩振华主编的《我国南海诸岛史料汇编》出版，他认为，"海南岛渔民航行于西南沙群岛等地所使用的海道针经书——《更路簿》，1974年广东省博物馆编著的《西沙文物》一书中，把它称为《水路簿》。根据海南渔民的叫法，一般都叫《更路簿》，同时，各种抄本的《更路簿》，都用《立××更路》之语来立书中的篇名的。譬如陈永芹抄本的《更路簿》，明确用《西南沙更路》的书名来命名。因此，我们认为叫《更路簿》比叫《水路簿》更为贴切些。"[37] 从此，流传于海南渔民手中的这种航海指南便被统称为《更路簿》，被社会各界广泛接受。

与其他原形海道针经一样，也被视为"秘本"。鉴于绝大多数海南渔民都认为自己为福建迁居者，海南岛的《更路簿》与福建的针路簿有很深的渊源。另外，从《更路簿》的内容上看，其结构、用法甚至用语上看，也都带有明显的福建针路簿的痕迹。比如，福建闽南地区的一些针路簿也有叫《水路簿》的。以此推论，海南《更路簿》的起源同样早到明朝初年。但《更路簿》最大的一个特点是它一直延续使用到上世纪80年代，且一直处于动态的修订之中，这也符合海道针经不断在航海实践中加以修订、校正的规律。

以《驶船更流簿》为例（见图2-31），它由海南岛潭门港渔民黄家礼持有，更路抄写在海南特有的坡绵纸上，对折线装。更路分两部分，一为前往海南渔民特指的"东海"即西沙群岛的更路；其二为"北海"即南沙群岛的更路。与其他绝大部分《更路簿》相似，其更路的记录极其简单明了，如"自三角往双门驶，乾巽，三更收"这条更路，仅12字。"三角"为南沙群岛中的三角礁，"双门"为南沙群岛中的美济礁，在现代海图中，三角礁与美济礁呈西北东南走势，也就是航海罗盘中的乾（西北）巽（东南）对座的针位，即在三角礁和美济礁之间往返时，去针用"乾"，回针用"巽"针位，两礁之间的距离和用时为三更，而此"更"为经验值，并不完全对应确切的数字。这条更路虽用字极简，但导航信息已经足够让航海家在两礁之间往返航行。

图 2-31 《驶船更流簿》封面

自从 1973 年考古发现起，至今已经在海南岛地区征集或发现了各式各样的《更路簿》多达 30 余种，其中仅有一种是口述转录本，其他的均为手抄本。就航路而言，目前已知的 40 多种《更路簿》中的更路大致分为：一为从广州珠江口岸通往海南岛的更路；二为海南岛周边港口的更路；三为海南岛通往南海诸岛的更路，这也是《更路簿》的主要内容；四为南海诸岛通往海外的更路和从海外返回海南岛的更路。海南渔民从海南岛铺前港、清澜港、潭门港、大洲、榆林港等起航驶往南海诸岛从事生产作业，然后从西沙群岛的北礁、中建岛和南沙群岛的南通礁、日积礁、南屏礁、皇路礁、南威岛和安波沙洲等处再次起航前往印度尼西亚、泰国、柬埔寨、马来西亚和新加坡等地进行贸易。等到季风到来时，他们再经越南中部沿海回到海南岛。从更路所经过的海域看，我国海南渔民航海的区域与我国古代海上丝绸之路的东南亚航线是高度吻合，所以，《更路簿》所记述的航线是我国古代海上丝绸之路的一部分。

三、火长舟人

帆船航海，需要有很多设备和工具作为保障，如航海罗盘、测深锤、船锚、帆和舵等等，这些设备和工具都需要专业的技术人员使用才能发挥其作用，保障航行安全，达到航海目的。明代以前，有关帆船上人员构成情况的记载甚少，至郑和下西洋时，较为详细的记载开始出现。明人祝允明（1460—1526年）在《前闻记》中记载郑和下西洋时船队的人员结构情况："人数：官校、旗军、火长、舵工、班碇手、通事、办事、书算手、医士、铁猫、木艌、搭材等匠，水手、民稍人等共二万七千五百五十员名。"其中的火长、舵工、班碇手、铁猫、木艌、搭材为船上的技术人员。除此之外，万历年间张燮在《东西洋考》中也曾记载过海船上的人员构成："每舶舶主为政，诸商人附之，如蚁封卫长，合并徒巢。亚此，则财副一人，爰司掌记；又总管一人，统理舟中事，代舶主传呼；其司战具者，为直库；上樯桅者，为阿班；司椗者，有头椗、二椗；司缭者，有大缭、二缭；司舵者为舵工，亦二人更代；其司针者名火长，波路壮阔，悉听指挥。"到清朝康熙年间，黄叔璥的《台海使槎录》留下了更详细的船员构成记录："南北通商，每船出海一名（即船主）、舵工一名、亚班一名、大缭一名、头碇一名、司杉板船一名、总铺一名、水手二十余名或十余名。通贩外国，船主一名；财副一名，司货物钱财；总捍一名，分理事件；火长一正、一副，掌船中更漏及驶船针路；亚班、舵工各一正、一副；大缭、二缭各一，管船中缭索；一碇、二碇各一，司碇；一迁、二迁、三迁各

121

一，司桅索；杉板船一正、一副，司杉板及头缭；押工一名，修理船中器物；择库一名，清理船舱；香公一名，朝夕焚香楮祀神；总铺一名，司火食；水手数十余名。"[38] 船员构成因国内外通航或通商略有不同，主要在于是否设置"火长"上，国内航线如厦门与台南对渡的航线，很少用火长导航。

（一）火长

在使用航海罗盘之后，南宋的赵汝适说：大海中"渺茫无际，天水一色，舟舶往来，惟以指南针为则，昼夜守视惟谨，毫厘之差，生死系焉"。[39] 这个昼夜谨慎看护指南针的人，就是吴自牧在《梦粱录》中所说的火长。《梦粱录》第一次明确指出掌握航海罗盘的船员称作"火长"。巩珍随郑和船队下西洋，也提及"始则预行福建、广、浙，选取驾船民梢中有经惯下海者，称为火长，用作船师。乃以针经图式付与领执，专一料理，事大责重，岂容怠忽"。[40] 由此可知，自从指南针应用到航海变身航海罗盘之后，火长乃是航海中"波路壮阔，悉听指挥"[41] 的重要角色。历史上，火长又被称作"伙长""火掌"；在海南地区，又称作"火表"。明朝永乐年间即郑和下西洋时，船队中聘请的外籍火长，则称为"番火长"。

火长这一称谓的出现，与航海罗盘脱胎于堪舆罗盘有密切的关系。前文已述，航海罗盘只保留了堪舆罗盘中表示二十四个方位的一个圈层。此二十四方位是根据八卦和阴阳五行的说法有序地排列起来的，火长的称谓就与这些排序有关。风水先生在排定这二十四位的顺序时有自己一套说法："以十二支而言之，则亥子为水，巳午为火,申酉为金,寅卯为木,辰戌丑未为土。以十干言之,甲乙为木,丙丁为火,庚辛为金,壬癸为水,戊己为土。"[42]总之,罗盘中的序位按顺时针方向排列,代表五行中"火"的巳、午、丙、丁正好排到南方的位置上。按五行说法,以南方属木,"木火炎上"故色赤,五色土中,南方用红土代表。因此,风水先生认为:"南方丙、丁、巳、午、未。丙,火也。"[43]传统的指南针,凡指向南方的一端,都涂以红色,以象征"火"。于是,就将掌握罗盘的船员就专称为"火长"了。

火长决定了航海的成败,那么,火长是否有特定的工作场所?据清徐葆光《中山传信录》记载(如图2-32所示),供奉妈祖神位的神堂之下设有"针房",这就是火长工作的地方。明朝万历三年(1575年)萧崇业出使琉球国时记载:"司针密室在舵前,其室穴一孔,与舵相对,针左则舵左,针右则舵右,舵工听命于伙长焉。"[44]火长与舵手不在同一舱室,但有一通话用的小窗传达讯息。

图2-32 册封舟

远洋航行，昼夜不停，火长需始终在位，一般而言，"通洋海舶，掌更漏及驶船针路者为火长，一正一副"[45]，火长有一正一副，便于轮流值班。但航程远、航行海区海况复杂时，就需要配置更多火长，因每位火长都只熟悉一段航路，因此需要熟悉不同航路的火长，各负其责。文献记载，有一艘船上配备了8名火长的记录。当作副手的"副伙（火）长，经理针房，兼主水铞，长绳三条，候水浅深"[46]，兼职测深，这也是航海中非常重要的一项工作。

（二）其他技术性船员

帆船航海时，在没有航海罗盘之前，主要靠熟悉海道的船员来引导航行。魏晋南北朝时，这种熟悉海道的船员被称作海师，有时也称舟师或船师；而江河湖泊中的船员，一般称作"水手"。历史上唯一一位载入史册的海师叫何蛮，据《隋书》记载："大业元年（605年），海师何蛮等，每春秋二时，天清风静，东望依希，似有烟雾之气，亦不知几千里。三年（607年），炀帝令羽骑尉朱宽入海求访异俗，何蛮言之，遂与蛮俱往，因到流求国。言不相通，掠一人而返。明年，帝复令宽慰抚之，流求不从，宽取其布甲而还。"[47]在海师何蛮的指引下，隋朝的朱宽完成了唯一一次海上探险——远征琉求国。从何蛮的身上，可以窥见火长的前身；海师凭航海经验，而火长除了经验之外，依靠的是罗盘。

至唐朝，在北方的军事重镇——山东蓬莱水寨，还专设有两名海师负责海上防务。此后随着航海罗盘的应用，海上丝绸之路的航路拓展之远，航路之多，海船之大，相应地，船上人员的分工也越来越细。掌舵、使帆、抛锚的技术性船员在船上各就其位,各司其职,保障航行安全。

舵手一般称作"舵工",又有"艄子""艄公"之说。艄,作船尾解,位于船尾的即掌舵之人,所以艄子、艄公也就是舵工。后来因艄与梢同音,也就有艄手的说法,代指船上所有的水手。火长

图 2-33 雪霁江行图之舵工局部图

指引航向,舵工控制航向。舵工在船上的地位仅次于火长。舵在船尾,故舵工均居于船尾的舵房中(如图 2-33 所示),根据火长给出的指示来掌舵。舵工与火长一样,须臾不离工作岗位,所以至少"二人更代"才行,一般船上的舵工配置人数要倍于火长。历史上,舵工一词出现得较早,大约在三国时期,吴国就将船上负责掌舵的人称作舵工。

在风帆时代,船上最重要的成员之一就是负责使帆的船员。帆船上固定帆的绳索称"缭索",于是,操作缭索的船员被称作"缭手"。根据责任的大小,缭手分作大缭、二缭。船帆依桅杆升降、转动,这是我国传统装帆的一个特点。除缭手管理帆的缭索外,桅杆上也有绳索需要专人负责,于是分出一种管理和操作桅索的专业人员,称作一迁、二迁、三迁,有时"迁"也写作"阡"。"迁"一般有三名,是因为出海的大船一般都是三桅船,每根桅杆都有一名

迁手负责。缭手与迁手相互配合，保证船帆处于理想状态。我国古代帆船一般利用季风出洋，亦随季风回航。宋代苏东坡主政杭州时，曾写过一首《舶趠风》的诗，描述的是海外商船总是在梅雨季节归来，于是，江南人就将梅雨时节的风称作舶趠风。使帆技术伴随航海不断提高水平，北宋末徐兢航海时"风有八面，唯当头不可行"，至南宋，已可以用"戗风"这一使帆技术达到逆风航行的目的。这种戗风技术是缭手与舵工密切配合的结果，通过走"之"字线路实现"逆风"航行的目的。这是我国帆船的不平衡纵帆帆装所能达到的最佳效果，西式帆船则无法做到这一点。

南宋初，出于海防的需要，战船的桅杆顶部安装瞭望台，因形如斗，故称作望斗。出海时，派人在望斗瞭望，这个人就被叫作"斗手"，又称阿班、亚班、鸦班或上斗。能在望斗上值班的人，需敏捷胆大，才能担此职责。在明朝战船的望斗里（如图2-34所示），战士可以持弓箭参加海战。在商船上，阿班的职责要大于缭手和迁手，因为其任务是在航行途中在船帆和桅杆上修理帆布和帆索、桅索。清人朱仕玠在其《小琉球漫志》中曾这样描绘阿班："经理张弛篷索者曰鸦班，其余俱名水手。舶篷编竹为之，长约八丈，阔四五丈。或值黑夜舟行，海风

图 2-34　明代战船望斗上的战士

怒号，舟楫振撼，篷索偶失理，鸦班上下桅竿，攀缘篷外，轻逾鸟隼，捷若猿猱，洵称绝技。"[48]

除上述的火长、舵工、阿班、缭手、迁手和碇手之外，在甲板上负责船舶航行相关工作的技术人员还有负责测深的测深手。因测深与导航密切相关，一般由火长中的副火长兼任该工作，其所获的深浅数据和海底状况可以直接用来导航。至于起锚人员，则按职责大小，分头碇、二碇等，并统称为碇（椗）手。船上的损管由"押工"负责，大船无法直接靠岸，由三板船摆渡上岸，负责三板船的船工称作三板工和杉板工。

以上各类船员基本构成了我国帆船时代船上的技术团队，分工细致，职责明确。除了以上技术人员外，船上还有很多非技术人员。远航的商船一般合伙集资建造，出资最多的人就是船东，也称船主和财东。船东委托一人承担船长之责决定所有的事务，宋元两朝都称作"纲首"，明清以后称"出海"或"出洋"。而纲首和出海不但要指挥航行，还要负责贸易。船上负责财务管理的，称直库或材副；总管（总捏）负责船上的所有杂务，船上厨师长称总铺，而负责神龛香火的叫香工。

我国古代帆船航海时期，船员统称或为舵工或者水手，舵工指技术性船员，水手则指一般从事辅助性工作的船员。而在古籍中常见的"梢工"和"梢手"，一般说来是指江河湖泊中的内河船上的船员，内河船不需要导航，不设火长，舵手的职位也不是非常重要，最重要的是划桨和摇橹的"梢手"。"梢"也写作"稍"，常有艄公、梢公等说法。

从我国浙江萧山跨湖桥遗址、河姆渡文化遗址出土的独木舟看，我国先民与世界上其他航海民族一样，创造了悠久的航海历史。其间，我国航海家在航海技术方面做出的最大贡献，就是将指南针用于航海——发明了航海罗盘，这是导航技术史上革命性的发明与创造。有了航海罗盘，天堑变通途，人类通过航海了解了地球；因为航海，世界成为了一个整体。

正如世界上所有的海水都是相连的，人类的知识通过航海相互沟通交流。我国的航海罗盘传播到世界各地，引发了世界大航海时代的到来。同时，我国航海家也在海上交往中学会了阿拉伯人的过洋牵星术，这种天文导航技术帮助郑和船队横渡印度洋和阿拉伯海，使得我国的船队远航到非洲东海岸。

航海罗盘发明之后，我国航海家更新了一系列航海工具与技术手段，其中最具特色的是在航海实践中创造了航海指南手册。完整的航海指南手册包括山形水势图和海道针经。山形水势图即航海图，用以引导船舶通过特定的海区并可用于船舶定位；海道针经是各种航海指南文本的统称，主要有针路簿和更路簿两种。中外航海指南手册功能虽一样，但形式却完全不同。我国的航海指南手册类别丰富内涵深厚。

大海航行是一个需要系统工程支撑的活动。航行中不仅需要将地文导航、天文导航和水文导航等技术综合应用，同时还需测深、测速、侧风和使帆等其他技术方面的支持，这就对船上其他技术人员提出了要求。我国航海史上，船上技术人员分工明确，职责分明，为航海达到预期目的提供了保障。对这些技术人员的了解，是我们理解古代航海技术发展历程的重要途径。

注释

[1] 巩珍：《西洋番国志》，《自序》，北京：中华书局，2006 年。
[2] 《山海经》，卷三《北山经》。
[3] 周达观：《真腊风土记》，《总叙》。
[4] 赵汝适：《诸蕃志》，《阇婆国》。
[5] 赵汝适：《诸蕃志》，《海南》。
[6] 刘安等：《淮南子·齐俗训》。
[7] 葛洪：《抱朴子外篇·嘉遯》。
[8] 法显：《法显传》。
[9] 杨松玠：《谈薮》，《周捨》。
[10] 朱彧：《萍洲可谈》，卷二。
[11] 徐兢：《宣和奉使高丽图经》，卷三十四。
[12] 赵汝适：《诸蕃志》，卷下。
[13] 李翊：《戒庵老人漫笔》，卷一。
[14] 巩珍：《西洋番国志》，《自序》，北京：中华书局，2006 年。
[15] 徐兢：《宣和奉使高丽图经》，卷三十四《海道一·客舟》。
[16] 徐兢：《宣和奉使高丽图经》，卷三十四《海道一·黄水洋》。
[17] 庞元英：《文昌杂录》，卷三。
[18] 张燮：《东西洋考》，卷九《舟师考》。
[19] 佚名：《顺风相送》，《前言》。
[20] 张燮：《东西洋考》，卷九《舟师考》。
[21] 朱仕玠：《小琉球漫志》，卷二《泛海纪程》。
[22] 清·黄叔璥：《台海使槎录》卷1《赤嵌笔谈》之《海船》条，台北：大通书局，1984 年，第 17 页。
[23] ［日］成寻著，王丽萍校点：《新校参天台五台山记》卷1，上海：上海古籍出版社，2009 年，第 7 页。
[24] 朱彧撰，李伟国点校：《萍洲可谈》卷二《甲令》条，北京：中华书局，2007 年，第 133 页。
[25] 宁波市文物考古所、象山县文物管理委员会办公室、国家文物局水下文化遗产保护中心编著：《象山遗珠——宁波象山"小白礁一号"出水文物精品图录》，宁波：宁波出版社，2015 年 10 月，第 122 页。
[26] 徐葆光：《中山传信录》，卷一《封舟》。
[27] 佚名：《顺风相送》，《序》，北京：中华书局，2000 年，第 21—22 页。《指南正法》中亦有相似文字。

［28］ 程顺则:《指南广义》,《传授航海针法始末考》。
［29］ 徐兢:《宣和奉使高丽图经》,卷三十四《海道一·黄水洋》。
［30］ 王应麟:《玉海》,卷十五《地理·地理书·绍兴海道图》。
［31］ 吴自牧:《梦梁录》,卷十二《江海船舰》。
［32］ 林豪:《澎湖厅志》,卷二《海道》。
［33］ 佚名:《大元海运记》,卷下《测候潮汛应验》。
［34］ 董谷:《碧里杂存》,下,《渡海方程》。
［35］ 张燮:《东西洋考》,《凡例》。
［36］ 据张争胜、刘南威:《〈西、南、中沙群岛渔业生产和水产资源调查报告〉的历史价值》,《南海学刊》第一卷第3期,2015年9月。
［37］ 韩振华主编,林金枝、吴凤斌编:《我国南海诸岛史料汇编》,北京:东方出版社,1988年,第366页。
［38］ 黄叔璥:《台海使槎录》,卷一《赤崁笔谈》。
［39］ 赵如括:《诸番志》,卷下《海南》。
［40］ 巩珍:《西洋番国志》,《自序》,北京:中华书局,2006年。
［41］ 张燮:《东西洋考》,卷九《舟师考》。
［42］ 杨筠松:《青囊奥旨》。
［43］ 萧吉:《五行大义》,卷第二、第三者,论方位杂。
［44］ 谢杰:《琉球录撮要补遗》,《用人》。
［45］ 李元春:《台湾志略》,卷一。
［46］ 徐葆光:《中山传信录》,卷第一《封舟》。
［47］ 魏征:《隋书》,卷八十一《流求国传》。
［48］ 朱仕玠:《小琉球漫志》,卷一《泛海纪程》。

海帆远影

By Sail to Distant Lands

第三章 港通天下

伴随人类海上活动，港口应运而生。自汉代，徐闻港、合浦港开启了中国古代海上丝绸之路的起点，隋唐宋元宁波港、泉州港的崛起见证了"涨海声中万国商"的盛况，明代江苏太仓港是郑和七下西洋盛举的起锚港，清末广州港是近代中国走向世界一体化的缩影。分布在我国自南至北海岸线上的港口，历经不同时代的发展，连接了内陆与滨海、海内与域外，深刻反映了中国与外部世界的关系，对中国古代交通、经济、军事、科技、文化的发展意义深远。

一、古港初兴

中国濒临太平洋，海岸线曲折，港口众多。从远古开始，人们在利用海洋的过程中，就开始建设海港了。那些出行方便、系舟安全的天然河湾与海湾便成为原始港点。浙江省余姚河姆渡遗址、田螺山遗址出土的木桨（图3-1）和跨湖桥遗址出土的独木舟，证明7000~8000年前先民就已经利用舟楫，由此推断这两处应该是舟船停靠的原始港点。夏、商、周之际，木板船和帆船的出现推动了原始港点向原始港口的演进。港口最先是在当时的政治中心、军事要地、交通要冲形成。秦灭六国，结束了诸侯割据的分裂局

图 3-1 田螺山遗址出土木桨

面，建立了统一的中央政权。灵渠的开凿，江南、江北运河的开通都促进了港口数量的增加。秦汉、魏晋、南北朝时期，在沿海以及长江、珠江、黄河水系水运或水陆交通的重要节点上出现了相对稳定的港口（图3-2）。中国古代港口进入成长、发展阶段。

（一）秦汉时期的水运发展

自秦至南北朝，统治王朝陆续完成了对水路或水陆联合运输具有

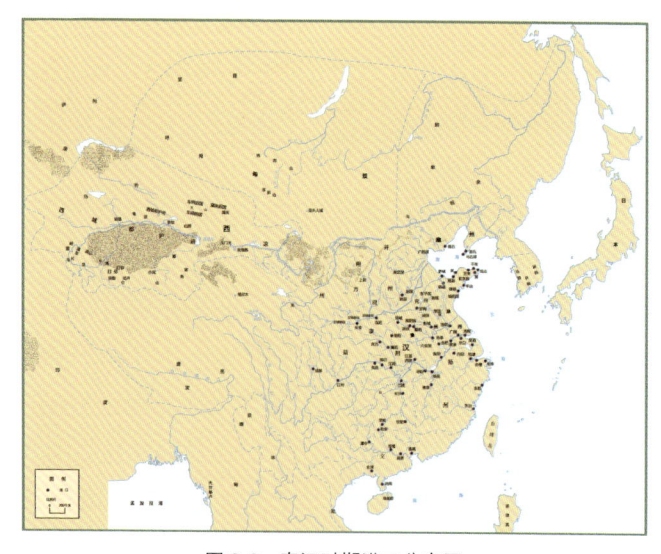

图 3-2 秦汉时期港口分布图

重要意义的交通工程。如修灵渠、修五尺道、整治疏通江南江北运河、开凿扬夏运河等,这些交通工程在充分利用自然河道、沟通中国南北水上运输方面,长期起着不可替代的作用。这些运河沿岸的城镇,特别是那些位于与其他河流交汇处的城镇就成为运输线上的中心或节点,发展成为能够提供转运、仓储及相关服务的港口。1980年发现的陕西省华阴县西汉京师仓遗址[1]、1998年在河南省洛阳市新安县发现的西汉函谷关仓库建筑遗址[2]、2004年在陕西省凤翔县发现的西汉汧河码头仓储遗址[3],都是分布在漕渠、黄河沿线的仓储遗址,具有仓储转运、存储和军需守备等多重作用,是西汉中央政府设置的水上转运站。这些"仓"的位置实际上就是漕运的中转港口。对航运活动而言,港口不可缺,大规模的漕粮运输又极大地促进了港口的发展。随着国家经济发展、商业繁荣,那些水运、靠泊、政治、经济、交通条件优越港口承接的商业性船舶越来越多,有些港成为重要的转运枢纽,有些延续至近现代仍为重要的运输节点,如南京港、江陵港、襄阳港、武汉港、九江港、南昌港、重庆港、镇江港、洛阳港等。

(二)秦汉时期的航海线路

伴随造船与航海技术发展,秦汉至南北朝时期的航海活动也有了新的拓展。秦皇汉武船队大规模的近海航行,西汉形成的"海上丝绸之路"跨越了印度洋,向东对朝鲜、日本的航线已经发展出三条航线,分别从辽东半岛起航、山东半岛起航和长江口起航。南海则有"徐闻、合浦南海道"航线。航线的拓展带动了沿海港口的发展。北部中国的海港由并海道(东汉时称"傍海道")贯通了南北，形成了海陆交通线大体并行的结构，连通了港口与腹地，推动海上港口的兴起和发展。

（三）秦汉时期的著名港口

这一时期较为著名的海港有辽东半岛的马石津港（旅顺附近）、三山浦港（大连附近）、碣石港（河北乐亭附近）、山东半岛的黄（黄县）、垂（福山）、成头山（文登）、琅琊（黄岛），吴越地区的会稽港（绍兴）、句章港（宁波），南海沿岸的徐闻港、合浦港、番禺港等。

【表】 秦汉时期主要海港一览表

港口	位　　置	详　　情
碣石	今渤海北岸中端	秦始皇东巡郡县和汉武帝海上北巡的目的港。汉代以来，碣石港既是水路用兵和转输军资的重要军港，又是商业运输的繁荣商港。
徐乡	今山东黄县西北	西汉时属东莱郡，司马宣王伐辽东，造此城，运粮船由此入，新罗、百济往还常由于此。汉武帝"宿留海上"，当即由此登船。
芝罘	今山东烟台	战国时期称作"转附"
成山	今山东半岛成山角	—
琅琊	今山东胶南与日照之间的琅琊山附近	有可以停靠较大船舶的海港
朐县	今江苏连云港附近	一说徐福东渡由此入海
吴县	今江苏苏州，临吴江	当时有建造在吴江入海口或近海口的感潮河段上的河口港。
会稽	今浙江绍兴	先秦越国都城

(续表)

港口	位置	详情
句章	今浙江宁波西	当时的重要海港
回浦	今浙江台州	—
东瓯	今浙江温州	东瓯古都
东冶	今福建福州	—
揭阳	今广东汕头附近	揭阳是南海重要海港之一。公元前112年,汉武帝派遣水军征南粤,水军曾在此停留,王莽曾改称为"南海亭"。
番禺	今广东广州	南海郡治,重要的国内贸易和外来货物中转站,是南越地区的政治中心及秦汉王朝在南方的主要统治支点。
徐闻	今广东徐闻南	大陆与朱崖洲(今海南岛)交通的主要港口
合浦	今广西北海附近	既是汉代南海丝路重要的始发港,也是通往岭北各地商路的起点。
龙编	今越南民主共和国海兴省海阳附近	东汉时曾经是交阯郡治所在,是交阯郡的进出港。在秦汉南洋贸易中,龙编始终是重要的中间转运港。
卢容	今越南民主共和国平治天省顺化市	—

1. *碣石港*

碣石在今河北秦皇岛一带,以碣石山而得名,是当时北方经济交往的重要通路和著名军港,很早就成为沿海贡道襟喉和重要贸易口岸。《史记·货殖列传》记载:"夫燕亦勃、碣之间一都会也[4]。"《盐铁论·险固》也说:"燕塞碣石。"秦始皇和秦二世都曾巡幸碣石[5](图3-3)。曹操北定乌桓后，沿山海关走廊回师，也曾在碣石休整，写下了"东临碣石，以观沧海，水何澹澹，山岛竦峙"的著名诗篇。《水经注·濡水》引《三齐略记》记，"始皇于海中作石桥，海神为之竖柱。"后海神怒，柱崩，"众山之石皆倾注"[6]。海神助作石桥的传说，似乎暗示当时已经进行建造墩式码头的尝试。后来，随着自然条件的影响和航海船舶的发展，港口逐渐东移，被秦皇岛所替代。

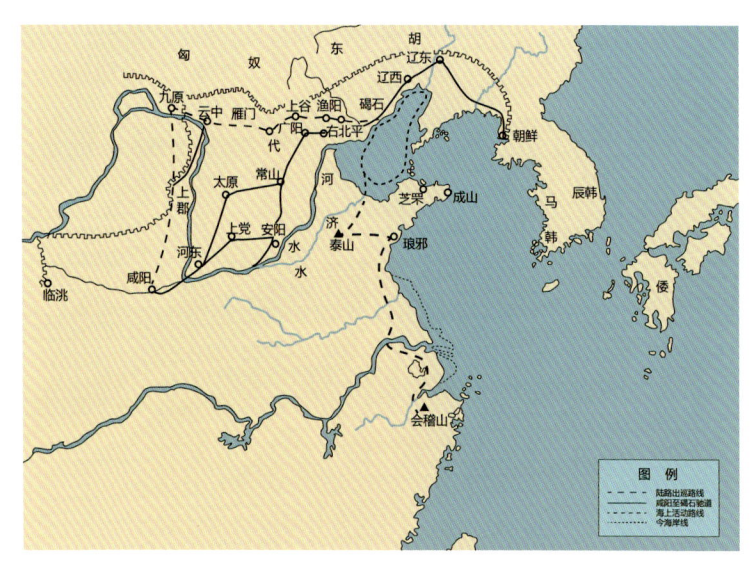

图3-3 秦皇父子出巡碣石及入海求仙路线图

2. 句章港

句章在今浙江宁波西，是目前所知宁波历史上最早建造的城邑。汉武帝元封元年（公元前110年）以句章港为海上军事基地，发兵击东越，"遣横海将军韩说出句章，浮海从东方往"[7]。《三国志·吴书·孙破虏讨逆传》记载，汉灵帝熹平元年（172年），"会稽妖贼许昌起于句章，自称阳明皇帝，"一时"扇动郡县，众以万数"，孙坚"以郡司马募召精勇，得千余人，与州郡合讨破之"[8]。另有《三国志·吴书·三嗣主纪》记载，吴景帝孙休永安七年（264年），"魏将新附督王稚浮海入句章，略长吏赀财及男女二百余口[9]"。历史文献说明了句章是当时重要的海港。2007年至2012年宁波市文物考古研究所先后多次组织人员对余姚江北岸的宁波市江北慈城镇王家坝村一带进行了大规模、高密度、拉网式的实地考古调查、勘探和局部解剖试掘，探明了句章故城的确切位置就在今宁波市江北区慈城镇王家坝村与乍山翻水站一带。考古工作人员确认了其始建年代至迟不晚于战国中晚期，并在句章故城一条古河道岸边发现一处与句章古港有关的木构台阶式码头遗迹（图3-4），其建造与使用的年代为东吴至两晋时期[10]。

图 3-4 句章古港码头遗迹照片

3. 徐闻港

徐闻在今广东徐闻南，位于雷州半岛东部，扼琼州海峡，是通往海南岛与合浦港的要冲。《汉书·地理志下》记载"自合浦徐闻南入海，得大州，东西南北方千里。[11]"《水经注·温水》中也记载："王氏《交广春秋》曰：朱崖、儋耳二郡，与交州俱开，皆汉武帝所置，大海中南极之外，对合浦徐闻县。清朗无风之日，径望朱崖州如囷廪大。从徐闻对渡，北风举帆，一日一夜可至[12]。"徐闻基本没有腹地，不具备吞吐集散物资的条件。它在汉代成为南海航线上的重要港口是因为它起着囤积进出物资、补充给养的中转港作用。自番禺等港起航的船舶，沿海岸航行到琼州海峡，在徐闻补充淡水和食物后再至合浦港，然后再经交阯、日南至东南亚、印度洋。徐闻汉墓的考古发现，增进了人们对徐闻港历史地位的认识[13]。

4. 合浦港

合浦港濒临北部湾，在今广西北海市附近。西汉时曾为合浦郡郡治。《汉书·地理志下》记述了船只从徐闻、合浦出发、通达南洋各国的航程，所谓"蛮夷贾船，转送致之"[14]，说明徐闻、合浦都是当时通往海外的重要港口。《北堂书钞》卷七五引谢承《后汉书》说，孟尝为合浦太守，"被征当还，吏民攀车请之，不得进，乃附商人船遁去。[15]"可见当时已经有商船往返进出合浦港。在当时的航海水平下，合浦港以其优越的自然地理条件成为河海兼具的南海交通要冲。秦汉时的海船船体狭小，抗风浪能力和续航能力都不高。船舶只能沿海岸逐站航行，每航行一段距离就需要从港口补充淡水与食物。这样的航行条件就使合浦港成为中国沿海与东南亚各国往来最近的港口。此处距入海口近，水域宽阔，水势平缓，为船只停靠、货物转运提供了便利条件。汉代，东南亚、印度洋各国来使与朝贡的船队,汉朝廷派出出访南洋的船队以及民间的船队多在合浦港登岸或起航(图3-5)。20世纪60年代发现的广西合浦县大浪古城,应是西汉中期的合浦县治所在地,2002年至2003年又在该城址处发现了居址、码头等遗迹。此次发掘所见的码头遗迹,虽然时隔漫长岁月,但地层叠压清楚,夯筑的弧形平台、台阶及伸出江面供停靠船只和装卸货物的"船步"等都清晰可见,与现代沿江伸出水面的小型码头相类[16]。合浦望牛岭汉墓,据考证年代为西汉后期,出土了大量金饼、金珠及水晶、玛瑙、琉璃、琥珀制品,还出土一件精致的琥珀质印章[17]。这些物品很可能来自海外,反映了当时合浦曾作为重要的对外贸易港口的历史事实。

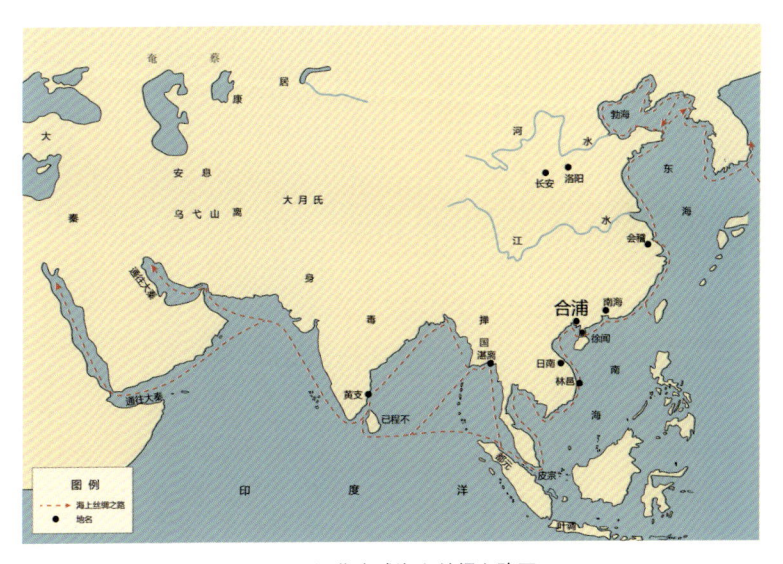

图 3-5　汉代合浦海上丝绸之路图

合浦港还是通往中原各地的起始港。合浦处于江海之交,以南流江为干流，境内河流水网交织，舟楫可行，水上交通甚为便利。溯南流江而上，经桂门关进入北流河，接西江，再溯桂江而上，过灵渠，便可沿湘江进入长江水域，这是一条沟通岭南与中原的重要交通线[18]。

时至东晋时期，由于造船技术与航海技术的进步，徐闻—合浦南海航线的作用逐渐被深海直通航线所替代，合浦、徐闻两港逐渐衰落。到南北朝末期，徐闻港与合浦港的国家南方对外大港的地位被番禺港取代。

5. 番禺港

番禺在今广东广州，为南海郡治所在，是广州港的前身。番禺港地理位置优越，南濒南海，北有珠江支流西、北、东三江连通内陆，可与中原地区、云贵地区沟通，兼具河港与海港的功能（图3-6）。从番禺港起锚，浮海可抵中国东部沿海及东南亚、印度洋各国，航线可谓四通八达。

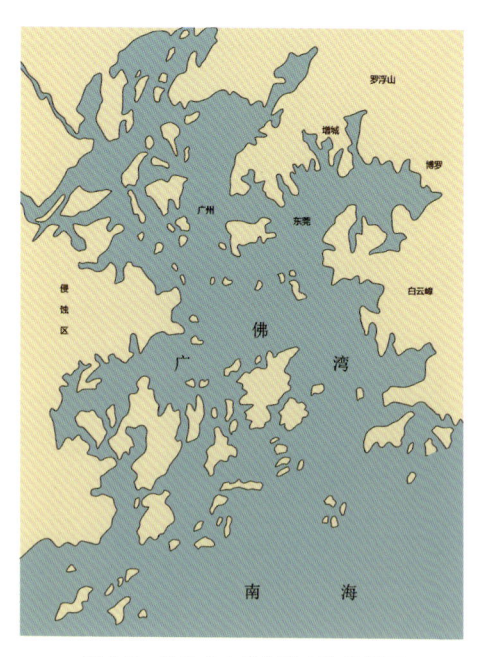

图3-6 番禺（广州）港古海岸线图

秦末汉初，番禺港口已经形成。《史记》和《汉书》对其贸易物产，诸如南洋珠玑、象齿、犀角、玳瑁、果布的情况已有记载，将番禺称为"都会"。广州南越王墓出土物之绮丽华贵，说明其地之富足。汉初，陆贾受刘邦派遣出使南越国，就是乘船在泥城登岸，等待见南越王赵佗。这是番禺码头在史籍中的最早记载。此时的番禺港，虽然是南海一个重要的对外口岸，但其地位与作用不及合浦、徐闻等港。

三国时吴设立广州（治所番禺）。到了两晋南北朝时，江南经济的快速发展，特别是造船与航海技术的进步，使番禺港发展为广州港，取代徐闻、合浦而成为南海交通的主要港口。从广州港起航，开辟了经海南岛东侧进入西沙群岛、直航东南亚的航线，缩短了广州与东南亚的航程。同时，伴随造船技术发展，海船船体增大，载重量和抵御风浪的能力增强，远洋船只可以不必沿海逐站补给航行，直接经深海驶往东南亚。这些变化与进步促使先前往来于合浦、徐闻港的船舶，逐渐转向运输条件更加优越的广州港。

二、港埠渐隆

隋唐五代时期，中国造船、航海技术和港口建造技术取得新发展，处于世界先进水平。宏伟的大运河以及大庾岭虔州路、越城岭桂州路的开通，沟通了珠江、长江和黄河水系，在南部沿海与中原乃至幽州的漫长区域间，形成南北水陆联运大通道，很大程度上解决了中国内河航运缺少南北向自然河道的问题，有效扩展了航运面积。南方经济的快速发展及海上丝绸之路的兴盛等等因素，使港口发展迎来第一个高峰期，涌现出一批著名的世界大港，繁荣的港口城市、运河城市也应运而生。长江流域、珠江流域的港口以及沿海地区港口的快速发展，使得港口布局呈现出新变化（图3-7）。随着海上丝绸之路东海航线和南海航线的形成，航线所至的东亚日本、朝鲜半岛，及东南亚、印度洋、波斯湾、红海沿海国家和地区也相继涌现出许多繁荣的港口。为加强对外国船只货物的管理，政府在广州港设立了市舶使，专门管理外国船舶的税收和在港秩序，是税港合一的管理部门。同时，港口船货增多，对改善停靠与装卸条件提出了需求。唐代已经出现了人工港口设施的雏形。南京港出现了"附河岸筑土植木夹之至水次，以便于兵马入船"[19]的人工码头，类似今天的岸壁码头。

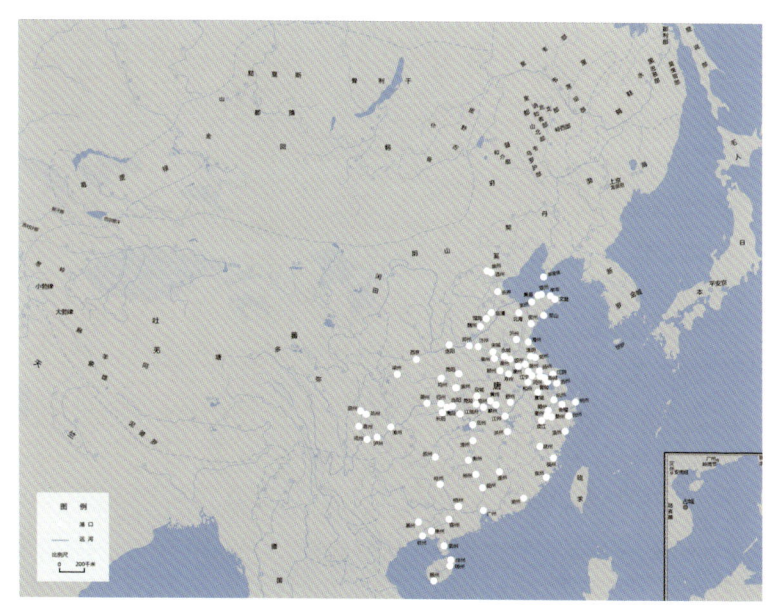

图3-7 隋唐五代时期中国港口分布图

第三章　港通天下

（一）隋唐时期的水运发展

　　隋唐两朝建都长安，经济和粮食均仰赖于南方的支持。为此，隋朝在前代运河的基础上开凿沟通了举世闻名的大运河，连通沿线东西走向的河流。因此，在南至余杭北到海河流域的广大区间，形成了以大运河为中心的水上运输网络。大运河最重要的作用是运输"国家一日不可或缺"的漕粮。长江中下游的漕粮通过大运河运往洛阳，或从洛阳运往北方的涿州，或在洛阳入黄河向西运至都城长安。隋唐两代，除短期的战乱影响外，漕运一直畅通且十分兴盛，从而带动沿途一批港口的兴起。伴随漕运，古代黄河流域出现了一种特殊形态的港口，即政府在漕运河道旁建造的漕粮转搬仓。漕粮转搬仓有中央级和地方级几个档次，分布在漕运线路上，级别高的规模大、储量大、进出频繁，大者可贮数百万石漕粮。据《旧唐书·姜师度传》载，唐开元初，陕州城西南四里的太原仓在中转漕粮过程中，"常自仓车载米至河际，然后登舟"。此时的仓具备了港口仓储的功能。

　　随着江南经济的快速发展，隋唐时国家税赋征集重点从黄河、淮河流域向长江中下游转移，赋税物资的运输也转向长江流域。用于交换的农业和手工业产品数量也在增加，更多的货源需要通过长江的航运与港口来运输。货源增多使这一时期的航运线路延伸，港口数量增多，形成以临海的扬州港为龙头，以九江、汉口、江陵港为主要连接点，各支流港口四下分布的长江水系港口群。

　　同时，岭南地区与中原地区的交往、交流愈加深入，促进经济的长足进步。交通发达的地方实现了粮食自给，手工业也有了很大发展。这些都为珠江水系，特别是珠江中下游的航运与港口提供了更多的货源。政府对珠江流域商业活动采取鼓励政策，"诸道一任商人兴贩，不得禁止往来"[20]，同时，还仿照中原制度，在水陆冲要之地设立"市"，进行商货交易。江河之滨的州县治所多设在港口所在地，珠江主要支流西江及柳江、桂江、北江、漓江、邕江沿线兴起一批依托于政治和经济的港口，形成以广州港为龙头、以梧州港为枢纽的珠江水系港口群。

西南边疆地区的加速开发，也给广州港的海外贸易提供更好的交通条件。唐代开通了对中国南北运输具有重要作用的"越城岭桂州路"和"大庾岭虔州路"，在湖南和江西各打通一条沟通岭南与长江的水陆联运通道。这两条通道通过长江与大运河沟通，在京都长安至广州港之间构成大运河、长江、赣江（湘江）、大庾岭（越城岭）、珠江的南北水陆联运大通道，海上丝绸之路通过这条内河航线与中原地区实现沟通，"岭南之属州以百数，韶州为大，贡朝之所途"[21]。除广州、韶关外，赣州、南昌、九江、扬州、洛阳、长安也是这条南北通道上的主要港口。

（二）隋唐时期的航海线路

自张骞通西域后，中国与西方诸国的交往通道有海陆两路——西北的陆上丝绸之路与南方的"广州通海夷道"[22]，即海上丝绸之路。唐中期以后，陆上丝绸之路经常被阻断，海上丝绸之路便成为东西方联系的主通道。国家的对外贸易开始转为海路为主，中国航海事业进入繁荣期。政府制定了鼓励发展海外贸易的政策，经由海路与外国的交往超过前代，形成多条远洋航线，主要包括：向东通往朝鲜的"登州海行入高丽、渤海道"[23]的航线，通往日本的"两路四线"，从中国楚州（淮安）、扬州、明州、温州等港口启程，向东偏北横越东海，直抵日本值嘉岛；通往东南亚的南洋航线，通往勘察加的北方航线，通往中亚、西亚、大食的西方航线。航线开辟催生了港口。继广州港之后，又相继出现了登州、扬州、杭州、宁波（明州）、泉州、福州等对外贸易港口。出口的货种主要有茶叶、丝绸、瓷器等，进口的主要有珠贝、象牙、犀角、珍稀木材、香料等。日本的遣隋使、遣唐使以及中国的鉴真大师等航海名人东渡，均经这些港口进出中国。如唐开成三年（838 年），圆仁和尚自日本到扬州，在《入唐求法巡礼行记》中记录："自（禅智）寺桥西行三里有扬州城……江中充满舫船、积芦船、小船，不可胜记。"

远洋航线中，西方航线的商业往来多于其他航线。唐代，大食、波斯、阿拉伯国家与中国的官方和商业交往多取海路，往来频繁。在大食的抱达等港口和中国的广州、扬州、泉州、洛阳、登州等港口城市中，都有对方的商船。众多来自异域的商人从事运输、交易，长住他国。我国的港口城市中生活着众多的外国商人，比如在广州就形成了外国商人聚集的居住区域，也被称为番坊。

（三）隋唐时期的著名古港

1. 北方首港——登州港

登州港位于山东半岛北部突出处，西濒渤海，东临黄海，北与辽东半岛隔海相望。从山东半岛前往东北地区和朝鲜半岛最近的航线是：向北到辽东半岛南端的旅顺口，再沿海岸线东行到朝鲜半岛西海岸，从朝鲜半岛南端再往东可到日本。唐代人贾耽称其为"登州海行入高丽、渤海道"（图3-8）。登州港由于与辽东半岛距离最近成为这条航线的起点。

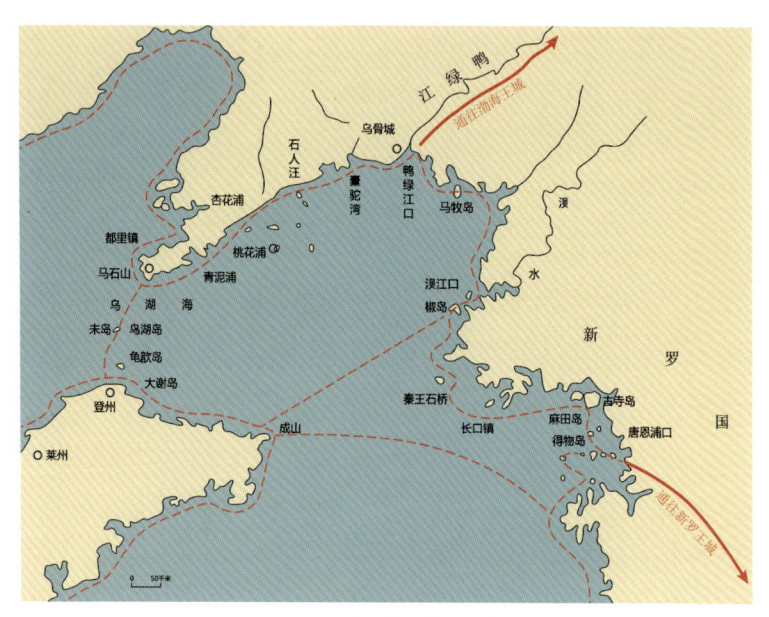

图 3-8　登州海道航路示意图

隋唐时，登州港成为漕粮的转运港。当时中国与北方高丽、契丹、匈奴的几次战争，所需军粮多是从南方取海路北运至登州，经登州港转运至辽东、辽西，或渡渤海进海河，直抵蓟州。漕运外，登州港更以对外交往的门户港而名闻中外。日本的遣隋使团4次循"登州海行入高丽、渤海道"来到中国；而19次"遣唐使"中，经登州港至长安的约有7次。黑龙江流域的渤海国政权同隋唐及以后的五代政权关系密。两百多年间，渤海国朝唐130余次。其南来的线路之一就是自鸭绿江上游顺流到鸭绿江口,沿海岸至辽东半岛,南行到登州港转陆路达长安。朝鲜半岛的百济、新罗、高丽三国由登州港往返唐朝的使团有30余次。由于往来的船舶与人员众多,朝贡贸易民间贸易频繁,登州及登州港附近出现了接纳新罗商人、侨民、旅行者的新罗馆,后来形成了新罗人聚居区,也称新罗坊,还出现了管理新罗人贸易的"勾当新罗所"。

五代十国时期,国家四分五裂,大运河也因割据势力各占一段而无法贯通。此时高丽、契丹、渤海国等政权与中原的联络通商,仍然经登州港转陆路前往京都(多在开封)。吴越、南唐、闽、南汉等南方割据政权与中原及北方政权的联络通商也只能通过登州港转陆路到中原,或经登州港入海道到达河北、东北地区。在割据的政治条件下,登州港成为中国南北海上交通的中枢。

2. 海丝结点——明州港

唐开元二十六年(738年),依江南采访使齐澣奏请,"以越州之鄮县置,以境有四明山为名"[24],宁波的"明州"之称由此始。明州去大海七十余里,拥有便利的地理条件,有利于从事沿海航行和外海贸易。

唐五代时期,明州与日本、高丽沟通紧密,并逐渐与南方、南洋诸国建立起贸易关系。从明州港出发去日本,横渡东海,到日本的值嘉岛,再进入博多津,是唐五代明州与国外贸易的主要航线。据《安祥寺惠运传》载,张支信的船于大中元年(847年)六月二十二日从明州望海镇出发开往日本,"得西南风三个日夜,才归著远值嘉岛那留浦,才入浦口,风即止"。回程则是从日本值嘉岛开航,"九月三日从东北风正帆……七日午刻遥见云山,未刻着大唐明州之杨扇山，申刻到达彼山石丹岙泊，即落帆下碇"。[25]唐代，明州港与南洋诸国直接贸易的文献虽不见史籍；但在考古中发现，唐代明州应是通过泉州、广州等南方城市与南海航线相连，完成与西洋诸国之间的贸易。

越窑青瓷是当时明州外销商品的大宗。日本境内近五十处遗址中都有发现越窑青瓷，主要集中在九州地区和近畿地区。朝鲜半岛各地均有越窑青瓷出土。除日本、韩国外，埃及、苏丹、坦桑尼亚、肯尼亚、伊拉克、伊朗、巴基斯坦、印度、斯里兰卡、泰国、印度尼西亚、马来西亚、菲律宾等地均有越窑青瓷的发现，证明了当时越州青瓷行销海外的盛况。

3. 江海合一——扬州港

扬州港处在大运河与长江的交汇点上。隋唐时期，国家漕运、盐运管理机构均设在扬州，南北大运河全线沟通后，扬州拥有长江流域、大运河流域作为经济腹地。同时，扬州港还可直接通向海外，具备运河漕运、江运和海运之利，是四方物资交流、转运的中心。史上素有"扬州大郡，天下通衢"[26]一说。迅速崛起、全面兴盛的扬州港，成为江海合一的东方大港。

隋唐时，随着经济的发展，港口所在地普遍有了商业贸易场所——市。市的设置，使进出港口的商业性物资比前代明显增多。市与港口的结合，是隋唐时港口繁荣兴盛的一个直接原因。扬州的"市"范围很大，有专门的运输河道，还有夜市，中外商人云集。漕粮和食盐是扬州港通过量最大、最稳定的货种。唐代，长江以南的漕粮集中在扬州港装船、编队，然后循大运河，北运至京师或北方边塞。一般年份向京师运送200万石左右，多的年份有400多万

石。当时，两淮所产食盐先集中到扬州港，然后，或发京师，或发往长江中上游各州郡。唐代允许漕船完成漕运任务后装运商业性物资。因此扬州港之茶叶、瓷器、中外药材、铜镜等商品贸易频繁，如出土于扬州的唐代瓷器，几乎涵盖了当时全国范围内的各主要窑口（图3-9）。物资在扬州集散，"舟车南北，日夜灌输京师者，居天下之七"，[27] 促进了城市的繁荣，使扬州港成为商贸中心和手工业生产中心。

图 3-9 扬州出土（唐代）瓷器主要窑址分布图

日本的"遣唐使"，高丽的商人、留学生与僧俗人士，阿拉伯、大食、波斯的商人，来中国交往的使者们，循南北海路来到扬州港，或就地贸易，或转往都城，人数众多，络绎不绝。唐代高僧鉴真数次从扬州起航东渡日本，是中国航海史上的壮举，也是中日文化交流史上的繁荣盛事。至今，在日本和扬州保存着鉴真的遗迹。

港口兴盛促进了港口设施的发展演进。当时扬州港已有早期的高桩承台式码头，其下为许多排列的木桩，桩上有砖砌建筑物和石磙子。考古工作人员在扬州施桥镇发现一排木桩，残存 17 根，楠木质，直径最粗 25 厘米，长短大小不一，其上有砖砌建筑物和碌碡（石滚子）。据考证，这是唐代一座下有群桩，上有方砖砌体的港口码头驳岸。[28] 除此外，扬州还出现了桩式顺岸码头和类似现代港池的河道建筑。在港口技术方面，扬州港颇领风气之先。

三、市舶兴港

宋元时期，为了发展商业、增加税收，两宋政府鼓励"商贾懋迁，以助国用"[29]。元政府还直接为经营海外贸易出资，均采取对外招徕、对内放宽、税收引导、市舶管理等鼓励、扶持航运贸易的举措，发达的航运带动了港口的发展。社会经济的高速发展为港口提供更加丰富的货源，甚至出现专门"为出卖商品而生产"的手工业作坊，商业发达的港口城市比唐代成倍增多。唐代 10 万户以上的城市有 10 多个，宋元时已增加到 40 多个。长江流域港口充分发育，海港河港全面兴盛，港口布局益加成熟（图 3-10）。这一时期，港口交易中出现分工，港口市舶管理制度形成，市镇小港开始出现。

（一）宋元时期的水运发展

宋元时期，中外海上交往范围更广，海外贸易空前繁盛。宋代交往、通商的国家和地区有 56 处，元代增加到 90 多处。

运河漕粮运输仍是国家的经济命脉，运输方向随着首都的迁移而变化。北宋建都汴梁（开封），大部分漕粮经大运河运往汴梁，汴梁港繁盛一时。南宋都城在临安（杭州），漕粮运输转而向南，

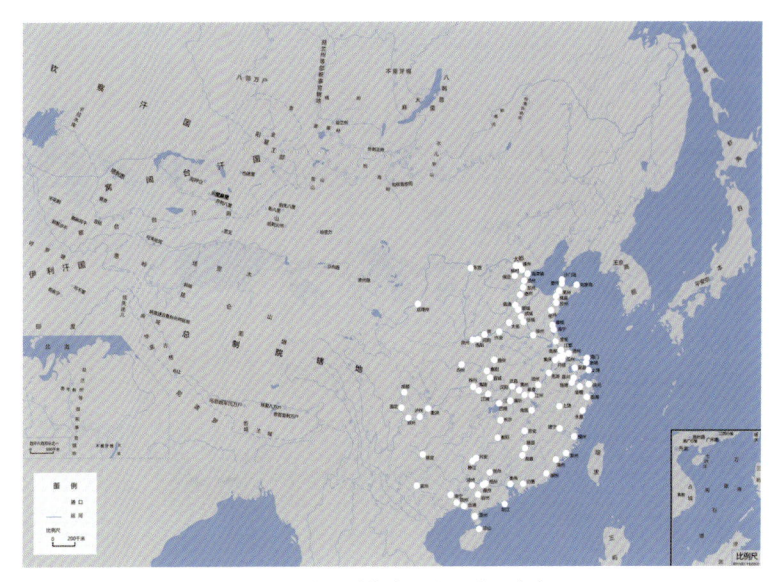

图 3-10　宋元时期中国主要港口分布图

运往杭州。凭借河海兼济和都城港口的优势，杭州港迅速兴盛起来，达到其历史发展的最高峰。元代定都大都（北京），元政府对运河航道实施了裁弯取直，形成了从大都直达杭州的南北大运河，并保留至今。北方的通州港和南方的真州港（仪征）等港口因此而兴盛，汴梁港和洛阳港因此而衰落。直沽港（天津）作为漕粮海运与河运两条路线必经的中转港，在元代的漕运中地位非凡。

由于元代大运河常出现淤塞，政府开辟近海航线。南方漕粮经由海路运往大都（北京），前后持续了47年，总运量有8000多万石，最高年运量有300万石，规模宏大堪称壮举。《元史·食货志》云："元自世祖用伯颜之言，岁漕东南粟，由海道以给京师，始自至元二十年，至于天历、至顺，由四万石以上增而为三百万以上，其所以为国计者大矣。"[30] 在这段持续的、大规模的运输中，为其服务的刘家港、直沽港、通州港繁盛一时，建康（南京）港也借此恢复生机。

宋元时期全国经济中心的南移已经完成，长江流域特别是中下游地区成为全国最富庶的地方。农业和手工业生产水平的不断提高，造船技术的继续提升，市舶管理和税务场的设立，均使长江流域的航运兴盛空前。在国家政策的鼓励扶持下，政府、官商联合以及民间等诸多运输力量参与到长江运输中，使内陆航线与海外贸易的运输关系更为紧密。宋代还出现了专门运输某一物资的纲运形式，有盐纲、茶纲、马纲、丝绸纲、敬奉纲、花石纲等名目。港口亦随之兴盛起来。干流的润州（镇江）港、江州（九江）港、鄂州（武汉）港、沙市港、江州（重庆）港和支流的成都港、洪州（南昌）港、长沙港、华亭青龙港等长江航运的枢纽港，既是漕粮等官运物资的转运港，国家运输与税收管理机构所在地，也是海外贸易物资集散的支援地。南宋末年，上海港出现在青龙港的下游，并在元代快速发展，取代了华亭港和青龙港成为地区的航运中心和新兴的外贸港口。

珠江流域受北方战乱影响较少，在中原经济的带动下，流域经济得到进一步开发。农业生产自给有余，制盐业、制瓷业、金属开采冶炼业兴盛，成为珠江流域经济的主要支撑，产品供给本地及运销国外。瓷器、食盐、大米、重金属、各地的贡赋以及云南、贵州土特产是珠江各港的大宗货种。为灵渠过往船舶、货物服务的桂林港是广西与中原联系的转运地。地处政治、经济中心的邕州（南宁）港是广西与云贵、越南等民族地区及海外商人互市交易物资汇集转运的港口。梧州港位于西江干支流汇集进入珠江下游的咽喉，是广西诸河流重要的枢纽港。广东北部的韶关港是中原进入岭南的咽喉要冲，也是南北水陆联运大通道上的重要港口。

（二）宋元时期的港口发展

宋元时期，朝廷对港口的管理比唐代有所进步。唐代仅在广州一港设置市舶使，宋元则在多个外贸港口设置了管理港口的机构——市舶司。北宋设置5个，南宋设置了4个，元代设置了7个。宋高宗认为："市舶之利最厚，若措置合宜，所得动以百万计，岂不胜取之于民？朕所以留意于此，庶几可以少宽民力耳。"[31]市舶司的职责包括：负责进出港船舶、港口秩序、各项税收、进口货物贸易、海外侨商的管理，基本覆盖了当时港口活动的主要方面。《宋史》云："提举市舶司掌蕃货海舶征榷贸易之事，以来远人，通远物。"[32]市舶司下设市舶务，配有工作人员，构成一个专门的行政工作系统。为统一市舶机构的管理行为，北宋政府推出《广州市舶条》，元朝政府推出《整治市舶勾当》22条，都是对港口管理的肇始性法规。市舶司仍是税港合一的机构。宋元时市舶司的建立、健全有国家征税的需要，也是进出港的船舶、货物数量增多而产生的管理需求。

由于贸易量与运输量的增多，民间人士和资金被允许进入官控运输领域。自宋代起，商运合一的运输模式开始转化为商运分家。广州、泉州等大型外贸港口中已有港口设立货栈、收存货物进行交易的货主，也有专营航运的"船主"，以后发展为船帮、船公司。港口因商业成分增多而出现专门存储货物、提供搬运工具的

"塌房"。港口分工是中国古代运输商业进入规模更大、更专业新阶段的象征和起点。随着社会经济的发展，乡村与城市间的市镇大量涌现，有水运条件的市镇都有港口存在。宋元时期，经济发达的长江中下游和珠江三角洲地区，数量众多的小港口依托市镇经济开始出现。

（三）宋元时期的著名港口

北宋朝廷指定广州、泉州、明州、杭州、密州板桥镇等五个沿海港口为对外贸易港，数量多于唐代。此后，除山东半岛南部的密州板桥镇受宋金之战和宋元之战影响衰退外，南方的广州、泉州、明州、杭州四港持续兴旺。如刺桐（泉州）港凭借地近京师及位于南海东海两大航路交汇点的优势，在南宋时取代广州港成为最大的外贸港口，在元代进入鼎盛时期，发展为世界最大的港口之一。庆元（宁波）港是通往日本和高丽的主要港口，元朝水军两次从庆元港出发征讨日本，水军船队规模大于郑和船队的规模。

1. 文化交融——刺桐（泉州）港

宋元时期，泉州港迅速崛起达到鼎盛。北宋时，广州港一度不景气，南洋舶商纷纷移至泉州港。由于泉州港位于南海与东海两大航路交汇点，日本与高丽船舶也接踵而至。南宋迁都临安，政治中心、经济中心、消费中心和航运重心转至临安，对泉州港的发展十分有利，泉州港上升到京师外港的地位。元祐二年（1087年）设市舶司后，泉州港很快成为"有蕃舶之饶，杂货山积"的繁忙港口。

南宋初年，与泉州港有贸易关系的国家和地区为30多个，十多年后就增加到70多个，元代更增至90多个。南宋末年，泉州港的市舶收益约占政府总收入的五十分之一。在国家鼓励海外贸易的背景下，元代泉州港的航海贸易达到空前的繁盛（图3-11）。港内时常舟船辐辏，帆樯鳞集。阿拉伯人伊本·白图泰称"刺桐（泉州）为世界最大海港之一，竟可谓世界极大的海港，我在港中见有大舶约有百艘，至若小舶多得无数"。

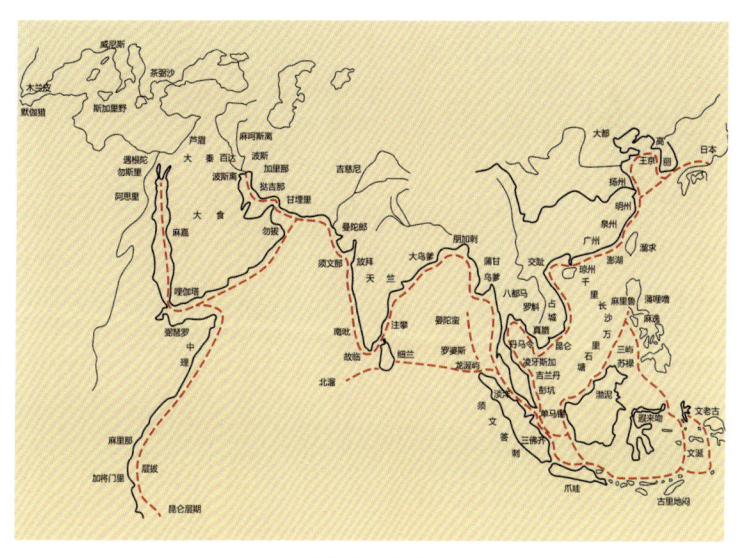

图 3-11 宋元时期泉州与各国海上交通示意图

鼎盛期的泉州港港区很广，码头主要分布在晋江、洛阳江下游和泉州湾、深沪湾、围头湾、湄州湾等处。邻近的福州港、漳州港都一度作为外港与泉州港联动。为了保卫港口的安全，泉州港的附近设有军寨。宋代泉州地区修建了不少桥梁，供船舶停靠转运货物之用。

泉州港的繁盛不但带动城市经济、城市建设，对于城市多元文化也产生了深远影响。东南亚、印度、阿拉伯以及欧洲的商客纷至沓来,熙来攘往。他们带来了佛教、印度教、摩尼教、伊斯兰教、基督教等多元宗教,并在城里留下了大量的宗教遗址遗迹。泉州海外交通史博物馆收藏、展出的大量宗教碑刻,堪称宋元泉州多元文化的活化石。蕃客云集的泉州,自五代时起,环城种植刺桐树。刺桐花开时,环城如红云,在异域远客心目中留下了深刻的印象。因此,"刺桐"成为泉州的别称,并通过商客们的游记、书信传播海外,享誉至今。

2. 城外千帆——庆元（宁波）港

唐代,从明州港出发可以直接横渡东海到达日本、高丽,行程缩短,形成一条便捷的航线。北宋时,为避免辽、金的骚扰,登州港禁港,政府规定所有往来日本、高丽的船舶必须走横渡东海的航线,庆元港因此成为当时往来日本、高丽的唯一港口。后来,政府又进一步规定庆元港为办理船舶去日本、高丽签证的唯一港口。按当时的规定,从其他港口去日本和高丽的船只也要到庆元港办理相关手续方可出发,回程时需在庆元港办手续。庆元港独占了对日本、高丽的航线。其时,东南亚、西亚诸国及西方的大食也不时有船舶来庆元港贸易,庆元港由此发展起来,成为政府指定的 5 个对外贸易港之一,并设有市舶司。《乾道四明图经》云明州:"南则闽广,东则倭人,北则高勾丽,商舶往来,物货丰衍。"[33]庆元港与高丽的民间贸易往来十分频繁,北宋末五十五年间有记录的贸易多达 120 余次,每次少则几十人,多则上百人。与日本的贸易,商船往来为多,有确切记载的 70 多次,实际数量要远多于此。此时,长住庆元的中外商旅住户占明州总户数的一半,可见外贸港口城市的兴盛。

南宋绍兴四年（1134年），庆元遭金兵洗劫。然而航运贸易的需求使庆元在三年之后又是一片"风帆海樯，夷商越贾，利原懋化，纷至沓来"的景象。庆元地近首都临安，是南宋的门户港，还是拱卫京师的海防要塞港。以京师为中心的沿海贩运商业及海外贸易的兴盛，内河河道与过船设施得到整治，与内外贸易有关的盐、茶、瓷、丝绸和手工业生产的进展，均为庆元港的发展创造条件。

元代，庆元港在对日本和朝鲜海外贸易独占优势。这一时期，由于泉州、广州等港进一步崛起，庆元在与西洋诸国贸易中所占比重有所下降，但发挥了军港作用。元朝三次海上远征，有两次是从庆元港出发。此外，庆元港还参与了海运漕粮。尽管规模不大，但续航了中断多年的北方港口航线。山东、江苏沿海的商船和商人经常往返于庆元港。

庆元港的港区主要分布在余姚江、奉化江下游及汇入甬江的三江口一带，著名的有江厦码头、来远亭码头、甬东司码头、真武宫码头、招宝山码头、下番滩码头，多为地方官主持修建（图3-12）。此外，还建有市舶司仓库，造船、修船场。

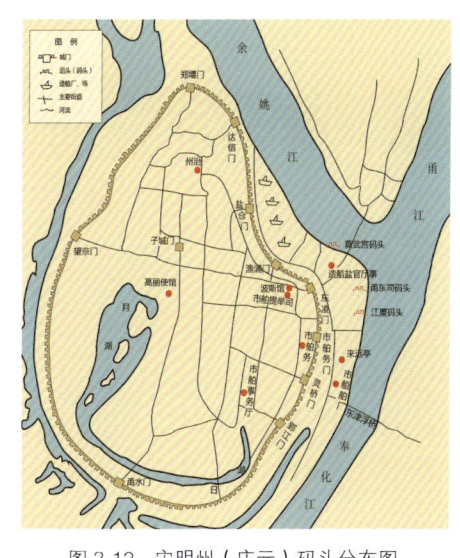

图3-12 宋明州（庆元）码头分布图

3. 南宋都城——临安（杭州）港

南宋都城定于临安，江南运河、浙东运河与钱塘江在此交汇。临安港河运海运功能兼济，繁盛一时（图3-13）。通过海运经浙东运河入港的有日本、高丽、波斯、大食等50多个国家和地区的客商。此时临安的"市"，已经脱离传统的晨开暮闭状态，完全开放，临安港成为四方客商云集的国际大都市。"江岸之船甚多，初非一色，海舶、大舰……买卖客船，皆泊于江岸。盖大众之区，客贩最多，兼仕宦往来，皆聚于此尔。"[34] 出于经商贸易方便的考虑，形成"市在河道边，河在市中绕"的城市交通格局，一些大型桥梁附近就是船舶停靠的码头。米市、柴市、菜市可以看作是专用码头。港区沿河两岸开设有专门为客商储货的堆栈行，称为"塌房"，并提供搬运工具，是港口装卸、搬运作业专业化的萌芽。港区停泊船舶众多，樯橹如林，货物山积，十分繁盛。

临安港分为海港与内河港两部分。内河码头主要集中在运河与市内的桥边，海港区集

图3-13 南宋临安城位置图

中在城东南钱塘江边的凤凰山一带。宋元两代都在临安设有市舶机构,负责港口的船舶、商务、秩序等各项管理。同时还驻有相当数量的水军,以拱卫首都。出于防务考虑,对外国船舶进出都城港均有所限制。

四、港史翻澜

明初的港口贸易和航海活动,虽然因为郑和七下西洋有过短暂的辉煌,但由于明清时期是中国封建社会的最后阶段,生产力高度发展,统治思想和治国手段趋向保守。这样的社会特点使明清时期的内河港口与沿海港口出现完全不同的情况(图3-14)。内河港口

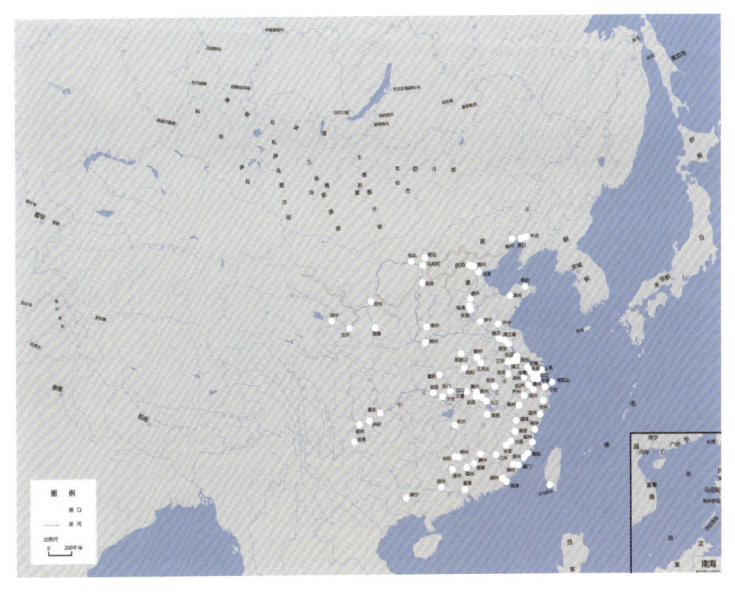

图3-14 明清时期港口分布图

在农耕经济高度发达的推动下，港口商业化进程更加显著，港口繁盛程度超过前代。这一时期，由于朝廷连续实行的"海禁"和消极外贸政策，沿海港口则长时间陷入萧条，呈现出颓势。

（一）明清时期港口发展背景

明清时期，农业和手工业生产能力有很大提高，更多的农产品和手工业产品成为商品，进入流通领域。商品经济的发展使内河港口吞吐量明显增多，货种愈加丰富。漕粮、食盐等政府组织运输的货物仍是内河港口的大宗货物。港口商品的进出量越来越大，商品生产交换过程带来的原材料产地、生产加工地、销售地之间的往复运输更使到港的船货成倍增长。

港口的商业化程度除了表现在港口商品大量增多外，还有一个重要方面是航运主体由官转商。明清时航运"官退商进"的步伐加快。民间航运力量介入政府垄断的大宗物资运输在唐代已出现，宋元时开始合法化。明中期食盐的运销由"官收商销"变为"商收商销"，茶叶的运销有大量茶商参与其中，长江上游的茶马贸易也由官办转为商营。规模最大的漕运在鸦片战争前，已部分招雇商船北运了。明清时期，航运业主体由官转商后，民间航运组织——船帮应运而生。船帮的前身是"船主"，出现在宋元时期航运模式从商运合一转化为商运分家时。明清时期逐渐成为港口运输组织的主要形式，后又发展成为船公司。（清）包世臣《海运南漕议》《海运十宜》（载《安吴四种》）记："嘉庆、道光年间，长江下游的船帮以崇明、通州、海门、南汇、宝山、上海等地的沙船十一帮最有名。"《乾隆巴县志赋役志》记："乾隆年间，渝州米外运，主要由专航川江的宜昌、荆沙、汉阳、武昌四大船帮承运。"

明清时期,沿海地区一直不太平。面对先后出现的倭寇骚扰、反清势力活动、英国等西方列强侵扰,保守自大的明清政府对此一律采取消极的闭关政策,一再实行"海禁"和"迁海",制定了非常严苛的律令,比如针对打造500石以上船只出海者一律发配边疆充军。根据文献《明太祖实录》记载:"严申交通外番之禁,"[35]"无得擅自出海与外国互市,"[36]"敢有私下诸番互市者,必寘之重法。"[37]江日升《台湾外记》卷11:"将所有沿海船只悉行烧毁,寸板不许下水。凡溪河监(竖)桩栅,货物不许越界。时刻瞭望,违者死无赦。"马士、宓亨利也在《远东国际关系史》中归纳过清政府"防夷措施九条"。绝大多数沿海港口在"海禁"中迅速萧条,广州、杭州、宁波、福州、上海等著名港口的对外贸易陷于停顿。《明史·食货志五》记载"宁波通日本,泉州通琉球,广州通占城、暹罗、西洋诸国"[38],说明当时主要由这几个港口来外贸运输。而《宁波港史》中提到"由于长期海禁,合法的民间贸易事实上不可能存在和发展。官方贸易也只限于宁波通日本。所以宁波港内除屈指可数的日本贡船外,几乎没有别的商船靠泊。宋元时期千帆万樯的盛况不再,宁波港呈现出一派萧条景象"[39]。《明清史料》乙编第七本载,南京湖广道御使陆风翔:"漳泉二府,负海居民专以给引通夷为生,往回道经澎湖。今格于红夷,内不敢出,外不敢归。洋贩不通,海运梗塞,漳泉诸郡已坐困久矣。"

明朝和清朝前期虽实行海禁,但中外贸易并未完全中断。明清政府仍保留朝贡贸易,以柔扶远来之"番夷""属国"。更重要的是,由于海上贸易与沿海百姓生活密不可分,在严苛的"海禁"政策下出现了空前盛行的走私贸易。民间海上贸易以集团走私、武装走私的形式长期存在，其船队规模庞大，活动的港口包括泉州、澳门、双屿、月港、南澳等港。《圣祖仁皇帝实录》中记录"向虽严海禁，其私自贸易者，何尝断绝。"[40] 明人王临亨在《粤剑篇》也写到"西洋人之往来中国者，向以香山澳为舣舟之所……夷人金钱甚夥，一往而利数倍。"[41]《嘉靖东南平倭通录》中有载："闽人通番，皆自漳州月港出洋。"

明朝隆庆元年（1567年），明朝政府曾经开"海禁"，允许民间去海外贸易。清朝康熙二十三年（1684年），统治者曾下令开放海禁，允许外商到广州、漳州、宁波、云台山自由通商。及至鸦片战争前，"开禁"以后的沿海各港口间的海运贸易在商品经济刺激下恢复并快速发展。上海、宁波、广州、福州、天津、营口等沿海港口因此出现了前所未有的兴盛景象。

（二）明清时期的港口管理

航运主体由官转商是明清港口特征的重大变化。在港口活动的主体、港口的外部形态以及港口管理等方面也出现商业化现象。以商铺命名的业主码头开始出现，满足了商号对港口岸线的使用权和经营权进行分割的需求。大型港口出现了相对固定的港口装卸工及其组织。过去装卸力量的招募、组织是由政府负责的，现在由装卸工和货商自行组合，进而发展成港口附属行业。明清时期，码头、商铺合一的河街在许多港口出现，方便小规模商品的装卸与交易。沿河集镇自明代迅速兴起后，在清代得到蓬勃发展。这些集镇因得水之利，多以水命名。交通格局往往是河、街并行，前街后河，临街门市经营，靠河装卸运输[42]。

就港口管理来说，一方面政府垄断的运输越来越少，难以再对港口实施统一的系统管理；另一方面，人数众多且分散的商人成为航运和港口的主体，又需要加强对港口的管理。港口管理自成系统的需求开始显现。到清代，集中出现的牙行、税牙、行商，就是航运主体由官转商后在港口沟通与管理方面出现的新行业。它们承担着朝廷、船主、货主之间的沟通工作，代理乃至行使部分管理职能，其商政不清的身份和行为是港口管理系统形成过程中特有的现象。

明清时，商品经济发展加速，大大小小的经济区域纷纷形成，多分布在沿海、长江流域、珠江流域等经济发达地区。与经济区域发展相辅相成的运输航线不断延伸，港口随之不断增多。另外，明清时大量涌现了"镇"，其经济地位和行政地位介于乡村与城市之间。许多依傍河流、拥有航运条件的镇也形成了港口。著名的有佛山、肇庆、南翔、朱仙镇、土桥镇等港口。明清是小港口集中形成的时期。古已有之的南京、九江、芜湖、武汉、沙市、重庆、襄阳、成都、南昌、长沙、镇江、苏州、无锡、梧州、南宁、韶关等老港口，因流通的商品成倍增长而愈加兴盛。

（三）明清时期的著名港口

明朝永乐年间，伟大的航海家郑和率领了庞大船队七下西洋，航迹遍及三十多个国家和地区，向海外世界展现了灿烂的中国古代文明（图3-15）。这种大规模的对外航海贸易活动，促进了明代初期社会经济的繁荣和发展，同时促使了港口的发展。由于番物经由海港而输入，当时原产于美洲的农作物（图3-16）及文艺复兴后的

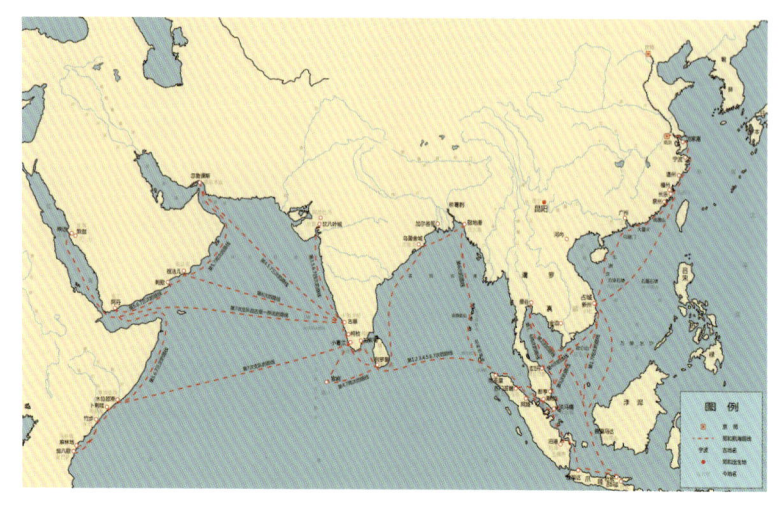

图 3-15　郑和下西洋航线示意图

作物名称	传播途径	形态图
玉米	从南洋群岛经海路传入东南沿海（明万历年间）	
番薯	分别由陈益和林怀兰从越南传入广东的东莞和电白县（1582年）	
	由"温陵（泉州古称）洋舶"经南澳岛传入泉州（明万历年间）	
	由陈振龙从菲律宾携薯种到福州（明万历年间）	
花生	由葡萄牙人经海路传入中国东南沿海（明弘治年间）	

图 3-16　明代部分农作物传入中国途径表

第三章　港通天下

近代自然科学技术，通过海上航线传到了中国。远洋航线的开辟使港口成为外来物品的登陆口岸和中转站。

1. 刘家港

太仓地处我国东部海岸的中心地带、长江入海口岸，位于现在的江苏省苏州太仓市东浏河镇。元明时期的太仓港因海道漕运而勃发，贸易兴盛，素有"六国码头"之美誉。明初，"郑和七下西洋均从江苏刘家港出发，到福建长乐太平港停泊，伺风开洋"。[43]明《弘治太仓州志》有载刘家港"不浚自深，潮汐两汛可容万斛之舟"。作为"郑和七下西洋"的始发港，太仓刘家港拥有特殊区位条件，在经济、海运和造船等方面都得到长足发展，拥有规模可观的船场、绳索场、铁锚场、修船场等配套设施。

除了文献史料的记载，太仓境内的许多遗址、遗物、碑志石刻也实证元明时期太仓港的辉煌历史。考古人员在刘家港亦有许多重要考古发掘：元明时期的沉船、苏州府造船坊遗址、太仓城东半泾湾古沉船遗址中出土的元末明初平地沙船、缆绳以及青花瓷片等[44]，印证了刘家港当时的景象（图3-17）。

图3-17　浏河镇出土木船和明代船用缆绳

2. 营口港

自康熙开放禁海以来的200年间，牛庄、没沟营港的大豆出口贸易是大宗传统出口贸易商品，其海运出口遍及全国沿海各省，"关内沿海各省的广东、福建、浙江、江苏和山东商船，交卸后空驶营口和奉天各口，贩运石麦南旋。"[45]以大豆出口为大宗货源的没沟营港口，也伴随着东北大豆出口量的增长而得到迅速发展。

3. 天津港

清初海禁时，天津港因远离东南几乎不受影响，仍然保持着"商舶往来，樯帆相望"的盛况。康熙年间开放海禁以后，"人开海道，始有商贾经过登州海面直趋天津、奉天（辽宁），万商辐辏之盛，亘古未有"。乾隆年间开放海禁后，活跃于天津港的商船，装载着来自江、浙、闽、广的瓷器、玉器、草席、云纱、藤编品、红木、药品等往返不绝，并在港口的北门、东门外专销南方及外地百货。天津港呈现一片繁华景象。

4. 福州港

成化年以后，伴随明朝对外政策的变化，福州港逐渐显现出了在海外贸易中的地位，成为全国重要的对外交通贸易港口。"海禁"期间，福州港在国内航运贸易仍然发挥作用。作为闽江的干支流，福州港内河航运发达，促进了与省内、邻省及北方各港之间航运贸易的发展。[46]清代中叶，福州港的沿海航运相当活跃，对国内南北各港的输出商品主要以茶、笋、菰为大宗，输入则有东北大豆及江浙棉花、绸布等。此外，福州港还往山东运送福杉，往东北运送建纸。

5. 广州港

广州，是中国古代南方的千年大港，其历史悠久，地位特殊。早在隋唐时期，广州港的海外贸易就已进入繁盛期。唐开元年间，朝廷在广州设置了"市舶使"，负责管理海外交通和海外贸易。明清时期的海禁和消极外贸政策，使广州港日渐萧条，同时对开放海禁的呼声也日趋高涨。乾隆二十二年（1757年），清政府关闭其他三个通商口岸，唯独开放广州港与西洋诸国进行海上贸易。规定凡外商来华贸易或办理其他事务，必须通过朝廷特许的"公行"来

明清时期，航运业主体由官转商，港口管理自成系统的需求开始显现，最终形成了牙行、行商等新行业。

年 份	行 名
乾隆三十年(1765)	潘同文、颜泰和、陈广顺、邱义平、蔡聚丰、陈源泉、蔡逢源、张裕源、陈远来、叶广源
乾隆四十一(1776)	丰进行、泰和行、同文行、而益行、逢源行、源泉行、广顺行、裕源行
乾隆六十年(1795)	万和行、同文行、而益行、源顺行、广利行、怡和行、义成行、达成行、东升行、会隆行
嘉庆十六年(1811)	广利行、怡和行、丽泉行、东生行、而成行、福隆行、同泰行、东裕行、万源行、天宝行
道光十七年(1837)	广利行、怡和行、同孚行、东兴行、天宝行、兴泰行、中和行、顺泰行、仁和行、同顺行、孚泰行、东昌行、安昌行
道光十八年(1838)	广利行、怡和行、同孚行、东兴行、天宝行、中和行、顺泰行、仁和行、同顺行、孚泰行、安昌行

		北						面				
			十	三	行	街						
13	12	11	10	9	8	7	6	5	4	3	2	1
丹麦行或德兴街	旧中国街，或同文街	西班牙行	法兰西行	明官街或中和行	中国街或靖远街	美洲行或广元行	宝顺行	帝国行或孖鹰行	瑞典行或瑞行	老鹰行或隆顺行	周周行或半泰行	猪巷或新豆栏街	英国行或宝和行	荷兰行	小溪行或怡和行	东面小溪西濠
西面							珠		江			

图3-18 粤海设关十三行

进行。"公行"通称"广州十三行",是由清政府特许管理对外贸易业务的商行。"公行"由牙行演变而来,具有半官半商的性质,既是外商的全权代表,又是外商的监督人(有些行商还起"保商"作用)。广州十三行是清代对外贸易的垄断组织,行商又是最早的买办资产阶级。[47](图3-18)

由于十三行垄断对外贸易,加之广东各级官吏的腐败勒索,"英国商人'移市入游'企图直接打开中国丝茶产区市场,使宁波成为另一个澳门。清政府认为浙江是华夏文明礼教之乡,而且特产富庶。如果外国势力渗入,会影响其统治。因此乾隆皇帝先后下令增加浙海关税收……又发出上谕,强调增加税收的目的……十一月分别给广东、浙江下达谕旨,仅保留广东一地对外通商。从此,偌大的清帝国只剩下广州一处口岸延续对西方贸易。"[48]在康熙二十四年(1685年)设立四个通商贸易地点后,荷兰优先准许通商。《中西纪事》载:"自荷兰得请,则明以前之未通中国者皆争趋之。"此后,英、法、丹麦、瑞典等国亦闻风而来。据文献记载,"在独口通商前十年,每年平均约20艘,尔后不断上升,1833年达到189艘。据统计,自1759年至1833年共来船5072艘,平均每年达67.6艘。"[49]毫无疑问,到达的外商船只越多,广州港的贸易越兴旺,交易量也就越大,从中的获益也越多。广州港的沿海航运在雍正、乾隆年间已遍及南北各省。春夏之交,广州船约十五日便可到达山东登州、莱州、关东和天津各港。秋冬以后,广州船三日便可到达高、雷、琼、崖各州。清代广州河面舟船辐辏,商贾云集,泊集着江南沙船、琼州雷廉船、潮州惠州福州船、闽浙江南天津山东船、宁波辽东船等船舶。

第三章 港通天下

至乾隆二十二年（1757年），清政府下令"洋船只许在广州收泊"，取消了其他三个通商口岸。明清政府仍然限制对外海上贸易，制定了十分苛刻的条款，只允许在广州港进行对外海上贸易。中国只有广州港一港对外开放的时间长达200多年，而同期的西方国家国力和科学技术处在高速发展时期。闭关政策限制了中外正常贸易的发展，也关闭了当时中国吸收世界先进思想和科学技术最大的渠道，致使中国在世界历史进程中落伍。

6. 上海港

早在元明时期，上海先后在乌泥泾建有太平仓，在小南门外的薛家浜建有上海仓，成为漕粮运输基地之一。《上海竹枝词·街坊十二》中描述："大东门外大街宽，商铺稠繁抵浦滩，""小南门外抵仓湾，街道宽平闹（阛阓）。"

明代黄浦江新航道的形成，是上海港的历史转折点，使上海港具备了长期发展的基本条件，港口位置相对固定下来。与此同时，黄浦江成为长江入海口的第一条支流，其控江襟海的地理位置，为上海港的发展提供极其优越的条件。康熙开海禁之后的第二年，上海就已设有江海关，其职权与宋元时期的市舶司相似，主要是对外贸船舶实施管理。叶梦珠在《阅世编》中说："上海之有榷关，始于康熙二十四年乙丑，关使者初至驻答溁阙。"[50]优越的地理位置、良好的港口条件，加上长江航线、远洋航线、内河航线等多种航线的开辟，来自南、北沿海的各种船舶齐集于上海港（今十六铺地区）。《上海豆业公所萃秀堂纪略》："上海为海疆严邑。昔时浦江一带，登、莱、闽、广巨船，樯密于林，而尤以南帮号商与北帮号商之沙船、卫船从关东、山东运来豆子、饼油为大宗生意。"《嘉庆上海县志》记载："乾隆年间闽、越、浙、齐、辽间及海国船舶，虑刘河淤滞，辄由吴淞口入。城东船舶如蚁，舳舻尾接，帆樯如栉，似都会焉。"清初至鸦片战争前的上海港，已从一个区域性口岸发展成为名列全国前茅的枢纽大港，北洋、南洋、长江、内河和国外远洋航线基本形成，成为著名的"沙船之乡"，为近代上海因港而兴的城市发展奠定了基础。

注释

[1] 陕西省考古学会编：《陕西考古重大发现1949-1984》，西安：陕西人民出版社，1986年。
[2] 洛阳市第二文物工作队：《黄河小浪底盐东村汉函谷关仓库建筑遗址发掘简报》，《文物》2000年第10期。
[3] 陕西省考古研究所、宝鸡市考古工作队、凤翔县博物馆：《陕西凤翔县长青西汉汧河码头仓储建筑遗址》，《考古》2005年第7期。
[4] 司马迁：《史记·货殖列传》，北京：中华书局，2014年。
[5] 陈桐生译注：《盐铁论》，北京：中华书局，2015年。
[6] 郦道元著、陈桥驿校证：《水经注校证》，北京：中华书局，2007年。
[7] 班固：《汉书·闽粤传》，北京：国家图书馆出版社，2017年。
[8] 陈寿：《三国志·吴书·孙破虏讨逆传》，北京：中华书局，2006年。
[9] 陈寿：《三国志·吴书·三嗣主纪》，北京：中华书局，2006年。
[10] 宁波市文物考古研究所：《句章故城考古调查与勘探报告》，北京：科学出版社，2014年。
[11] 班固：《汉书·地理志》，北京：国家图书馆出版社，2017年。
[12] 郦道元著、陈桥驿校证：《水经注校证》，北京：中华书局，2007年。
[13] 广东省博物馆：《广东徐闻东汉墓——兼论汉代徐闻的地理位置和海上交通》，《考古》1977年第4期。
[14] 班固：《汉书·地理志》，北京：国家图书馆出版社，2017年。
[15] 虞世南：《北堂书钞》卷七五，北京：学苑出版社，2015年。
[16] 广西文物保护与考古研究所、合浦县博物馆：《广西合浦县大浪古城址的发掘》，《考古》2016年第8期。

[17] 广西壮族自治区文物考古写作小组:《广西合浦西汉木椁墓》,《考古》1972年第5期。
[18] 此处参考熊昭明:《广西合浦县大浪古城址的发掘》,《考古》2016年第8期。
[19] (宋)司马光:《资治通鉴》卷二四二"唐长庆二年",北京:中华书局,1956年版。
[20] 刘昫等撰:《旧唐书·懿宗纪》,北京:中华书局,1975年版。
[21] 皇甫湜:《韶阳楼记》,(清)董诰等编:《全唐文》卷六八六,太原:山西教育出版社,2002年版。
[22] 欧阳修、宋祁撰:《新唐书·地理志下》,北京:中华书局,1975年版。
[23] 欧阳修、宋祁撰:《新唐书·地理志下》,北京:中华书局,1975年版。
[24] 欧阳修、宋祁撰:《新唐书·地理志下》,北京:中华书局,1975年版。
[25] [日]木宫泰彦《日中文化交流史》,北京,商务印书馆,1980年版。
[26] 杜牧《上宰相求湖州启》,(清)董诰等编:《全唐文》卷七五三,太原:山西教育出版社,2002年版。
[27] 沈括《平山堂记》,曾枣庄、刘琳主编:《全宋文》第77册,上海:上海辞书出版社,2006年版。
[28] 吴家兴主编:《扬州古港史》,北京:人民交通出版社,1988年版。
[29] 徐松辑:《宋会要辑稿·职官四四》,北京:中华书局,1957年。
[30] 宋濂等撰,阎崇东等校点:《元史》,长沙:岳麓书社,1998年,第1416页。
[31] 徐松辑:《宋会要辑稿·职官四四》,北京:中华书局,1957年。
[32] 脱脱等撰:《宋史·职官七》,北京:中华书局,1977年。
[33] 张津撰:《乾道四明图经》,卷一,北京:中华书局,1990年。
[34] 吴自牧撰:《梦粱录》,卷十二,上海:商务印书馆,1939年。
[35] 《明实录》第七册《明太祖实录》卷二〇五,北京:中华书局,2016年。
[36] 《明实录》第八册《明太祖实录》卷二五二,北京:中华书局,2016年。
[37] 《明实录》第八册《明太祖实录》卷二三一,北京:中华书局,2016年。
[38] 张廷玉:《明史·食货志五》,北京:中华书局,2015年。
[39] 郑绍昌:《宁波港史》,北京:人民交通出版社,1989年。
[40] 《清实录》第五册《圣祖实录(二)》卷一一六,北京:中华书局,1985年。
[41] 叶权、王临亨、李中馥撰:《贤博编 粤剑编 原李耳载》,《元明史料笔记丛刊》之《粤剑编》卷之三"志外夷",北京:中华书局,1987年。
[42] 邱树森主编:《江苏航运史(古代部分)》,北京:人民交通出版社,1989年。
[43] 庄景辉:《郑和舟师驻泊福建航次、时间考》,《海交史研究》,1985年第2期。
[44] 吴聿明:《郑和下西洋与太仓元明沉船之研究》,《上海造船》,2005年第2期。

［45］《筹办夷务始末·道光朝》，32 卷，第 16 页。
［46］林广森、钟建明：《关于福州港的研究情况》，《井冈山师范学院学报》(哲学社会科学)，2003 年 12 月。
［47］邓端本：《广州港史》(古代部分)，北京：海洋出版社，1986 年。
［48］李国荣、林伟森：《清代广州十三行纪略》，广州：广东人民出版社，2006 年。
［49］叶显恩等：《泛珠三角与南海贸易》，香港：香港出版社，2009 年。
［50］叶梦珠：《阅世篇》，卷三，北京：中华书局，2007 年。

图片来源：
图 3-1　张华琴：《句章古港新探》，《中国港口》2016 年增刊第 2 期。
图 3-2　宁波中国港口博物馆。
图 3-3　宁波中国港口博物馆。
图 3-4　宁波市文物考古研究所编：《句章故城考古调查与勘探报告》图版一八，科学出版社，2014 年。
图 3-5　宁波中国港口博物馆。
图 3-6　宁波中国港口博物馆。
图 3-7　宁波中国港口博物馆。
图 3-8　章巽：《我国古代海上交通》，《登州古港史》编委会编：《登州古港史》，人民交通出版社 1994 年版，第 79 页。
图 3-9　"海上丝绸之路"研究中心编，《跨越海洋》，宁波出版社 2012 年版，第 84 页。
图 3-10　宁波中国港口博物馆。
图 3-11　泉州市博物馆。
图 3-12　"海上丝绸之路"研究中心编，《跨越海洋》，宁波出版社 2012 年版，第 108 页。
图 3-13　杭州市考古所。
图 3-14　宁波中国港口博物馆。
图 3-15　宁波中国港口博物馆。
图 3-16　宁波中国港口博物馆。
图 3-17　宁波中国港口博物馆。
图 3-18　宁波中国港口博物馆。

海帆远影

第四章 海丝物语

By Sail to Distant Lands

"海上丝绸之路"是古代以中国为主导,东西方各民族、各国家、各地区共同参与的重要商路。千百年来,它不仅沟通了东西方的贸易往来,且促进了东西方人民之间的互相了解,推动了东西方文化的交流互鉴。"海上丝绸之路"是跨区域、跨民族、跨文化的交流之路,其发展时间长、涉及区域广,对世界文明进程发展影响深远。散落于世界各地的沉船、港口、窑址、碑刻、宫庙、瓷器、香料、丝绸、雕塑、艺术品,是"海上丝绸之路"留下的丰厚物质文化遗产,历经风雨却保存至今,向世人讲述着"海丝"长路上的繁荣盛景。

一、帆影寻踪

无论是"丝绸之路"还是"海上丝绸之路",都并非古已有之的称谓而是后人所赋予的概念。1887 年,德国地理学家、地质学家李希霍芬(Richthofen,1833~1905 年)在所著的《中国亲程旅行记》(五卷)的第一卷中,提出了"丝绸之路"的概念,并在这部著作的一张地图上,提到了"海上丝绸之路"的概念,但未作深入阐释。1903 年,法国著名汉学家沙畹(Emmanuel-èdouard

Chavannes，1865～1918年）在其所著的《西突厥史料》中，提出"丝绸之路"有海陆两道。1927～1935年间，国民政府铁道部顾问、李希霍芬的弟子瑞典人斯文·赫定（Sven Hedin，1865～1952年）率队在中国西北进行长期考察研究。在此基础上，他出版题为《丝绸之路》的著作。斯文·赫定在这本书中提出，"丝绸之路"应当包括"海上丝绸之路"。由于这本书销量很广，且将瑞典文翻译成德文、英文、日文等多国文字，由此推动了"海上丝绸之路"概念走向世界。

由于"海上丝绸之路"的概念源于学术界研究成果并由此推广开来，因而不可避免会伴随一些争议。一些学者认为经由"海上丝绸之路"交易的主要商品并非丝绸，而是陶瓷、香料、茶叶等，因而提出了诸如"海上陶瓷之路""海上香料之路""海上香瓷之路""海上丝瓷之路""海上茶叶之路"等定名主张。其实，古代东、西方国家之间通过这一海路通道进行贸易的货物种类繁多，不同时期所交易的大宗货物有所不同。更重要的是，这一通道不仅是商贸之路，而且还是文化、科技、制度、宗教、艺术的交流之路。因此采用任何单一货物来作命名，都有失偏颇。既然"海上丝绸之路"的概念提出较早，且为国际学术界大多数学者所接受，因而以"海上丝绸之路"为名，是更为合理的。

关于我国古代海上丝绸之路的时间界定，一般认为，我国"海上丝绸之路"肇始于西汉武帝时期，距今已有2000年以上的历史。《汉书·地理志》中明确记载，汉武帝曾派人带着黄金和丝绸，前往异域购买明珠、璧流离、奇石异物。由于当时造船和航海技术相对落后，遭遇风浪发生事故的情况很多。即使一切顺利，也需要数年才能返回。当时贸易最远所能到达的地方是"已程不国",大致相当于现在的斯里兰卡。需要指出的是,江苏、河南、湖北等地发现的属春秋战国时期的玻璃器、蓬莱海域出水的商周陶器等大量考古资料显示:通过海路进行贸易的历史很可能要早于汉武帝时期。至于"海上丝绸之路"的终结时间,一般以鸦片战争爆发的1840年为界。这是因为此后中国逐渐沦为半殖民地半封建社会,"海上丝绸之路"原有的互补性贸易转变为掠夺性贸易,和平、平等、互利的特征已不复存在,"海上丝绸之路"也不可避免地走向终点。事实上,"海上丝绸之路"作为一条通道并没有终结,只是内涵发生了改变。时至今日,我国正在大力推进"21世纪海上丝绸之路"建设,堪称古老的"海上丝绸之路"在21世纪焕发了新的生机。

随着造船、航海技术的提升,"海上丝绸之路"所涉及的空间范畴逐渐扩大,它不断将更广阔区域的国家、地区和民族囊括进来,最终形成一个亚、非、欧乃至美洲诸多国家共同参与的世界贸易体系。在这一体系中,由于中国货品种类丰富、数量大宗、质量上乘,因而在某种意义上,中国被称为古代"海上丝绸之路"的主导国。

一般认为,中国古代"海上丝绸之路"萌芽于先秦、形成于秦汉、发展于三国至唐五代、繁荣于宋元、转型于明清。

(一)萌芽期:先秦时期

在我国从北到南的广大濒海地区,例如在山东烟台白石村遗址、福建福州昙石山遗址、海南陵水石贡遗址中都发现了深厚的贝壳堆积,其中不少属深海贝类,表明早在新石器时代,我国的沿海先民已经将大海作为重要的食物来源。

我国航海技术的起源，可以追溯到古人对水上工具的发明和使用。最初的人们，可能是通过观察自然界各种具有浮力的漂浮物，进而演变出匏、竹筏、羊皮筏、独木舟等泛海工具用以横渡江海。浙江杭州萧山跨湖桥遗址出土了距今约 8000～7500 年的独木舟；浙江余姚河姆渡遗址出土了距今约 7000 年以上的 6 把木桨；此外，河姆渡遗址出土了两件舟形陶器、湖北宜都红花套遗址出土了仿独木舟陶器、陕西宝鸡北首岭遗址出土了彩陶舟形壶。以上发现表明在新石器时代，人类很可能已经凭借简单的航海工具，向浩瀚渺茫的海洋开始了最初的探索。

有段石锛是石锛的一种，为重要的生产工具（图 4-1）。在生产工具匮乏的石器时代，将一大段树干在中腰处用火烧焦，然后用加柄的有段石锛进行加工，可以快速有效地制造出木船，因而有段石锛被认为是舟楫加工的重要工具。与石锛普遍分布于世界各地不同，有段石锛主要于沿海地区，包括河姆渡遗址在内的浙江、福建、广东、山东等地多处遗址中都有出土。除了上述我国沿海区域外，在我国的台湾岛和海南岛，以及菲律宾、北婆罗洲及太平洋的波利尼西亚众多岛屿都有发现，因而有段石锛也成为早期人类跨越大洋的重要实物证据之一。

商周时期，我国的沿海先民早已习惯了"循海岸而行"，他们"以船为车"，依靠简单的航海技术，与日本列岛、朝鲜半岛、中

图 4-1 新石器时代有段石锛（山东博物馆藏）

南半岛等区域进行海路交往。《竹书纪年》载："东狩于海，获大鱼"、《诗经·商颂》载："相土烈烈，海外有截"、《论语》载："子曰：'道不行，乘桴浮于海'"、《越绝书》载："（范蠡）乘舟浮海以行，终不反"，这些文献记载表明这一时期的航海活动日趋频繁。发现于香港和珠海的越人航海岩刻画、蓬莱海域出水商代陶鬲（图4-2）、宁波出土的战国羽人竞渡纹铜钺（图4-3），则是这一史实的实物见证。

图 4-2　蓬莱海域出水商代陶鬲
（烟台市博物馆藏）

图 4-3　战国羽人划舟纹铜钺
（宁波博物馆藏）

正是原始航海技术和航海习俗的不断积累，孕育了我国深厚的海洋文化，也为"海上丝绸之路"的形成奠定了坚实的基础。

（二）形成期：秦汉时期

秦汉时期，大一统国家开始形成，社会生产力有了长足的进步，促进了造船技术和航海技术的发展。随着尾舵的出现以及古人对所经海域季风的认识、掉戗驶风技术的掌握，中国古老木帆船的长距离远航成为可能，中国航海史进入了蓬勃发展时期。这一时期，不但中国沿海全线畅通无阻，而且出现了秦人徐福远航日本以及西汉官方船队到达印度半岛南段的航海壮举。航海在国家政治、经济、军事、外交、文化生活中的重要性日益显现，中华民族开始谱写“海上丝绸之路”的序章。

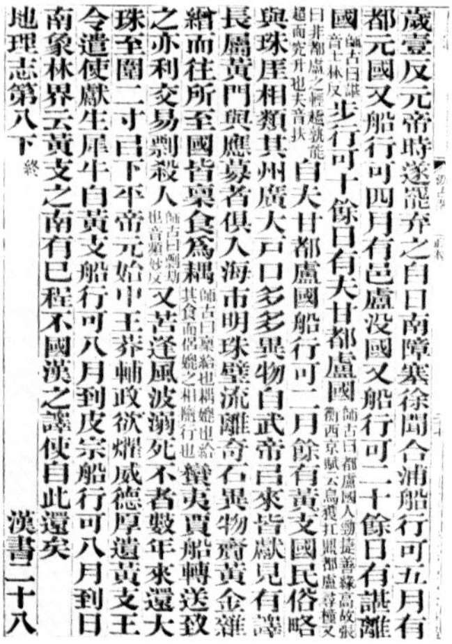
歲壹反元帝時遂罷弃之自日南障塞徐聞合浦船行可五月有
都元國又船行可四月有邑盧沒國又船行可二十餘日有諶離
國師古曰諶音士林反步行可十餘日有夫甘都盧國師古曰都盧國人勁捷善緣高故張衡西京賦云烏獲扛鼎都盧尋橦又
曰非都盧之輕趫孰能超而究升也夫音扶自夫甘都盧國船行可二月餘有黃支國民俗略
與珠厓相類其州廣大戶口多多異物自武帝以來皆獻見有譯
長屬黃門與應募者俱入海市明珠璧流離奇石異物齎黃金雜
繒而往所至國皆稟食為耦師古曰稟給也耦媲也給其食而侶媲之相隨行也蠻夷賈船轉送致
之亦利交易剽殺人師古曰剽劫也音頻妙反又苦逢風波溺死不者數年來還大
珠至圍二寸以下平帝元始中王莽輔政欲燿威德厚遺黃支王
令遣使獻生犀牛自黃支船行可八月到皮宗船行可八月到日
南象林界云黃支之南有已程不國漢之譯使自此還矣
地理志第八下 終　漢書二十八

图 4-4 《汉书·地理志》中关于汉使从徐闻、合浦发舶的记载

《汉书·地理志》关于西汉武帝时期官方远洋航行的记载，被认为是“海上丝绸之路”形成的重要证据。《地理志》载：“自日南（越南）障塞、徐闻（广东），合浦（广西）船行可五月，有都元国（苏门答腊）；又船行可四月，有邑卢没国（缅甸）；又船行可二十余日，有谌离国；步行可十余日，有夫甘都卢国。自夫甘都卢国船行可二月余，有黄支国（印度）。……有译长，属黄门，与应募者俱入海市明珠、壁流离、奇石异物，赍黄金杂缯而往……黄支之南有已程不国（斯里兰卡），汉之译使自此还矣。”（图 4-4）由此可知，汉武帝时期已有官方远洋贸易，主要是用黄金、杂缯（各类丝织物）等换回明珠、琉璃璧、奇石等货物，最远所能到达的是印度南端的斯里兰卡。

《后汉书·东夷列传》记载了中日两国第一次正式交往的情况，“建吴中元二年（57 年），倭奴国奉贡朝贺，使人自称大夫，倭国之极南界也。光武赐以印绶。”幸运的是，1784 年，汉光武帝所赐的印绶在日本北九州福冈县志贺岛被发现，为金质蛇钮，印面刻有"汉委奴国王"五字，重约108克。"委"与"倭"在古时通用，因而"委奴国"就是《后汉书》所记载的倭奴国，该印作为中日两国源远流长的交往史的见证，目前被收藏汉于福冈市立美术馆。此外，1956年在我国云南省晋宁县石寨山汉墓中出土一方"滇王之印"、1981年在扬州邗江县营泉镇汉墓中出土一方"广陵王玺"，均与"汉委奴国王"印有异曲同工之处。

秦汉时期，我国"海上丝绸之路"的港口主要是徐闻、合浦、番禺和琅琊。琅琊位于今山东胶南县南，是春秋战国时期的重要港口。秦始皇曾东巡齐地驻此三个月，而徐福东渡、汉武帝东征朝鲜等历史事件，都与琅琊有着密切关系。

徐闻、合浦是汉武帝派船队远洋的始发港。广东、广西的汉墓中出土了大量的海外舶来品，如水晶、玛瑙、琥珀、琉璃器、香料、象牙制品、银器等，种类繁多，风格多样，内涵丰富。此外，两广地区的汉墓中还出土了数百件铜熏炉、陶熏炉，以及异域人物形象的陶俑和陶俑灯具，这些都是当时中外海贸发达的见证。

番禺即为今天的广州，位于珠江三大支流西江、北江和东江交汇入海之处。《史记·货殖列传》载，"番禺亦其一都会也，珠玑、犀、玳瑁、果布之凑"。考古工作者在广州市区发现了可能为秦汉之际的造船厂遗址（图4-5），该造船厂主要生产适于在内河或沿海岸线航行的平底船。广东汉墓中还出土了十几件陶船和木船，尤其是德庆县东汉墓中出土的一件海舶模型尤为精致。

与秦汉同期，西方罗马人也统一了意大利半岛，建立起强大的罗马帝国，也就是我国古代文献中记载的大秦。东、西两大帝国间

图 4-5　秦代广州造船工场遗址

的陆路交通受阻于大月氏和安息，因而主要通过海路进行沟通。在古罗马学者普林尼（Gaius Plinius Secundus）所著《博物志》中，记载当时罗马人用宝石和珍珠，在斯里兰卡和中国商船交换丝绸。爱德华·吉本（Gibbon·Edword）所著《罗马帝国的衰亡》中也记载，罗马商船从埃及红海出发到达印度西海岸进行交易。到东汉桓帝延熹九年（166 年），"大秦王安敦遣使自日南徼外献象牙、犀角、玳瑁，始乃一通焉"，这是中国与罗马帝国直接交往的最早记录，也是东西方海上航路的首次疏通。至此，连通欧亚大陆的"海上丝绸之路"真正建立起来。

（三）发展期：三国至唐五代时期

三国两晋南北朝时期，国家分裂、政局动荡，但"海上丝绸之路"却持续发展。帆、舵配合的信风航海技术走向成熟，中日航线在汉代以来北路北线的基础上开辟了北路南线，南海航线则新开辟了广州至波斯湾航线。这些使得这一时期的中国在世界航海中处于领先地位。隋唐以后，社会经济发展进入高潮期，中国是当时亚洲乃至世界的中心，这为航海事业的发展奠定了基础。唐代造船与航海技术得到发展，水密隔舱技术得到广泛应用（图 4-6）。无论在近海还是远洋航行方面，中国均独步于世界航海界。这一时期我国与渤海国、朝鲜半岛交往非常频繁，开辟了中日南路快速航线；与印度洋的航路全面兴旺，广州、明州（今宁波）、扬州、交州（今属越南）等诸多国际大港交相辉映。唐"安史之乱"以后，由于陆上"丝绸之路"出现阻塞，加上经济重心南移，"海上丝绸之路"成为中国与海外贸易的主要通道。

图 4-6　如皋木船船模（中国航海博物馆藏）

三国两晋南北朝时期，随着航海技术的提升，广州取代徐闻、合浦而成为我国重要的"海上丝绸之路"始发港。当时广州"包山带海，珍异所出，一箧之宝，可资数世"。在与各国的贸易活动中，我国主要输出丝织品、陶瓷器、铜器等，而从海外进口珍珠、象牙、玳瑁、珊瑚、翡翠、香料等。1984 年，在广东湛江遂溪县南朝窖藏中，出土了一批属于波斯萨珊王朝的金银器和银币；在广东英德县、韶关市曲江区两座南朝墓中也出土了波斯萨珊王朝的银币，表明当时我国已与萨珊王朝建立了密切的贸易关系。

公元 7 世纪，东方大唐和中东伊斯兰阿拉伯帝国（古称"大食")崛起，中西方贸易和文化交流进入新纪元。隋唐时期，我国"海上丝绸之路"的航线超出秦汉时期所最远到达的斯里兰卡，而拓展至非洲东海岸。这一航路在唐代著名地理学家贾耽撰写的《广州通海夷道》中有了详细记录：经南洋各地和斯里兰卡及印度西岸，到达忽鲁谟斯的乌剌，全程约90天；然后从乌剌往西再行48天，直到非洲东部今坦桑尼亚的达累斯萨拉姆。这条航线将东亚、东南亚、南亚、波斯湾乃至东非连接起来，是8~9世纪世界上航线最长、航区最广的远洋航线。无独有偶，比贾耽约晚了半个世纪的阿拉伯地理学家伊本·霍达伯（IbnKhurdadhbah）所著《郡国道里志》中，也记载了从巴格达航行到广州的路线。

隋唐时期，我国的海外贸易得到进一步发展。各国商舶扬帆而来，将西方的珍宝、香料等输入中土，把东方的瓷器、丝帛等运往异域，长沙窑瓷器、青瓷、白瓷等开始成为海上贸易的大宗商品。隋文帝在广州外港扶胥镇创建了"南海神庙"，其遗址至今尚存。唐代建立起了市舶司等对外贸易管理机构，中国与海外广大的亚非国家和地区建立了广泛的贸易往来，在日本、朝鲜、泰国、柬埔寨、印度、巴基斯兰、斯里兰卡、伊朗、沙特阿拉伯、也门、埃塞俄比亚、索马里、肯尼亚、坦桑尼亚等国都出土了唐代越窑瓷片。唐朝与大食诸国的远洋交往方兴未艾，双方使者、海商、教徒来往频繁。在阿拉伯首府巴格达出现了专营唐朝商品的"中国市场"，在中国扬州、泉州、广州等港口城市，都有大量阿拉伯和波斯人侨居，出现了外国侨商聚居的"番坊"。[1]贸易的繁荣促进了造船和制瓷技术方面的交流，中国的龙窑技术传入朝鲜半岛，日本、朝鲜和埃及三彩器即是对唐三彩的仿制，同时唐朝瓷器造型受到中亚、西亚地区金银器等的影响，装饰纹样中融入伊斯兰风格文化因素。

通过"海上丝绸之路"往来的不仅有商业贸易，更有文化交流，隋唐文明居于世界领先地位，对周边国家产生了很大影响，其中尤以日本为最。当时日本刚形成统一国家，其统治者怀着"万事悉仿效之心"，以官方名义派遣使团来中国学习，这就是"遣隋使"和"遣唐使"。从公元7世纪初至9世纪末，日本先后向隋朝派遣了四次"遣隋使"，向唐朝派遣了十多次"遣唐使"，其次数之多、规模之大、时间之久、内容之丰富，可谓中日文化交流史上的空前盛举。在这近300年时间里，隋唐文化对日本社会的方方面面产生了巨大影响，但日本的这种"仿效"，并非和盘吸收，而是结合本国实际加以发展、改造和创新。这一时期中日两国的友好往来，是"海上丝绸之路"中辉煌灿烂的一页。

佛教自东汉传入我国后，多依赖印度或西域的译经师传授经典，往往残缺失真，我国有志僧侣不满足于此，设法西行求法取经。法显（约337～424年）是中国第一位从陆上"丝绸之路"出国往印度取经、由"海上丝绸之路"回国的高僧。在诸如法显等高僧的推动下，佛教在我国迅速普及开来。六朝时期的青瓷上经常出现莲瓣、宝相等佛教相关贴塑或纹饰，六朝墓砖上也大量出现飞天、莲花、僧侣乃至佛像等佛教题材的纹饰。隋唐时期，已经历中国化进程的佛教开始向外传播，对日本等国的宗教发展产生深远影响。

（四）繁荣期：宋元时期

宋朝由于长期受到北方少数民族政权的威胁与挤压，西北陆路空间基本堵绝，面向海路发展对外贸易势在必然。宋高宗曾提及："市舶之利最厚，或措置得当，所得动以百万计"，泉州至今保留有宋代市舶司开展官方祈风仪典的石刻（图4-7）。元代在政治、军事方面的强大实力为海外贸易的发展提供了有利条件。因此，"海上丝绸之路"在宋元时期趋于鼎盛，其繁盛程度远超盛唐。

图 4-7　泉州九日山祈风石刻

通过宋元时期记述海外诸国风土人情的著作，世人可以一窥当时的繁盛气象。南宋周去非（1134～1189年）所撰《岭外代答》，记载了横渡北印度洋抵达非洲马达加斯加岛一带的地理情况和航线；南宋赵汝适（1170～1231年）所撰《诸蕃志》，载有欧洲的斯家加里野国（即意大利西西里岛）和芦眉国（指中心位于小亚半岛的东罗马帝国，即拜占廷），所记内容超出《岭外代答》；元代陈大震（1208～1307年）所撰《大德南海志》，所载海外通商国家和地区的名称就有140多处；元代周达观（约1266～1346年）所撰《真腊风土记》，根据作者亲身经历详细记载了从温州前往真腊（今柬埔寨）的航线，以及真腊的历史、地理、政治、经济、风俗、物产等情况；元代汪大渊（1311～?年）所撰的《岛夷志略》，根据作者两次出海的见闻并结合前人记载，记录了当时各国的山水、物产、货币、商品、贸易、风土人情等，其中涉及220多个海外国家和地区名称。

宋元时期我国出口的货物以瓷器为最大宗，外销瓷器品种很多，其中越窑、耀州窑、龙泉窑的青瓷，定窑白瓷，景德镇的青白瓷等品种深受喜爱，出口量很大。此外磁州窑系彩绘瓷器，建窑系黑釉瓷器以及元代青花瓷也都有出口。从海外考古发现来看，不同品种瓷器的畅销区域也有所不同。青瓷、青白瓷几乎遍及亚洲各地乃至非洲东海岸，但建窑系黑釉碗就多见于日本、朝鲜等茶文化比较发达的国家。[2]宋元两代，饮茶之风蔚然兴起，茶叶逐渐成为中国最重要的外销商品之一，同时茶文化也以其独特的魅力影响了日本等周边国家。建窑是宋代最著名的黑釉瓷窑口，位于福建建阳，自晚唐五代开始烧制黑釉，其中因窑变而烧出"兔毫""鹧鸪斑""曜变"等纹样，是建窑茶盏最重要的特色之一。南宋时，日本临济宗初祖荣西（1141～1215年）禅师入宋归国时，从浙东带走茶籽种在九洲平户岛、背振山（今福冈）等地，并著《吃茶养生记》，介绍中国的饮茶风俗和方法，被日本尊为"茶祖"。中国无论从茶叶品种、茶具还是饮茶方式，都对日本茶道文化产生了重大影响。

元青花则在西亚、阿拉伯地区被大量发现。中国瓷器在阿拉伯世界享有盛誉，以至于当时阿拉伯人习惯于把一切精美的器皿都称之为"中国的"。从埃塞俄比亚到塞舌尔群岛，整个东非沿岸几乎都有中国瓷器的出土。英国考古学家惠勒（R. E. M. Wheeler）在坦桑尼亚发掘时说："这里的中国瓷片可以整铲整铲地铲起来"。当时，我国进口的货物则以香料为最大宗。仅熙宁十年（1077年），在明州、杭州、广州三地市舶司就收乳香达354449斤。1974年，福建泉州后渚港出土的宋代海船，船上香料未经脱水时重量达4700多斤，包括降真香、檀香、沉香等品类。

由于宋元统治者采取相对开放包容的对外政策，越来越多来自不同国家、不同民族、不同文明的人群，通过"海上丝绸之路"汇聚中国。他们带来了不同的文化观念、宗教信仰和艺术风格。比如，当时的泉州居住着为数众多的外国客商，他们保持各自的生活习俗和宗教信仰，使得当地不仅佛教昌盛，其他宗教如伊斯兰教、景教、摩尼教、印度教等也非常流行。泉州宋代北宋大中祥符二年（1009年）建造"艾苏哈卜清真寺"（通淮街圣友寺），是我国现存最古老的伊斯兰教寺之一；泉州晋江草庵及摩尼光佛造像，是世界现存最早、也是唯一的摩尼佛造像（图4-8）。

图 4-8 晋江草庵元代摩尼光佛造像

这一时期还产生了我国的"海洋神"——妈祖。虽然人们对于航海技术的掌握日益成熟，但面对不测的海上风浪，出洋依旧是充满艰险的畏途。起源于福建的妈祖则逐渐成为东方最具影响力的海神信仰。由于历代王朝不断加封，妈祖被赐以"天妃""天后""天上圣母"等封号，其影响远播海内外，世界很多港口城市都有供奉妈祖的天后宫、天妃宫或妈祖庙。

（五）转型期：明清时期

明清时期，朝廷实行严厉的官方管控政策，排斥民间航海贸易，"海上丝绸之路"由此盛极而衰。明朝初年，郑和率领当时世界上最庞大的官方远洋船队七下西洋，遍访亚非各国，将中国古代航海事业推入到前所未有的巅峰（图4-9）。然而"海禁"政策使得中国古代航海事业的发展后继无力，逐步失去了在世界航海界的领先地位。与此同时，欧洲国家拉开了以开辟"海上新航路"为标志的"地理大发现"时代的序幕。国内外形势急剧变化，蒸汽机的轰

图4-9 浡泥国王墓

鸣取代了古老的帆影,和平交流、互通有无的自由贸易转变为掠夺性、倾销性的殖民贸易。古老木帆船的帆影渐渐远去,"海上丝绸之路"在涅槃中等待新生。

虽然严厉的海禁政策对"海上丝绸之路"造成了沉重打击,但传统的海商力量在民间得以保存,并催生了走私贸易。以福建漳州、泉州为代表的武装海商走私集团逐渐发展起来,福建漳州月港、浙江宁波双屿港、广东潮州港和南澳岛等港口成为走私贸易港。走私贸易如此兴盛,以至于在明朝晚期获得了重返国际贸易市场的合法身份。

清初最为活跃的海外贸易为郑成功在沿海的"以商养兵"活动。郑成功利用地区差价,前往日本和南洋进行长途贩运,赚取高额利润,其海外贸易收入占经费支出的六成以上,这是郑成功能够长期坚持反清复明活动的财力支撑。清政府收复台湾后,多次开放海禁,康熙二十四年(1685年),在上海、宁波、厦门、广州设立了江海关、浙海关、闽海关和粤海关,以海关替代了以往的市舶机构。乾隆二十三年(1757年),规定海外贸易只能在广州进行,海外贸易受到诸多限制。但"一口通商"所带来的垄断性的通商特权,促使广州成为最大的外销品集散地。同时也促使这里多种多样的工艺品制作达到炉火纯青的水准,并名扬海外。

随着葡萄牙、西班牙、荷兰、英国等西方殖民势力纷纷到达东亚区域,东南亚的殖民地化持续发展,也将我国沿海逐步融入早期全球贸易体系当中。但这一时期,中国的海外贸易始终保持自主地位,由福建、广东民间海商主导的南海贸易依然兴盛,这种局面直到鸦片战争前后才被打破。

第四章 海丝物语

二、异域奇珍

秦汉时期，由于受限于造船技术和航海水平，海船出海贸易尚不能跨远洋航行，而是采取沿海岸线航行的办法。中国船只出海贸易，多从合浦郡的徐闻港、合浦港出发，然后经越南沿岸并穿过马六甲海峡，沿孟加拉湾前行至印度和斯里兰卡地区。这一时期通过海外贸易引进到我国的物品，主要是"明珠、璧琉璃、奇石异物"，即琉璃、水晶、玛瑙、琥珀等。它们或作为装饰品，或作为加工、点缀各类器物的原料，为中国人的生活带来了异域风采。

琉璃是玻璃的古称。早期人们以琉璃指玻璃，宋代后逐渐以玻璃为名词，到了元明时期，琉璃则专指以低温烧制的釉陶砖瓦。众所周知，西方的玻璃制造术出现得比中国早，西亚两河流域和地中海东部沿岸是古代世界最早生产玻璃制品的地区，其时代一般认为在公元前2000年以上。目前我国所知最早的舶来品就是玻璃。一般认为，我国发现的早期玻璃可分为两大类，一类是钠钙玻璃，来自域外；另一类是铅钡玻璃，属于国产。早期钠钙玻璃制品大多发现于南方，如江苏苏州玉器窖藏中发现了春秋时期的玻璃珠，早于《汉书·地理志》的相关记载。

在北部湾地区出土的大量舶来品中，玻璃制品最为常见。以广西合浦为例，该县有汉墓数千座，已发掘数百座。据2014年的统计，已发现玻璃制品26021件，其中玻璃珠25963件、玻璃杯6件、琉璃璧1件、玻璃碗1件、玻璃盘1件、玻璃环2件、龟形配饰1件、玻璃剑璏1件、管5件。根据研究，这些玻璃制品有一部分即来自域外。

图 4-10　西汉蓝料穿珠（广西壮族自治区博物馆藏）

图 4-11　西汉玛瑙琉璃珠饰
（广东省博物馆藏）

图 4-12　西汉弦纹玻璃杯
（广西壮族自治区博物馆藏）

与玻璃制品同时发现的，还有水晶、玛瑙、琥珀等，基本都是用作项链饰品。水晶和玛瑙都是一种矿物，而琥珀是一种含碳氢化合物的有机宝石，由树脂化石而成。古代史书中有"大秦国多琥魄""大秦国多马脑"的记载。可见在当时中国人的心目中，琥珀和玛瑙以罗马出产的最为著名，舶来中国的当不在少数。

图 4-13　西汉橄榄形红花玛瑙穿珠
（广西壮族自治区博物馆藏）

图 4-14　西汉玛瑙小动物
（广西壮族自治区博物馆藏）

另外还有狮子造型的琥珀。狮子产于印度、欧洲南部和非洲，中国境内原没有狮子，汉代才开始输入。在佛教经典中，狮子是无畏和伟大的象征，因而狮子形象随着佛教而在中国传播开来，并成为中国传统艺术形象中最广泛的题材而大量使用。广西汉墓中发现了由琥珀雕成的狮子形象，表明其应当是舶来品。

图 4-15　西汉琥珀小狮
（广西壮族自治区博物馆藏）

秦汉时期，随着海陆交通的拓展及延伸，包括檀香、龙脑等更多来自海外的名贵香料进入宫廷。汉代大量熏炉的出现反映了那个时代香染的风韵。其中，博山炉的出现不但与新的香料品种有关，其造型还寄托着人们对于海上神山的美好想象。

广州南越王墓中出土过一件蒜瓣纹银盒（图 4-16），从造型到纹饰，都与中国汉代及其以前金属器皿的风格截然不同，但在西亚

图 4-16 西汉蒜头纹银盒
（广州南越王墓博物馆藏）

波斯帝国时期的金银器中却不难找到类似的标本。银盒所使用的捶揲工艺也是汉代所没有的。所谓"捶揲"，就是充分利用金银质地比较柔软、延伸性强的特点，用锤子敲打金、银块，使之延伸展开成为片状，再根据要求打造成各种器形和纹饰。这种技术是在古波斯阿契美尼德王朝时代兴盛起来的，[3] 安息的金属工匠继承并发展了阿契美尼德时代以蒜头凸纹为装饰的风格。耐人寻味的是，同一时期的山东临淄齐王墓陪葬坑、云南晋宁石寨山 12 号墓，分别出土了一件银盒、一件镀锡铜盒，形制大致相同。学者们一般认为，临淄齐王墓银盒与南越王墓银盒一样，应是经由"海上丝绸之路"传入中国。至于云南晋宁石寨山的滇王墓出土的蒜瓣凸纹镀锡铜盒，应当是根据安息风格的蒜瓣凸纹器物式样仿制而成，但也根据中国汉代盒的形制进行了添改，如盖上有钮，腹下有足圈。

此外，在广东曲江、英德南朝墓和遂溪县附城边湾村窖藏中，都发现了属波斯萨珊王朝的银币（图 4-17），其中遂溪窖藏中还同时出土一件银手镯（图 4-18）、银碗（图 4-19）、鎏金铜器等。在广西合浦出土了东汉晚期的青绿釉带把陶壶（图 4-20），这种器物在汉墓中第一次出现，它与我国汉代陶壶明显不同，却与波斯青釉双耳壶十分相似。以上器物应当都是通过"海上丝绸之路"由域外输入，见证着汉代频繁的海外交往及丰富的舶来品。

随着"海上丝绸之路"的不断发展，从三国两晋南北朝时期开

图 4-19　波斯萨珊王朝银碗
（遂溪县博物馆藏）

图 4-17　波斯萨珊王朝银币
（遂溪县博物馆藏）

图 4-18　波斯萨珊王朝群星纹
银手镯（遂溪县博物馆藏）

图 4-20　东汉青绿釉带把陶壶
（合浦汉代文化博物馆藏）

始出现以异域情趣为美的时代风尚，这一趋势在隋唐时期更为突出。在本土器物的造型及纹饰风格中，都常见外来艺术因素。缠枝葡萄纹在古希腊、罗马时期是当地工艺品的主要装饰，海兽葡萄镜则出现于唐代，其造型优美、纹饰奇特、内涵丰富，中外文化诸多要素的融合，充分体现了大唐盛世多元文化的交流互鉴与兼容并蓄（图4-21）。摩羯造型起源于古代印度人对海洋大鱼的神化，一般认为随佛教东传而进入中国，[4]此后逐渐成为金银器或瓷器上的重要装饰，如唐代陈元通夫人汪氏墓就出土了一件摩羯纹多曲银碗（图4-22）。此外，随着越来越多来自异域的胡人到访或定居中国，在出土器物上也出现了众多异国他乡的面孔，如广东湛江发现了昆仑女人头像铜杖首（图4-23）、扬州发现了马来人陶范等（图4-24）。

唐末五代时期，沿海的闽、吴越、南汉等政权统治者积极发展

图4-21　唐海马葡萄纹铜镜（扬州市博物馆藏）

图4-23　唐昆仑女人头像铜杖首（湛江市博物馆藏）

图4-22　唐摩羯纹多曲银碗（厦门市博物馆藏）

图4-24　唐马来人陶范（扬州市博物馆藏）

第四章 海丝物语

对外贸易,"招来海中蛮夷商贾",发"蛮舶"到海外经商,大大推动了海外贸易的蓬勃发展。在福州北郊莲花峰南麓发现了闽国第三代君主王延钧之妻刘华墓,其中清理出三件"孔雀蓝釉陶瓶"[5](图 4-25),均为小口、长鼓腹、小底,状如竖立的橄榄。无论是釉色、造型还是纹饰,这三件孔雀蓝釉陶瓶在我国此前的考古发掘中从未发现,由此推测它们不太可能是我国古代窑口的产品,而应该是由国外传入。问题在于,它们的产地在何处?古代西亚波斯地区,素以制陶著称,器形多为瓶、壶类。器物表面喜施黄、青、蓝等釉色。孔雀蓝釉类器物在西亚诸国发现较多,例如在伊拉克的萨马拉遗址、伊朗的西拉夫遗址、巴基斯坦的班布尔遗址等都有出土,因而这三件陶瓶的产地应是西亚的波斯地区。那么,西亚的陶器是如何来到中国的呢?这与当时发达的海外贸易有直接关系。公元 8 世纪以后,唐朝廷与西域诸国之间政治关系的复杂化导致陆上"丝绸之路"的通行愈加困难,加上"安史之乱"后北方经济遭受

图 4-25　唐波斯孔雀绿釉陶瓶
　　　　　（福建博物院藏）

图 4-26　唐西亚绿釉陶壶
　　　　　（扬州市博物馆藏）

极大破坏，中国的外贸中心随着经济中心逐渐南移，"海上丝绸之路"蓬勃发展。继刘华墓发现孔雀蓝釉瓶之后，在我国的福州、扬州（图4-26）、宁波等我国重要的港口城市也有类似器物被发现，这从一个侧面证明了当时海路贸易经济的繁荣昌盛。

伊斯兰教是较早随"海上丝绸之路"传入中国的外来宗教之一。1983年前后，在海南省三亚市和陵水县发现了梅山墓葬群、干教坡墓葬群、番岭坡墓葬群、土福湾墓葬群等唐代伊斯兰教徒古墓群。宋元时期，基督教在我国已有一定影响，在泉州现今留存的番客墓碑上，发现了众多基督教风格元素。

郑和下西洋足迹遍及亚非三十多个国家和地区，不仅将中国的货物和文化带往这些国家和地区，而且带回了大量异国的香料、宝石、矿物、动植物等。获取海外珍禽异物，是郑和下西洋的目的之一，他每到一处都深入实地了解当地的物产。例如郑和船队在婆罗洲停留时发现了燕窝，燕窝被带回中国后很快风靡起来。根据文献记载，郑和下西洋从域外获得了狮子、金钱豹、西马、鸵鸡、五谷树、婆罗树等动植物。

图4-27　元基督4-教尖拱形四翼天使石刻（泉州海外交通史博物馆藏）

表一　郑和下西洋引进物品表

香料	龙涎香、安息香、沉香、龙速香等
药材	乳香、血竭、芦荟、没药、苏合油、木别子、苏木等
珍宝	珍珠、宝石、珊瑚等
异兽	狮子、金钱豹、花福鹿、麒麟（长颈鹿）、驼鸡（鸵鸟）等

明清以来，西洋钟作为西方先进技术工具的代表之一，随着传教士而传入中国。利玛窦觐见明朝皇帝也将钟表做投石问路之用。与中国传统报时方式不同，西洋钟不仅能按时自动打点报时，而且常配有一些人物、动植物、车马具、建筑等为外形的机械装置，专门用以表演或演奏，因而受到中国上阶层人士特别是帝王的喜爱。西洋钟传入中国后，其装饰日益繁复奢华、金碧辉煌，逐步由原来的实用工具转变为高级奢侈的观赏摆设。至今，故宫仍保留大量这一时期的西洋钟。

三、瓷销天下

瓷器是我国的一项重大发明。从诞生之日起，瓷器就为世界各国人民所向往和追逐，对世界物质文明发展做出了突出贡献。瓷器也因此成为中国的代名词之一，载入史册、光耀千古。现有考古发现表明：早在商代，我国就已经出现了原始瓷，而真正意义上的瓷器，至迟在东汉中晚期，在浙江上虞等地已经烧制成功。由于瓷器体量较大且易碎，通过骆驼、马匹的陆路运输有诸多不便，因而在唐代以前，瓷器外销的总量相对有限。陆路运输瓷器不便，但通过船舶运输则既可压舱，又不易损坏，因而随着"海上丝绸之路"的繁荣兴盛，外销瓷的范围和数量不断扩展，进而畅销海外风靡世界。唐以后，大量瓷器随着"海上丝绸之路"输出海外。今天，我们几乎在世界的每一个角落，都能发现中国的瓷器。而因为瓷器的独特地位，"海上丝绸之路"也被称为"海上陶瓷之路"。

隋唐时期，外销瓷以越窑青瓷和长沙窑瓷器为主，由扬州、明州、广州等港口出发，销往东亚、东南亚、西亚、非洲东海岸等地。

越窑是我国古代历史最悠久、影响最为广泛的瓷窑体系，不仅是汉六朝中国南北瓷业之翘楚，也是唐代六大名窑之魁首。越窑是对浙江东北部宁绍一带宋以前瓷窑的统称。其自东汉创烧成熟瓷器，经历了两晋南朝的发展，至唐五代发展至巅峰，烧制历史一直延续到南宋初期，代表了青瓷的最高水平，成为"南青北白"中南方青瓷的代表，有"九秋风露越窑开，夺得千峰翠色来"之誉。茶圣陆羽在其《茶经》中认为："碗，越州上，鼎州次，婺州次，岳州次，寿州、洪州次。"在饮茶之风盛行的唐代，类冰似玉的越窑青瓷与浓郁茶香相得益彰，为唐人品茗增添了无穷的高雅情趣。越窑青瓷不仅在国内深受上层官僚贵族和下层劳动人民的普遍喜爱，而且也成为唐五代宋初中国外销的重要商品之一。依托于"海上丝绸之路"，越窑青瓷至迟在东晋时期已随僧侣商人输往海外，唐代开始大规模输出。宁波

图 4-28 宁波和义路码头遗址出土唐越窑荷叶托盏（宁波博物馆藏）

和义路码头、东门口码头、古江厦码头都是当时重要的海运码头。在这些码头及码头附近出土的越窑青瓷,原都是准备通过"海上丝绸之路"销往国外的产品。[6]而与之相对应,越窑青瓷遗存见于东亚、东南亚、南亚、非洲沿海岸地区。

越窑青瓷的大量外销带动了制瓷技术的外传,并影响了当地制瓷业和制瓷技术的发展。正是由于越窑制瓷技术的无保留传播,朝鲜半岛的高丽青瓷在短时间内迅速赶上甚至超越越窑青瓷,并一度向越窑青瓷发源地浙东地区输出。日本的制陶业也模仿越窑青瓷,名古屋东边的猿投窑烧制的器物在造型、釉色、纹饰上都与越窑相似。而在9世纪至10世纪越窑青瓷大量输入埃及,也仿越州窑瓷。到11世纪,其仿制的陶器在器形、釉色、刻划纹饰上与越窑青瓷已经十分相似。[7]

图4-29 宁波和义路码头遗址出土唐越窑瓜棱执壶(宁波博物馆藏)

长沙窑窑址位于长沙铜官镇及书堂乡石渚瓦渣坪一带。该窑自初唐渐兴,晚唐鼎盛,五代末年衰落。长沙窑以釉下彩绘、贴花、印花最为著名,装饰题材集东西方元素于一身,风格活泼,主题多样,有人物、山水、走兽、花鸟、游鱼等,并题写有民间谚语、警句、诗文等。其贴模印贴花再施一层褐色釉斑以突出贴花效果的装饰极富特色,而且贴花图案中有胡人乐舞、椰林、葡萄等具有浓郁西亚波斯风格的题材。长沙窑产品曾大量外销,在日本、韩国、菲律宾、泰国、伊朗、伊拉克等地均有发现。

就这一时期海外发现的中国瓷器而言,西亚诸国发现的长沙窑瓷器以碗、盘最为常见,而东亚的朝鲜、日本出土的长沙窑瓷器则以壶、罐居多,东南亚的情况则居于两者之间;埃及的福斯塔特遗址出土了不少越窑青瓷,长沙窑产品却非常少见;泰国、越南等东南亚国家常见广东地方生产的外销青瓷器,而这些青瓷器在朝鲜、日本则几乎未见出土。由此可见,海外不同国家和地区对于中国瓷器的喜爱和选择是有所不同的。

入宋以后,随着商品经济的发展,制瓷业无论是生产规模、生产地域、产量还是质量都有了明显提升,当地窑场林立,种类繁多、造型丰富。以刻划花、印花和芒口覆烧为特点的定窑白釉瓷器;以半刀泥刻划花及印花为特点的耀州窑橄榄青釉瓷器;以化妆土装饰为特点的磁州窑瓷器;以黑釉盏为特点的建窑黑釉瓷器;有"饶玉"之称的景德镇青白釉瓷器;以粉青、梅子青等为代表的龙泉窑青釉瓷器。这些名窑产品不仅受到国内市场的欢迎,而且不同程度地通过"海上丝绸之路"销往海外,其中尤以龙泉窑青瓷和景德镇青白瓷最为畅销,而东南沿海福建、广东还出现了一批专为外销而生产的窑口。

宋代初年,越窑逐步衰弱后,龙泉窑兴起并成为南方代表性的青瓷窑口。龙泉窑其主要产区在浙江省龙泉市而得名,北宋前已生产,南宋后期至元代为其鼎盛期,明代中期以后逐渐式微。南宋中晚期,龙泉窑吸收官窑乳浊釉及多次上釉技术,烧制出以釉色取胜的粉青、梅子青等青瓷极品。其胎体厚重,浑厚淳朴而又不失秀媚;器形丰富,主要有双鱼洗、高足杯、梅瓶、莲瓣纹碗、云龙纹瓶、炉等;装饰手法多种多样,有刻、划、印、贴、塑等,花纹粗略，线条奔放，纹饰以云龙、飞凰、双鱼、八仙、八卦、牡丹、荷叶等为多见。此外，还大量出现汉字和八思巴文字款铭。温州是宋代龙泉青瓷主要的外销港口，明州作为通往高丽、日本的主要港口，也是龙泉窑瓷器输出的重要港口。到元代，龙泉青瓷还通过松溪进入闽江流域，从而通过福州港转运至当时国际性大港泉州港，进而销往世界各地。从考古发现来看，在韩国、日本、菲律宾、马来西亚、泰国、文莱、印度尼西亚、印度、巴基斯坦、伊朗、伊拉克、叙利亚、沙特阿拉伯、也门、埃及、苏丹、埃塞俄比亚、索马里、肯尼亚、坦桑尼亚、津巴布韦和南非等地都有数量可观的龙泉窑瓷器出土。

景德镇在五代时期开始生产青瓷与青白瓷，在宋代生产出一种色泽温润如玉的青白瓷器，南宋至元中期大量采用覆烧工艺，极大提高了产量，甚至福建、广东、广西等沿海地区的窑口也进行仿烧。元代，景德镇的制瓷工艺进一步发展，原来的瓷石一元配方改造为瓷石加高岭土的二元配方，使烧成温度提高并减少器物的变形，而且传统的青白釉产品为新创烧的枢府卵白釉瓷器所取代。宋代景德镇青白瓷器在东亚地区发现很多，东南亚地区则较少，反映了日本、高丽是这一时期景德镇产品的主要外销地区。元代景德镇瓷器的外销范围明显扩大，远至菲律宾、印度尼西亚、马来西亚、巴基斯坦、埃及、苏丹、肯尼亚、坦桑尼亚、桑给巴尔、马达加斯加等地。

元代景德镇青花瓷的烧制，在中国陶瓷史、海外贸易史中影响深远。元青花是用钴料直接在胎上绘制纹饰，再施以透明釉，入窑经高温一次烧成的一种白底蓝花的釉下彩瓷器。元青花的钴料是从西亚引进的高铁低锰的"苏麻离青",幽蓝浓艳。青花瓷最初是因为符合"尊白尚蓝"的伊斯兰教风格而行销海外,主要输往西亚伊斯兰国家和东南亚等国。其外销类型可分为两种:一是精美的大型瓷器,如瓶、罐等,多销往中、西亚等地,为当地上层人士所使用;另一种为粗糙的小型瓷器,如杯、碗等,多销往菲律宾、马来西亚等东南亚地区。目前,全世界收藏的基本完整的元青花瓷器大致为300多件左右,相当一部分存于海外,如伊朗、土耳其、英国、法国、美国、印度尼西亚、新加坡、菲律宾、日本、印度等国。其中,尤以土耳其托普卡比博物馆和伊朗国家博物馆收藏最多,[8]我国江西高安、江西萍乡、江苏丹徒、江苏金坛、河北保定等地也有发现。

从元代后期开始,宋元时期的著名窑口相继衰落乃至停产,中国制瓷业百花齐放、百家争鸣的情况逐渐演变为景德镇窑的一家独秀,从而奠定了景德镇"瓷都"的地位。明清时期,景德镇集中了中国最优秀的工匠、最先进的技术,创烧了更多新的瓷器品类,五彩、珐琅彩、粉彩等颜色釉也获得极大发展。更为重要的是,景德镇窑将青花瓷生产推向巅峰,广销海内外。

随着海外贸易的不断拓展,福建、广东等地区出现了大量因外销而兴的窑口。宋元时期福建的瓷窑几乎遍布全省各地,形成黑瓷、白瓷、青白瓷并举的鼎盛局面。福建的重要窑址主要沿闽江、晋江和九龙江三大水系分布,其中闽江流域的窑址烧制的瓷器多通过福州港外销,而晋江和九龙江流域的窑址瓷器则通过泉州港外销。

建窑位于福建省建阳市,始于晚唐五代,北宋中期臻于鼎盛,南宋晚期走向衰弱。建窑产品器型以碗、盏为主，以烧制黑釉瓷盏著称于世，其中因窑变而产生"兔毫""鹧鸪斑""曜变""油滴"等纹样，是建窑茶盏中最著名的精品（图4-30）。作为皇家贡茶的北苑茶与"闻声宇内"的建窑黑釉盏珠联璧合，促成了斗茶风俗的兴盛。建盏的流行引发周边窑厂的仿烧，如武夷山遇林亭窑、南平茶洋窑、浦城半路窑、建瓯小松窑、将乐万全窑、福清东张窑、闽侯南屿窑等也都烧制黑釉瓷器。建窑黑釉瓷器深受世界多个国家人民的喜爱，其中尤以日本为最。现代日本人给予建窑黑釉瓷器很高的评价，他们称建盏为"天目"，将其视为国宝级文物。日本许多遗址出土了黑釉瓷器，东京国立博物馆等机构还收藏了一批建窑的精品（图4-31、4-32）。随着建窑黑釉瓷器的外销，烧制黑釉瓷器的技艺也传到日本，他们在濑户开设窑厂生产黑釉瓷器，这就是今天日本人所称颂的"濑户烧"。除日本外，建窑产品还销往朝鲜、印度尼西亚、菲律宾等国家。

图4-30　宋建窑黑釉黄兔毫盏（福建博物院藏） 　　图4-31　日本大坂市立东洋陶瓷美术馆藏油滴天目 　　图4-32　日本龙光院藏曜变天目

"珠光青瓷"因最早发现于日本而著称，这是一种内部施可花纹、篦梳纹、云气纹，外部刻划数组斜直线纹的青瓷碗、盘，其产地未见史载。学者研究后认为，其产地应当是同安汀溪窑。"珠光青瓷"是受龙泉窑影响而在福建地区烧制的一类青瓷。除同安外，

在安溪、南安、闽侯、连江等地也有生产，国内称之为"同安窑系青瓷"。福建的此类青瓷除了在日本、朝鲜大量出土外，在东南亚也有发现。

宋元时期福建还有大量窑厂仿烧景德镇窑的青白瓷，其中尤以德化窑和闽清义窑最具代表性。德化窑是随着泉州港兴起而发展起来的代表性外销窑口，分布于德化县碗坪仑、屈斗宫等地，主要烧制青白瓷。德化窑根据外销市场的需求烧制了很多品种。例如根据东南亚部族的餐饮习惯，生产了他们所喜爱的大碗、大盘；根据东南亚的宗教习俗，生产了军持这种富有宗教色彩的瓷器；此外，德化窑生产了大量的瓷盒，款式多样、刻画精美。德化窑产品主要销往日本、印度尼西亚、菲律宾、马来西亚、新加坡等地。义窑位于闽清县东桥镇一带，生产历史约从北宋晚期到元末明初，胎体致密坚硬，釉色青白莹润，常见各类碗以及洗、壶、盒等器形，以敞口碗内饰卷草篦划纹最具特色，其产品在"南海一号""华光礁一号"沉船中都有发现，在香港、日本、印度尼西亚、菲律宾等地也可以见到。

广东地区发现的外销窑口主要集中于北宋时期，其数量约有80多处，包括西村窑、潮州窑、梅县窑、石湾窑等，其中尤以西村窑和潮州窑最具代表性。西村窑位于今广州市西北，产品以青白釉瓷器所占比例最大，在装饰手法上吸收了包括当时耀州窑在内的多种流行技法，器内大量采用印花、刻花和彩绘工艺，以点彩装饰最具代表性。主要器形有碗、盘、盒、壶、玩具等，以鸟盖粉盒最具特色。潮州窑位于广东潮州，其中以笔架山窑址规模最大，产品以青白釉为主，器形主要有壶、炉、盒、玩具、佛像等，其中以凤头壶和鱼形壶别具特色。广东各外销窑口的产品主要销往东南亚地区。南宋以后，随着泉州港的兴起，广州在海外贸易中的地位不再突出，这些外销窑口都相继衰弱乃至停产。

明朝开始实施的"海禁"政策给瓷器外销带来重大打击，中国瓷器主要通过"朝贡贸易"输出海外。明代前期的朝贡贸易，以及东南亚多边转口贸易，仍以龙泉青瓷为主，景德镇、福建、广东的窑口不同程度地参与进来，但其总量不高，规模较小。明成化（1465～1487年）、弘治（1488～1505年）年间，走私贸易兴起才使得瓷器开始大量销往东亚、东南亚地区。明代中后期，以闽南海商为代表的民间贸易力量越来越活跃，逐步恢复了传统的海洋贸易圈，他们甚至掌握了海商武装力量，他们装满瓷器的海船，活跃在北达日本、南到东南亚的海域上。16、17世纪之交，武装走私商人是环中国海的主人。

随着新航路的开辟和欧洲殖民时代的到来，欧洲与中国实现直接贸易。西方商人到达东方所采取的贸易方式，主要是在中国商人常去的地方，例如澳门、马尼拉、巴达维亚等地建立基地，吸引中国商人前去贸易，再把中国商人运到那里的货物转运到世界各地以盈利，从而在客观上将中国的瓷器贸易，纳入贯穿大西洋与太平洋的全球贸易网络。明末至清代，欧美地区成为中国瓷器的主要外销市场。西方世界的需求与审美改变了中国外销瓷器的生产，除了传统中式风格瓷器外，中国开始大量生产为迎合西方审美情趣的瓷器，进而出现了按照西方买家要求或来样加工的定制瓷。这一阶段的瓷器主要为景德镇窑产品，此外还有漳州窑、德化窑等的民窑产品。

明清之际民间走私贸易兴盛，漳州月港取代泉州成为东南地区最重要的对外贸易海港。区域性的繁荣，带动福建、广东地方生产的瓷器大量销售到亚洲市场，其中以漳州窑和德化窑最具代表性。

漳州窑主要是指明清时期漳州地区的瓷窑，包括平和南胜、五寨、官峰诸窑，诏安秀篆、朱厝、官陂窑，漳浦坪水窑，云霄火田窑，南靖梅林窑，华安东溪诸窑等60余处，此外广东饶平、大埔等窑也可纳入漳州窑系。漳州窑釉色包括白釉、青釉、蓝釉、黑釉、酱釉、青花、五彩、素三彩等多个品种，其产品在"南澳一

荷兰吕伐登普利西霍夫博物馆收藏的漳州窑瓷器墙

印尼雅加达国立博物馆收藏的漳州窑五彩军持

日本收藏的漳州窑青花开光大盘

日本收藏的漳州窑五彩文字纹大盘

越南收藏的漳州窑青花双凤牡丹开光盘

图4-33 海外博物馆收藏的漳州窑瓷器

号""北礁三号"等沉船以及国外许多古遗址中都曾发现。

在宋元时期发展的基础上,明代德化窑创烧出一种色泽光润明亮,乳白如凝脂的白釉瓷器,在世界上享有很高声誉,被誉为"中国白"。明清时期德化瓷外销的器形大多是民间百姓需要的日常器具,如碗、盘、盆、杯、碟、壶、炉、盒、洗、盏等。除此之外,德化窑的瓷塑艺术登峰造极,主要有观音、达摩、如来、寿星等人物造像。德化白瓷和瓷塑受到国际市场的热烈追捧,不仅大量销往世界各地,而且引起了欧洲瓷器工厂的竞相仿制。

图 4-34　明德化窑堆贴梅鹿高足杯
（福建博物院藏）

图 4-35　明德化窑印花双螭耳炉
（福建博物院藏）

明末清初,政权交替所带来的战乱对景德镇的制瓷业带来巨大破坏,加上清政府为打击反清复明实力所采取的迁界禁海政策,景德镇瓷器大规模外销的途径被迫中止。与此同时,日本有田窑业借势兴起,填补了欧洲市场的空缺,从而开启了伊万里瓷外销欧洲的繁荣时代。

康熙二十三年（1684年）明郑归降后,清朝廷于第二年开放江、浙、闽、粤四海关。同时,政局的稳定也使得景德镇窑业逐步恢复，以景德镇窑产品为主的瓷器再次大规模输出。中国瓷器的质量超过日本，而且具有较大的价格优势，这导致许多商人放弃从日本购买瓷器进而转向中国。随着瓷器大量销往欧洲，17～18世纪的欧洲盛行中国风，中国瓷器成为他们财富、地位、权力的象征。许多瓷器并非作为高档器皿，而是用作装饰摆设，碗、盘、碟、瓶被用来装饰壁架、橱柜、壁炉等，甚至在很多欧洲贵族家庭中，出现了收藏瓷器的展示柜和陈列室（图4-36）。经过一个多世纪的外销，中国瓷器大量涌入欧洲，使得瓷器价格逐步下降。但随着中南美洲的巧克力、中东地区的咖啡、中国的茶叶等陆续传入欧洲，这些饮品带动了瓷器的需求，各种相应的饮具应运而生。中国瓷器得以在欧洲普通民众中普及开来，瓷器贸易总量依然维持在较高水平。

图 4-36 夏洛腾堡宫（柏林）中国瓷器装饰

18 世纪末，经过近三个世纪的持续销售，加上瓷器作为耐耗品的属性，欧洲市场几近饱和；同时欧洲本土瓷器制造业也得到发展，因此瓷器外销欧洲的贸易急剧衰弱。在 19 世纪，美国取代英国成为中国瓷器的主要进口国，但随着欧美制瓷业的发展，中国瓷器逐步被排斥出美国市场。到鸦片战争之后，中国瓷器的大规模外销令人惋惜地逐步走向终点。

四、沉船遗珍

"海上丝绸之路"为世界文明的交流互鉴做出了突出贡献。然而大海并非坦途，船舶遇风浪沉溺的事件常有发生。尤其是以福建为代表的东南沿海，航道蜿蜒艰险、航区暗礁林立，这使得在"海上丝绸之路"长达两千多年的历史发展进程中，中国外销瓷器中的一部分未能达到预期的港口或地点。它们随着失事、遇难的船只沉没海底，这在当时是一场灾难，客观上留下了一笔珍贵的海底遗珍。

对沉船进行科学考察需要水下考古技术的支撑。中国的水下考古事业始于上世纪 80 年代，目前为止，中外水下考古工作者已发掘了一批以宋、元、明、清时代为主的沉船，组合式地出土了大批瓷器、金属器和香料等。每一艘沉船都是一段历史的见证者和讲述者，每一艘沉船都是一个复活的传奇。沉船及其出水物的发掘，揭示了古老航道上沉没船舶的前世今生，带领世人跨越时空去了解古代航海贸易的图景。

（一）"黑石号"

唐青花碟　　　　　　　长沙窑瓷器

图 4-37 "黑石号"出水器物

1998 年，在印度尼西亚勿里洞岛附近发现一艘沉船。因沉船位于一块黑色大礁岩附近，故名"黑石号"。经过打捞出水 67000 多件唐代瓷器、金银器、玻璃制品、铜镜及银锭等。其中瓷器占 98% 以上，除 200 余件越窑青瓷、300 余件邢窑白瓷、3 件巩县窑青花瓷、近 200 件白釉绿彩瓷器以及一些广东窑系的产品外，剩余 56000 余件瓷器均为长沙窑产品。根据一件长沙窑瓷器上"宝历二年（826 年）"的铭文，推测该沉船属晚唐时期。

"黑石号"沉船出水的瓷器组合与扬州唐代遗址出土瓷器组合完全一致。这种器物组合未见于其他唐代港口城市的遗址中，因而其出发地很可能是扬州。又因"黑石号"船体构建连接采用穿孔缝合的方式，与文献中记载的波斯湾海域的希拉夫、苏哈等地的船体一致，即采用了阿拉伯造船技术的独桅三角帆。由此，一般认为"黑石号"是一艘从扬州出发，满载中国瓷器等货物的阿拉伯商船，在返航中途经勿里洞附近因触礁而沉没。

"黑石号"沉船与唐帝国和阿拉伯国家的海上贸易密切相关。它满载的瓷器等货物,印证了唐代"海上丝绸之路"南海航线的繁盛。

(二)泉州后渚港沉船

图 4-38 泉州后渚港出土南宋海船

1973 年,在泉州湾后渚港发现一艘宋代沉船,古船只剩甲板以下部分。1974 年考古人员对沉船进行发掘。船残长 24.2 米、宽 9.15 米、深 1.98 米,载重量 200 吨左右,属福船类型。在该船上发现了大量香料和药材,未经脱水时重达 4700 多斤,此外还有陶瓶、木牌签、量天尺、象棋棋子等。

(三)"华光礁 I 号"

1996 年,在西沙群岛华光礁附近发现一艘南宋沉船,后被命名为"华光礁 I 号",该沉船是中国在远洋海域发现的第一艘古代沉船,也是首次发现的有六层船体构件的古船。船身横断面呈 V 形,

海帆远影——中国古代航海知识读本

"华光礁Ⅰ号"水下考古现场

"华光礁Ⅰ号"附着的瓷器堆积

图 4-39 "华光礁Ⅰ号"出水瓷器

采用水密隔舱技术，属远洋福船。

"华光礁Ⅰ号"出水文物万余件，其中瓷器8000余件，主要为青白瓷，青瓷次之，还有一定数量的酱褐釉瓷器。出水瓷器以福建闽清义窑产品为主，还有龙泉窑、景德镇窑、德化窑、磁灶窑、南安窑、松溪窑等的产品。

据推测，该船应当是从泉州港出发，行至西沙群岛华光礁附近时，突遇强风大浪，被巨浪整个托起抬入礁盘内，船体碎裂而沉没。

（四）"南海Ⅰ号"[9]

1987年，广州打捞局配合英国海洋探测公司，在上下川岛海域寻找东印度公司沉船"莱茵堡号"，结果并没有找到这艘沉船，却意外地发现了另一艘古代沉船，这就是后来被命名为"南海Ⅰ号"沉船。经过多次勘探和试掘，发现该沉船保存状况良好，船舱内可见摆放整齐的精美瓷器和金属制品，被认为是迄今为止环中国海区域最重要的水下考古发现。

木船沉入海底后受氧化和海洋生物破坏，一般很难保存下来。"南海Ⅰ号"现存长度超过30米，甲板的外轮廓基本完整，上甲板及以下部分保存得相当完好，即使放到世界范围内衡量，像"南海Ⅰ号"这样保存之好、规模之大的12世纪沉船也是绝无仅有的，其价值难以估量。鉴于"南海Ⅰ号"的完整性和重要性，2007年12月，该船通过整体打捞的方式，被移入广东阳江市广东海上丝绸之路博物馆"水晶宫"内，并对外开放展示，这一工程在我国乃至世界水下考古界都是一次创举。

图 4-40 "南海Ⅰ号"出水器物

　　截至 2015 年底，共发现文物 14000 余件套，其中瓷器 13000 余件套、金银器近 400 件套、铜器 170 件、铜钱约 17000 枚以及大量动植物标本。据估计，"南海Ⅰ号"中保存的文物总量应在 60000～80000 件套左右。

　　"南海Ⅰ号"所发现的瓷器数量巨大，包括来自江西、浙江和福建的景德镇窑、龙泉窑、德化窑、磁灶窑等宋代名窑产品。景德镇窑瓷器多见芒口碗、深腹碗和花口盘；德化窑产品主要为个体较小的粉盒、瓶、罐，以及较大的碗、执壶等；龙泉窑产品包括葵口或菊瓣纹碗、盘、碟等；磁灶窑产品多为低温铅绿釉器，部分产品造型和纹饰具有仿金属器风格。

"南海Ⅰ号"上可确认为货物的金属制品包括铁锅、铁钉和铜环。铁锅分层套叠，以篾片包扎后覆以竹席等物，部分铁锅在出水时仍光泽如新；铁钉为长约20厘米的铲钉，捆扎整齐地堆放在甲板上；铜环数量较大，但用途不明。船中发现的大量铜钱，虽然在两宋时期属于违禁品，但商人私自挟带出海的现象并不罕见。

除货物外，船上还发现了许多生活用品，例如鎏金腰带、金戒指、金手镯、石雕观音、木梳、铜镜等，甚至还见到了眼镜蛇骨骼和多种不知名的植物果实。

根据考古研究，"南海Ⅰ号"是一艘南宋中期的沉船，其始发港很可能是福建泉州，其目的地可能是东南亚或中东地区。

（五）"半洋礁一号"

龙泉窑青釉划花大盘　　龙泉窑双鱼纹海字折中盘　　漆盒

图 4-41 "半洋礁一号"出水器物

2010年，在福建龙海市隆教畲族乡东南海域半洋礁的北面，发现一艘沉船，后被命名为"半洋礁一号"。该船被破坏较严重，仅存一侧船体，船上未发现成堆船货，品种相对单一。该船出水瓷器主要是福建窑口产品,包括主要为福清东张窑产的黑釉盏、青白釉瓷碗和盘等。除此外,还有陶盆、陶壶、铜钱等。根据船上文物研究,"半洋礁一号"应当是一艘宋末或者元代的沉船。

(六)"新安沉船"[10]

1975年,在韩国全罗南道新安郡海域发现一艘沉船,我国通常称之为"新安沉船"。该沉船地点是北宋徐兢《宣和奉使高丽图经》中所绘航路的群山列岛处。1976~1984年间,韩国文化财管理局先后共进行了10次大规模的发掘,出水了沉船遗骸及大量文物。

龙泉窑青瓷龙纹瓶　龙泉窑青瓷牡丹纹瓶
图4-42 "新安沉船"出水器物

该沉船残长约28米、宽约6.8米,船体由7个舱壁分成8个舱,该船隔舱壁、舱壁肋骨的构造和装配与中国木船建造技术一致,学界一般认为该船是建于福建的福船船型。

"新安沉船"出水大量文物,主要有铜钱、陶瓷器、金属器、石材、墨书木简、紫檀木、香料、药材、胡椒和果核等等。其中,数量最多的为铜钱,达28吨,皆为中国铸造,年代包括唐、北宋、南宋、辽、金、西夏、元,最晚为元代"至大通宝"。出水2万余件陶瓷器,仅7件高丽青瓷和2件日本濑户窑釉陶,其余皆为中国陶瓷器。中国瓷器以龙泉窑青瓷器居多,约占60%,器形有盘、

第四章 海丝物语

碗、香炉、瓶、罐、执壶、高足杯、匜、盆、盏托等，皆为元代流行造型。另外景德镇窑白瓷和青白瓷共5300余件、黑褐釉瓷器500余件。这些陶瓷器的产地，遍及浙江、江西、福建、江苏、广东、河北等地，几乎涵盖了当时各地代表性窑厂。出水金属器729件，有瓶、香炉、灯盏等配套的宗教文物和锁、铜镜、炊具等日常生活用品。

根据出水文物的特征、墨书文字，并结合文献，初步推断"新安沉船"应该是元至治三年（1323年）从庆元港（宁波港）出发，前往日本博多港进行贸易的海船。

（七）"大练岛Ⅰ号沉船"

图4-43 "大练岛Ⅰ号沉船"出水器物

2006年，在福建平潭大练岛西部海域发现一艘遭到严重盗捞的沉船。2007年，相关考古机构对该沉船进行了考古发掘，并将其命名为"大练岛Ⅰ号沉船"。沉船船体破损严重，首、尾均残，仅存部分船体的底部。目前出水遗物包括603件青釉瓷器、3件陶罐、1件陶瓦和1件铁锅。"大练岛Ⅰ号沉船"出水青釉瓷器均为龙泉窑产品，器形主要有大盘、洗、小罐、碗等，装饰方法主要有刻划、模印、贴花等，纹饰主要有水波、卷草、花卉、双鱼、龙纹、

221

松鹤以及仕女等。

据推测，"大练岛Ⅰ号沉船"应当是元代中晚期，从福州港或温州港出发，向南航行前往东南亚的贸易商船。

（八）"南澳Ⅰ号"

青花缠枝菊纹盖盅　　　　　青花折枝牡丹纹盘

图4-44　"南澳Ⅰ号"出水器物

2007年，在广东汕头南澳海域南澳岛附近发现一艘沉船，后被命名为"南澳Ⅰ号"。船长约24米、宽约7米，共发现25个隔舱。经过三年的水下发掘，发现各类出水文物约30000件，包括瓷器、陶器、金属器、石器、骨器、漆木器以及近20000枚铜钱。其中，瓷器数量占绝大多数，以青花瓷器为主，还有一些五彩和青釉瓷器，器形有盘、碗、罐、杯、碟、盒、钵、瓶等。这些瓷器主要来自漳州窑和景德镇窑，以漳州窑为主。

根据出水瓷器的特征，推断"南澳Ⅰ号"应当是明万历（1573～1620年）时期的一艘商船，出发港很可能是漳州月港。当时正是漳州窑外销瓷器兴盛之时，也是景德镇窑官搭民烧，民窑技术突飞猛进发展时期。

（九）"万历号"

青花葫芦瓶　　青花花鸟纹盘　　青花团花纹碗

图 4-45 "万历号"出水器物

2004～2005 年，瑞典南海海洋考古公司与马来西亚政府合作，对来西亚丁加奴州东海岸约 6 英里海域的一艘沉船进行打捞。因沉船中载有大量万历时期风格的中国瓷器，因而该沉船被定名为"万历号"。"万历号"船身很小，长度在 18 米左右，结构属于欧洲设计，打捞约出水 10 吨破碎瓷器，其中完整和半完整器只有 7000 多件，估计原载瓷器至少有 30000 件以上。出水瓷器大部分是被称作"克拉克瓷"的景德镇窑青花瓷器，器形有盘、碗、碟、盖罐、盖盒、军持、葫芦瓶、玉壶春瓶、茶壶等，其中有 2000 余件带铭瓷器，内容涉及年号、工匠和作坊名称以及防伪标志。

"万历号"还出水了雕刻天主教十字架的象牙和两个葡萄牙家族徽章的方瓷瓶碎片，因而推测这艘沉船是一艘葡萄牙帆船。由于船上发现了天启年间（1621～1627 年）风格的瓷器，因而推测其年代应当略晚于万历时期。

（十）"平顺号"

白釉红绿彩仙鹤寿桃纹盘　　　青花凤凰图盘

青花丹凤纹盘　　　青花仙人图攒盘

图 4-46　"平顺号"出水器物

2001年，在越南中南部平顺省沿海海域发现并打捞一艘沉船。船体结构具有中国船只特征，后被命名为"平顺号"。沉船长约24米、宽8米，分为25个狭窄的空间，船中装载的货物主要是瓷器和铁锅，瓷器绝大多数为漳州窑的青花、五彩、素三彩瓷器，总数达到 34000 件以上，铁锅则为同一风格的平底锅。

该船出水瓷器具有鲜明的明末风格，推测该船属明代万历年间，从中国运输到今马来西亚地区的途中沉没于越南海域。

（十一）"碗礁一号"

2005 年，在福建平潭屿头乡北侧碗礁附近发现一艘沉船。当地渔民进行大规模盗捞，考古机构很快介入并进行抢救性发掘。该沉船被命名为"碗礁一号"。该沉船出水瓷器 17000 余件，均为清代康熙早、中期景德镇民窑产品，大部分都是青花瓷，还有少量青花釉里红、单色釉器和五彩器。器形主要有将军罐、筒瓶、筒花觚、凤尾尊、盖罐、炉、盒、盆、盘、碟、碗、盏、杯、盅、葫芦

海帆远影——中国古代航海知识读本

图 4-47 "碗礁一号"出水器物

瓶等。

这些瓷器很可能是在景德镇装船之后，从赣东南进入闽江水系，再顺江而下出闽江口。此路线是景德镇瓷器出海前在国内运输的传统路线。根据其沉没地点——位于闽江口以南的海路航道上，可知它正向南航行，朝着外洋驶去，目的地有可能是欧洲。

五、巧工寰宇

乾隆二十二年（1757年），清政府出于海防等考虑，勒令西洋番船（即欧洲各国商船）不得前往浙江沿海地区，仅留粤海一关负责与西洋诸国的贸易。广州十三行作为清政府管理对外贸易的中介，独揽中西海上贸易，是中西方经济、政治与文化交流的窗口。

18世纪中后期以来，西方各国纷纷在广州开馆通商，由此催生了大规模的西方订单。得天独厚的地理位置及垄断性的通商特权，促使广州成为最大的外销及舶来品集散地，广州地区多种多样的工艺品制作技艺也因海外需求而炉火纯青。

外销艺术品是以西方人为销售对象、迎合西方审美情趣的艺术种类，除了传统的中国样式与纹样，还融入了西方的审美与技艺，其巧意天工充分展现了兼容并蓄的文化特性与艺术风格，成为中西交流的典范。广州以画作、陶瓷、银器、雕刻、扇子、漆器为代表的外销艺术品引发全球范围的竞相追逐，其产品远销世界各地。

外销画又被称为"中国西洋画"，是由中国画家绘制生产，以中国风土人情为主题，使用中西结合的绘画技法，销往欧美国家的艺术商品。当时欧美国家流行"中国热"。他们所追求的并不是纯粹中国风的东西，而是具有浓厚欧洲风味的艺术品。中国的工匠投其所好，创作了中西混合风格的画作。[11]

外销画主要包括玻璃画、油画、水彩画、通草画等种类，其中通草画尤具时代特色。通草又名通脱木，用这种植物的茎可以制成画纸，以水彩在其上作画，形成色彩浓艳、造型生动的独特效果。19世纪，通草画兴起于广州，题材以反映清末的社会生活场景和各色人物形象为主，诸如官员像、兵勇像、杂耍图、纺织图、演奏图等。由于通草画容易破裂，所以尺寸一般都较小。

图 4-48　清通草画出行图（中国港口博物馆藏）

西方市场的需求决定了外销画的生产，包括绘画技法、绘画风格和绘画内容。外销画技法引入西方绘画中素描、透视和光影的运用，和传统中国绘画技法不同，但是绘制人物和景物仍显平板，缺乏立体感，和真正的西洋画有较大差别。外销画的风格一直被西方社会的欣赏口味所左右，随着西方社会偏好的改变而改变，它先后受到荷兰、意大利和英国的绘画风格的影响。[12]

外销画的绘画内容多以茶叶生产、瓷器制作、丝绸制造、街头艺人、人物肖像、港口风貌为主，反映了西人对东方风物的探求心理。瓷器、茶叶和丝绸是中国主要的外销商品，整套记录这些产品生产过程的绘画，在18、19世纪的欧洲深受欢迎。中国生活对于西方来说带有神秘色彩，因而反映中国生活场景的画作能激起西方人的浓厚兴趣，比如广州街头各式各样的手工艺人。在西方市场上常见100至400幅水彩画组成的街头艺人画册。伴随开埠通商，越来越多的外国商人来到中国沿海城市。由于长期与家人分居两地，港口画能真切反映西方商人所居住的环境，因而成为慰藉亲人的重要纪念物。

"广彩"为"广州织金彩瓷"的简称，为清代著名的外销瓷品种。这是在碗、碟、盘等素白瓷上进行彩绘、烧制而成的瓷器，因其主要加工地在广州，故称"广彩"。广彩瓷初创于清康熙晚期至雍正，成熟于乾隆、嘉庆时期。广彩瓷初创时期所用的白瓷主要来自景德镇，绘画风格与景德镇瓷器大体相同。鼎盛时期，广彩瓷不仅采用粉彩、五彩、青花加彩等多种中国传统瓷器装饰方法，还融合西洋油画技法，多用金彩，设色华丽、浓郁，形成"绚彩华丽，金碧辉煌"的独特风格。广彩瓷装饰题材具有很强的开放性，不仅有中国传统的花鸟虫鱼、人物山水等，还有欧美的风景、人物、城堡、帆船等。广彩瓷不仅是广州和景德镇两地陶瓷文化融合的产物，也是东西方文化交流的结晶。

图 4-49　清广彩人物故事图花口双耳瓶
（中国航海博物馆藏）

图 4-50　清墨彩"马丁路德像"盘
（中国航海博物馆藏）

西方素有使用和收藏银器制品的传统，而中国的银器制作也有悠久历史，有自成一格的造型和纹样。18 世纪末至 19 世纪上半叶，中国生产制造的银器以工艺精湛、价格低廉、高质高效的特点赢得了西方市场。[13] 这一时期外销银器主要有两大类：一类是纯西方风格，依来样仿制，不论是造型还是纹饰均无中国特色；另一类是中、西方造型和纹饰的结合。五口通商之后，广式外销银器的优势地位逐渐被上海和香港取代。

牙雕一直是广州最负盛誉的工艺品种，到明清时期达到鼎盛，形成精工细作、玲珑剔透的风格，尤其是镂空透雕堪称一绝。

图 4-51　清戏曲人物纹银瓶
（中国港口博物馆藏）

第四章　海丝物语

图 4-52　清象牙加彩开窗江南春色图香盒（中国港口博物馆藏）

18世纪，中国外销到欧洲的漆器多采用黑漆描金的装饰手法，金色的图案纹样装饰于黑色漆底之上，通过工匠精良的髹饰技艺使之变得富丽堂皇、华丽典雅。

18、19世纪，中国外销扇风靡欧美，宫廷贵妇都竞相以手执一柄极具东方情趣的扇子为时尚。外销扇在材质与制作工艺上极尽奢华繁复、精工奇巧之能事，色彩绚丽、纹饰华美，充分融合了中西艺术风格。

注释

[１] 秦天、霍小勇：《中国海权史论》，北京：国防大学出版社，2000年。
[２] 任荣兴：《宋元时期中国瓷器外销述略》，《史林》1995年第3期。
[３] 周人果：《西汉南越王博物馆海贸遗珍重现始港辉煌》，《南方日报》2006年6月1日。
[４] 冉万里：《对摩羯纹饰及其造型的一些思考》，《西部考古》2017年第1期。
[５] 有关孔雀蓝釉陶瓶的详细情况，详见毛敏：《西亚遗韵：孔雀蓝釉陶瓶》，《人民日报》2014年8月17日。
[６] 莫意达：《帆影茗韵：越窑青瓷荷叶带托茶盏》，《人民日报》2014年9月

14 日。
［ 7 ］ 莫意达：《帆影茗韵：越窑青瓷荷叶带托茶盏》，《人民日报》2014 年 9 月 14 日。
［ 8 ］ 刘金成：《高安博物馆馆藏文物精粹》，北京：文物出版社，2011 年。
［ 9 ］ 有关"南海Ⅰ号"沉船考古情况，参见魏峻：《"南海Ⅰ号"沉船考古与水下文化遗产保护》，《文化遗产》2008 年第 1 期。
［10］ 有关"新安沉船"沉船考古情况，参见梁国庆：《新安沉船与海上丝绸之路》，《中国文物报》2017 年 6 月 30 日。
［11］ 徐堃：《试论外销画生产——有限的产业化》，《中国书画》2008 年第 5 期。
［12］ 徐堃：《十八、十九世纪广州十三行外销画》，2007 年南京航空航天大学硕士学位论文。
［13］ 白芳：《异趣·同辉——广东省博物馆藏清代广式外销艺术精品展（下）》，《收藏家》2013 年第 10 期。

海帆远影

第五章 海国世界

By Sail to Distant Lands

古邦希腊、罗马、埃及、波斯、印度和中国在世界古代文明史上赫赫生辉。尼罗河、幼发拉底河、底格里斯河、恒河、黄河、长江等孕育了灿烂的大河文明。帆船时代的中国，与海外交流，始于先秦，盛于唐宋元，经由明初郑和七下西洋而达到顶峰。就其时间而言，上至先秦，下至唐宋元明清，上下数千年；就空间而论，凡与中国有海上交往的国家和区域，东西几万里。举凡海上交通、贸易货殖，文化交融、移民流布等均涵盖其间；知识生成、信仰传播、制度移植、技术吸纳亦包罗其中。经由海路的域内外交流，将世界文明古邦和辉煌的区域文明连接在一起。这些古邦和文明区域经浩渺的海上丝绸之路进行交融，沟通了东西方间的贸易，增进了各民族间的友谊，促进了双方信息互通、人员往来、文化交流，编织绘就了绚丽多彩的海国世界图景。

一、泛海弘法

古代海陆两路的对外交通，不仅是中国与域外进行政治交往、商贸互通的通道，也是中外进行各类文化交流的重要途径。佛教文化即为重要的交流内容之一。

中国古代海上对外交通路线的开辟、发展与演进和佛教文化交流关系至为密切。特别是汉唐间，佛教僧侣东来西往，经由陆路、海路孔道，往返于中土与域外，成为古代东西方文化交流的重要载体和内容。此期，中外僧侣梯山航海，旨在弘扬佛法，客观上促进了中国对外交通路线的拓展。由佛教僧人基于亲历见闻，所撰写的各类纪实资料丰富了中外交通史的内容，也成为研究这一时期陆上及海上丝绸之路沿海国家历史地理、经济、社会、文化不可或缺的历史资料。

（一）南海梵音

远古时期，中国先民就展开了航海活动，并逐渐掌握相关的造船技术与航海技术，航海范围从沿海港埠的近海航行拓展至远洋航行。自汉末至隋朝统一中国期间，中国北方区域对西方的陆路交通因南北割裂而受到阻碍，不得不从海上与外部世界交流。这从客观上促进了中国航海技术的进步及中外海路交通的发展。

我国南海地区的擅长航海的百越民族与东南亚进行交往的历史，最早可以追溯到商、周时代。根据班固所撰《汉书·地理志》记载，西汉武帝时期，朝廷曾遣黄门（即皇帝的近侍内臣），并招募富有远洋航行经验的海员，从日南（今越南广治省）、徐闻（今广东雷州半岛南端的徐闻县）、合浦（今广西北部湾边的合浦县）等地出发，经中南半岛和马来半岛，抵达黄支（今印度南部泰米尔纳德邦的康契普腊姆）和已程不国（今斯里兰卡）。此次远航活动表明印度半岛以东航线此时应该已经开辟。该航线在当时沟通东西方经济、文化方面发挥了作用。

第五章 海国世界

佛教于两汉之际传入中国。其教义有关灵魂不灭、因果报应与轮回的学说，在中国南北得以广泛传播。晋室南迁，南方经济社会相对稳定，佛教昌盛，域外僧人受到礼遇。当时因前往印度的陆路被北方割据政权阻隔，经由海路进行中印间的商贸文化交流变得日益重要。此期，中外僧人乘海舶抵达广州等东南沿海口岸，在中印之间穿梭。耆域是较早从海路来到中国的天竺僧侣。他曾于晋惠帝末年到达洛阳。中国西行求法者，陆上以曹魏时期颍川僧人朱士行为最早。在晋朝末年至北宋初年，西行求法达到高潮。法显（337～420年？）是这一时期中外文化交流的杰出代表。

法显是中国最早到天竺（今印度）求取佛法的僧人之一，也是著名的旅行家和翻译家。他是十六国时期山西平阳人，俗姓龚，3岁出家，20岁受大戒。后秦弘始元年（399年）63岁的法显从西北长安启程，同行者9人，西行过河西走廊、塔克拉玛干沙漠、葱岭、中亚诸国、最后至印度，归国时则舍陆路取海路返国。义熙五年（409年），法显乘外贸商人海船泛海西南而行，至师子国（今斯里兰卡），后到耶婆提（今印度尼西亚苏门答腊）停留了5个月等候季风。义熙八年（412年）春，法显搭载另外商船，携带够50日食用的食物，计划东行从广州登陆，因遇风暴，向西北行至青州长广郡（即今青岛崂山）后登陆。他从长安

图 5-1 《法显传》书影

出发时有多名僧人同行，归国时只剩下他一人。

　　法显回国后，在建康（今南京）与外国禅师佛驮跋罗共同译注佛经，有力地促进了中外佛教文化交流。同时，他撰写《历游天竺记传》(即《佛国记》)。该书以法显的亲身经历为基础，记述了中国本土、中亚、东南亚地区的地理环境、交通状况，是研究中国古代对外交通的重要著作。它对后来赴印度求法之人，起到了重要的引导作用。同时，该书对东晋时期的船舶、航海技术、南海航线、水文气象、东南亚及南亚海上贸易等方面均有记载。

　　南北朝时期，佛教在中国得到广泛深入的传播。大江南北，佛寺遍布，信众遍布皇室贵族及普罗大众。佛教与中国传统儒学及魏晋以来流行的玄学在排斥、吸纳之间不断进行着碰撞、交融。此期往来于南海海路的中外僧人，还有智严、道普、求那跋摩、真谛、须菩提等。西行求法的中国僧人，自身多是饱学之人。他们西行的目的主要有出于搜寻佛教经典、亲受天竺高僧教学、览睹圣迹、寻求名师来华等几种。这一时期，广州、扬州、番禺、泉州、福州、宁波、山东半岛均是中外僧人乘坐海舶往来中外的重要口岸。

　　魏晋南北朝时期，海路尽管取得了长足发展，但是陆路仍然是中外交通往来的主导。此期北方战乱频仍，社会经济发展缓慢，而南方地区由于移民开发等原因，社会经济发展逐渐超越北方，伴随造船及航海技术的不断提高，为海上丝绸之路的发展在物质和技术上提供了重要基础。公元755年，安史之乱爆发，唐朝驻防西域的边兵东调驰援长安，西南吐蕃乘机占领河西、陇右等地，切断安西、北庭两都护府与朝廷的联系。回鹘则挥师南下，控制了阿尔泰地区。同时，大食入侵中亚，造成中西间陆路交流遽然中断，中外

第五章 海国世界

交通的重心逐渐由西北内陆转向东南沿海。广州成为唐代对外交流的重要口岸。外国僧人多经南海诸国至广州或交州（今越南河内）再至中国内陆弘扬佛法。此期，印度僧人释极量、莲花、金刚智、不空、智慧等均由南海海路来到中国。

有唐一代，对外海陆两道交通获得空前发展，统治者对待异质文明兼容并蓄、吐故纳新，有力地促进了中国与域外的经济、文化交流。外国高僧经由海上泛舟来华弘法，络绎往返。中国高僧海上西行求法，相望于道。据义净的《大唐西域求法高僧传》《南海寄归内法传》及后来的《宋高僧传》所载，唐代西行求法僧共60多人。其中，20余人从吐蕃道去印度，30余人经由南海海路前往印度求法（常愍、明远、义朗、会宁、运期、木叉提婆、窥冲、慧琰、智行、大乘灯、彼岸、智岸、昙润、义辉、道琳、昙光、慧命、善行、灵运、无行、大津、法朗、慧日等）。较之玄奘西域求法所行均为陆路，法显亲历天竺国陆路、海路各半，义净堪称中国佛教史上经由海路西行求法最著名的僧人，因为他往返均取南海海路。

义净（635～713年），范阳人。公元671年，从扬州至广州，附舶南行，巡礼印度，前后长达25年。在印度期间，他研习佛法10载，巡游瞻礼印度圣迹。公元693年，携佛经数百部，搭乘海舶返回广州，公元695年抵达洛阳。他精通梵语，著有《梵语千字文》《南海寄归内法传》《大唐西域求法高僧传》等书籍。后两部书成为后人了解唐代东南亚各国及印度的指南。其中《大唐西域求法高僧传》，记载了他本人和其他僧侣经由东南亚达到印度的海上航路及途经国家自然、历史、人文状况，真实反映了唐代南海区域的海上交通航线。《新唐书·地理志》中所录贾耽《皇华四达记》中的"广州通海夷道",是唐代南海海上交通的主要航线。

整体上,这一时期中外僧人经由海路的弘法活动,许多中国僧人首次从中国动身时,多从西北陆路出发,而归国时则常取海路返国。与之不同的是,诸多域外僧人首次前来东方则多走海路。这说明当时外出求法的中国僧侣与从事海外贸易的商人关系不甚密切,对中国与海外交通航路不甚了解。等这些僧人到达天竺之后,才了解到中国东南亚及印度之间频繁的海上贸易活动,已有成熟的海上航路。所以他们才往往舍陆路而循海路回国。

中国古代史籍对中外交通的记载稀少,正史中《外国传》《地理志》的相关记载较为简略。佛教僧徒西行求法行纪资料弥补了这方面的缺失。他们亲历亲闻的求法行纪是我们了解和研究古代中国航海历史的第一手资料。这种珍贵的历史文献,被译成多国文字,为中外学者所珍视。

(二)传学东渡

佛教在汉代传入中国之后,至魏晋南北朝时期得到迅速发展,并由海路传入朝鲜半岛。据《三国史记》记载,公元372年,秦王苻坚遣使并送佛像、佛经至高句丽,高句丽第十七代君主小兽林王亦遣使答谢。374年,前秦派遣僧人至高句丽弘扬佛教。公元375年,高句丽始建肖门寺,再建伊佛兰寺。佛教由此传入高句丽。384年7月,百济枕流王向晋朝朝贡。是年9月,胡僧摩罗难陀从晋朝抵达百济,并受到百济王的礼敬。至此,佛教正式传入百济。佛教从中国传入百济、高句丽,促进了中国与朝鲜半岛的海上交通

第五章　海国世界

往来。

另据《三国史记》记载，公元 528 年，佛教传入新罗。中国南朝梁、陈与新罗的僧人交往频繁。由于陆路路途较远，中国与新罗间的往来，主要从海路进行。

佛教传入新罗之后，接着又往东传入日本。相传 6 世纪中叶，百济国王派使赠送日本佛像、佛经等物，标志着佛教正式传入日本。佛教传入日本后曾引起朝廷内部之间的矛盾，并形成以王室与贵族苏我氏为代表的崇佛派和以物部氏为代表的排佛派，斗争以前者的胜利而告终。此后，佛教在日本逐渐盛行。佛教经朝鲜半岛东传后，中国魏晋南北朝时期的建筑、雕刻、壁画等佛教艺术相继传入日本。

日本平安朝早期，中日佛教文化交流频繁。唐朝与日本形成多条航海线路。北部航路从难波的三津浦（今日本大阪南区三津寺町），沿濑户内海向西航行，至九州北部筑紫的大津浦（今福冈市博多），然后经壹岐岛、对马岛，从济州旁边驶过，折向北行，沿朝鲜半岛西海岸向北，至中国的辽东半岛东岸向西南下海，渡过渤海湾，在山东登州上岸。南岛航线一般是先从九州筑紫，待顺风放洋，然后经肥前国的松浦、天草岛、萨摩（今鹿儿岛）、多祯（今种子岛）、夜久岛（今屋久岛）和奄美大岛，折向西横渡东海，到长江口，再溯江而上至扬州登岸。有时也会从长江口南向至明州（今宁波）登陆。唐朝高僧鉴真东渡日本的路线走的即是南岛航线。日本僧人圆仁入唐走的是南岛路线，回国则走北路。隋唐时期，日本僧人入唐求法巡礼盛行，人数众多。

魏晋至隋唐，尽管中国的航海技术取得了诸多进步，但越洋航

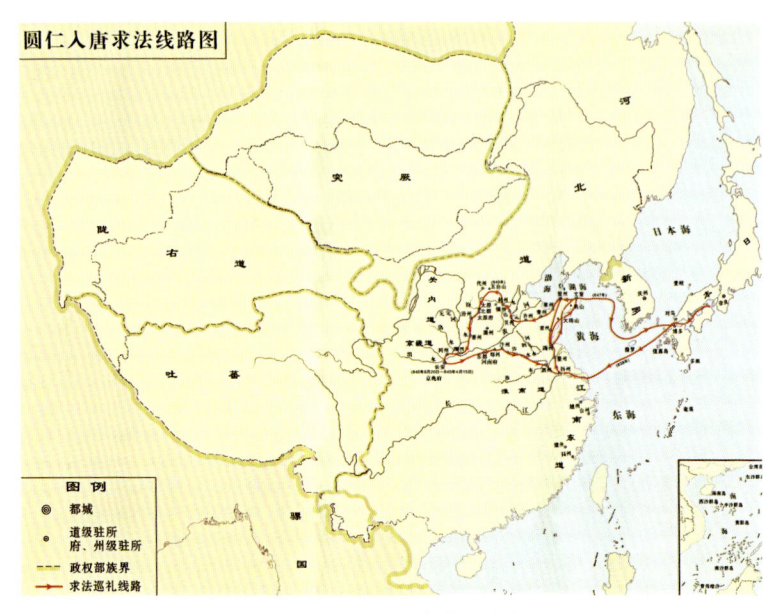

图 5-2　圆仁和尚入唐求法线路图

海依然风险极高。海浪、飓风、暴雨、海盗、暗礁等时刻威胁着航海者,由此发生的海难事件则层出不穷。中外佛教僧侣舍陆登舟,挂帆举棹,长渡沧溟,频繁出入于海洋风波之中,为古代中外海路交通的拓展做出了积极的贡献。唐朝高僧鉴真堪称其中的杰出代表。

鉴真(688~763年),扬州江阳县(今扬州市)人。长安二年(702年),14岁的鉴真进入扬州大云寺为沙弥,18岁时受菩萨戒。20岁时他北上游学长安、洛阳,研究佛教律学。开元元年(713年),返回扬州弘扬佛法,并很快成为江淮知名的授戒大师,授戒弟子有4万多人。而当时正在学习唐朝文化的日本却没有传戒之人。日本来唐朝留学的僧人，受国内统治阶层的委托，鉴于鉴真作为授戒大师的名望，邀请他东渡日本传戒。

图 5-3　鉴真东渡蛋雕

由于当时唐朝厉行严禁私自出海，加之海路风波不靖，鉴真东渡先后进行了 5 次均未获成功。最后于天宝十二载（753 年）在第六次东渡中成功抵达日本。抵达日本后，他孜孜不倦地授戒传经，开创了日本佛教的律宗。除受戒制度外，鉴真与其弟子将天台宗也传入日本。同时，鉴真及其弟子将汉文学、雕塑、绘画、建筑等也传入日本，对日本文化的发展起到了重要推动作用，有力地促进了中日文化的交流。

二、郑和下西洋

15 世纪是人类历史与文明发展的重要转折期。一个整体的世界日益从海上形成，东西方世界向海洋的不断开拓、汇合，标志着世界历史新纪元。15 世纪初，郑和率领船队七下西洋，揭开了世界历史新纪元的序幕。

图5-4 郑和纪念币

郑和（1371～1434年），云南昆阳（今晋宁）人，原姓马，为回回人。祖父和父亲均名哈只。哈只是穆斯林对曾赴西亚的伊斯兰教圣地天方（今沙特阿拉伯麦加）参加过朝觐人士的尊称。洪武十四年（1381年）九月，洪武帝为荡平元朝梁王残部，遣将30余万人远征云南。洪武十五年（1382年），战事平息，马和被明军虏阉，后送至燕王朱棣府邸中充任太监。1402年六月，朱棣攻破南京城，夺得帝位。郑和因在靖难之役中起兵有功，颇受永乐帝朱棣器重，擢任内官监太监，执掌宫中后勤总务大权。永乐二年（1404年）并御赐"郑"姓，小名三保，史称之"三宝太监"（或三保太监）。郑和近侍宫中，为人"才负经纬，文通孔孟"、"有智略，知兵习战"，同时因他家庭世代信奉伊斯兰教，后来又皈依佛门，多元的宗教信仰、文武兼备的杰出才干为他后来被遴选为下西洋领航人物奠定了基础。

永乐帝朱棣登基后，一方面继续实行严厉的海禁政策，同时大力发展朝贡贸易。他积极发展同各国间的联系，主动派遣使者赴日本、暹罗、爪哇、马剌加等国宣慰招徕。自永乐三年始，朝廷命郑和先后组织庞大的航海船队，出使西洋。前后共7次出使，历时28年之久。

图5-5 《郑和下西洋考》书影

郑和下西洋的远洋船队规模庞大，船员众多，据史料记载第1次、第3次、第4次及第7次下西洋时船队全体成员均在27000人左右。其船员编制齐全，分为决策中枢部、航海操作部、贸易采办部、外务部、后勤保障部以及护航船队等部门。决策中枢部由正使太监、副使监丞及少监、内监等人组成。航海操作部包括火长（相当于船长）、舵工（操舵手）、班碇手（收放船锚）、铁锚、木舱、搭材（负责烧打制作及修理船舶上的各类铁木活计）、民稍、水手（负责升帆落篷、摇橹划桨等工作）、阴阳官、阴阳生（负责天文气象观测预测）等人员，主要负责船队海上航行操作。贸易采办部主要由负责采买海外物品（买办）和语言翻译（通事）。外务部：鸿胪寺序班（负责朝会宴请等外交礼仪）。后勤保障部由户部郎中（包含负责掌管钱财及后勤供应）、舍人（负责起草誊写文牒）、书算手（负责会计出纳）、医官、医士（负责疫病防治）等组成。护

图 5-6 南京宝船厂遗址公园

图 5-7 龙江船厂遗址

航船队主要负责航行及水上安全,抵御外敌及海盗袭扰,主要由都指挥、指挥、千户、百户、旗校、勇士、力士、军士、余丁等人员构成。

郑和下西洋的船队,每次均有大小海船200余艘。海舶编队里船型多样,有大型宝船(指挥中枢)、马船(中型宝船,兼具作战与运输功能)、粮船(运载粮食及其他后勤必需品)、坐船(屯储水师的主要船舶)、战船(专司护航作战的快速战舰)。如此大型的海船编队,其编整严密有序,通信信号(旗帜、灯笼、锣鼓、喇叭)传递迅捷。

图 5-8 南京宝船厂遗址公园内仿制郑和宝船

第五章　海国世界

历次下西洋过程中，郑和船队熟练掌握各类航海术。这些航海术主要包括地文航海术：如海图、航路指南、航迹推算与修正航海图；天文航海术：天文观测与定位（如过洋牵星术，即用牵星板测量星体高度）、季风航海术及航海气象知识等。该类航海术，是宋元时期发达的航海技术的结晶。

据《明史》《明实录》《星槎胜览》《瀛涯胜览》《西洋番国志》《皇明大政记》《皇明四裔考》、太仓刘家港《通番事迹记》碑文以及福建长乐南山天妃宫的《天妃之神灵应记》碑文，可以对照梳理出郑和七下西洋的史实详情。

第一次，1405年12月至1407年10月，郑和率领大型宝船208艘，各类保障人员27800多人。从太仓刘家港起航，经福建长乐等候季风，由闽江口的五虎门泛海远航，经占城（今越南南部）、爪哇（今印度尼西亚爪哇）、旧港（今印尼苏门答腊岛的巨港）、暹罗（今泰国）、满剌加（今马来西亚马六甲），向西驶进孟加拉湾，过锡兰山（今斯里兰卡）、柯枝（今印度柯钦）、最后到达古里（今印度西南科泽科德）。返航时经由旧港，曾生擒海盗陈祖义等人。

第二次，1407年12月至1409年8月，航程与第一次基本相同，经太仓刘家港、福建长乐太平港、占城、爪哇、古里、柯枝、暹罗等国。在经过锡兰时，曾立碑纪念向当地寺院布施之事。此碑于1911年在斯里兰卡的加勒被发现，碑文用三种文字镌刻（汉文、泰米尔文、古波斯文）。该碑现收藏在斯里兰卡科伦坡博物馆内。

第三次，1409年12月至1411年6月，此次郑和统领官兵27000余人，航程与前两次基本相同。途经占城时受到该国国王的热烈欢迎。离占城南航，造访爪哇，西航至满剌加（今马来西亚马六甲），再向西航行至阿鲁（今苏门答腊岛北部亚路群岛）、苏门答腊，然后至锡兰，后派一支队伍去加异勒（今印度半岛南部东岸）、阿拨巴丹（今印度西部坎贝湾以北之阿默达巴德）、甘巴里（今印度半岛南端科莫林角）。郑和则乘坐宝船访问小葛兰（今印度西南海岸奎隆）、柯枝、古里，然后回国。

郑和下西洋前三次的航线大致为：从福建长乐闽江口五虎门出海，先至占城，历经爪哇、旧港、暹罗、满剌加、苏门答腊，向西驶入印度洋，赴锡兰、柯枝，最远达古里。从第四次起，每次均延伸到忽鲁莫斯（今伊朗波斯湾口之忽尔木兹岛），忽鲁莫斯为当时海上东西方交通的十字路口。

第四次，1413年12月至1415年7月，这次出航经占城、南航急兰丹（今马来西亚吉兰丹）、彭亨（今马来西亚彭亨）、东航至爪哇、西至旧港、到满剌加。郑和在此设立如城垣的排栅，置更鼓楼于四方之门。内又设立如小城的重栅，造仓廒于其中，钱粮均存纳于内。这宛如设置了一座航海中途保障供应基地，为后来数次远航创造了重要物质保障条件。

此次航行，船队在苏门答腊平息抢劫后，派出一支船队访问溜山国（今马尔代夫群岛），郑和则率宝船西行，至锡兰、过古里，然后直航至忽鲁莫斯。忽鲁莫斯当时是东西方商人聚集的大都会，四方商贾云集，包括来自非洲东海岸、地中海沿岸、阿拉伯半岛、中亚地区、印度半岛及以东区域的各国商贾。市场上充斥着东西方的各类奇珍异宝：宝石、珍珠、水晶、珊瑚、琥珀等，琳琅满目、应有尽有。

第五次，1416年12月至1419年7月，郑和奉命伴送15国使

第五章　海国世界

团返国，所到国家有占城、爪哇、满剌加、彭亨、锡兰山、柯枝、古里，忽鲁莫斯、阿丹（今阿拉伯半岛南端也门之亚丁）、剌撒（亚丁附近）木骨都束、不剌哇（今索马里之布腊瓦）、剌撒等地。此次行程最远。

第六次，1421年春至1422年9月，此次主要护送忽鲁莫斯等16国使臣回国。使团先至占城，后派一支船队送暹罗使者回国；其他船只继续南行，经马六甲海峡，送满剌加、阿鲁、苏门答腊等国使臣回国。然后另一支船队西行，直航阿丹；郑和则送南浡里、锡兰、加异勒、柯枝和溜山等国使者回国；此后，再从苏门答腊，北航榜葛剌（今孟加拉国），然后向南到古里，由此直航祖法儿（今阿曼佐法尔），南航至剌撒、木骨都束（今索马里首都摩加迪沙）、卜剌哇等地后返航。

第七次，1431年1月至1433年8月（宣德五年十二月至宣德八年七月），郑和率大型宝船61艘，共27550人，从南京下关起航，两天后到达刘家港后，由此正式出洋。此次航线与第五次基本相同。只是在苏门答腊时，派出一支船队经溜山后，直航非洲东海岸，去往木骨都束、不剌哇、竹步等地。又派一支船队去古里，支行祖法儿、剌撒、阿丹等地。郑和则去锡兰、古里，直航忽鲁莫斯。一支船队到达古里后，适逢古里派船去天方（今麦加），于是该支船队派通事（翻译）7人携带礼品，随古里船队去了天方。他们在那里购买了各种珍禽异兽，画了天堂图，麦加国王也派了使臣带着朝贡的方物随他们来明朝朝贡。

郑和先后七次远航西洋，历时28年，每次均出动百余艘海舶，载2万余人，涉海万里，足迹遍布亚非30多个国家和地区。其领导的大航海活动,规模之大、范围之广、历时之久,均是世界航海史上的创举。它联通了东亚中国与东南亚、印度洋、阿拉伯海之间的海上交通网络,是西方人主导的地理大发现的前序,在中外交通、政治、经贸、文化交流史上具有重要意义。

郑和下西洋的活动区域主要集中在印度洋,越过南亚,进入阿拉伯区域,到达非洲东海岸,它继承发展了宋元时期的海上航路和航海及造船技术,基本形成了多点交叉的航路图。郑和下西洋扩大了中国同亚非各国和地区间的经贸文化交流。郑和下西洋与沿海各国间的交往是在和平互惠的双边或多边关系下进行的,没有征伐和掠夺,仅有个别的自卫行动。郑和船队带出去的主要是中国的手工业品,换取的主要是各国的土特产品。出去的商品主要有丝绸(锦绮、纱罗、绫绢、纻丝等)、瓷器、铜钱、铁器等;换回的产品名目繁多,据《明会典》《明史》《瀛涯胜览》等书籍统计,共有185种之多。其中香料类29种、珍宝类23种、药品类22种、五金类17种、布匹类51种、用品类8种、动物类21种、颜料类8种、木料类3种、食品类3种。香药、胡椒、苏木、珍宝、珍禽、棉布占进口大宗。湖北省博物馆收藏有出土于钟祥市梁庄王墓金锭,它是有铭文记载与郑和下西洋有关的珍贵文物。

郑和下西洋,也是明初发展对外关系的重大举措。明初,海外各国间关系错综复杂,恃强凌弱、劫杀贡使之事时有发生,

图5-9 郑和下西洋采办金锭

第五章　海国世界

常常诉求于明廷调停解决。郑和下西洋过程中，对海外各国纷争的处理，充分显示了明朝作为宗主国的地位及在国际事务中所发挥的作用。这对于明朝提升威望、推进外交、拓展海外关系具有重要作用。伴随七下西洋，亚非各国纷纷遣使来中国建交和进行贸易。有学者统计，永乐一朝22年间，曾有60余国245次来华，浡泥、满剌加、泥八剌（今尼泊尔）、苏禄（今菲律宾苏禄群岛）、古麻剌朗（今菲律宾棉兰老岛）、锡兰等6国8位国王9次来华访问。浡泥国王、苏禄国王、古麻剌朗国王访问中国期间不幸病逝，并葬在南京安德门外、山东德州城北、福建福州城西。永乐二十一年（1423年），忽鲁谟斯等16国使者，就有1200人来朝。

　　与此同时，中国闽广等沿海各地的民众，沿着郑和开通的海道，赴东南亚一带谋生。他们把中国先进的生产技术和手工业品带到东南亚，促进了该区域的开发和建设。伴随郑和下西洋的马欢、费信、龚珍分别著有《瀛涯胜览》《星槎胜览》及《西洋番国志》，

图 5-10　台湾长荣海事博物馆郑和宝船模型

记载了所经各国和地区的历史、地理、风土、人情等。这些著述极大地丰富了中国人的域外认知。

三、妈祖信仰

妈祖信仰是以中国东南沿海为中心的海神信仰。伴随中国人的海上活动，历经宋元明清的发展与传播，妈祖信仰遍及海内外，成为中国最有代表性的民间信仰之一，也是世界范围内海神信仰的重要类型。

（一）形成与传播

妈祖，是由历史上真实人物衍化的海神神明。她原是莆田湄洲岛人，出生于宋代建隆元年（960年），卒于宋雍熙四年（987年）。因其从出生到满月，一声不哭，所以父母给她起名林默。她从小熟习水性，能辨潮音，善观星斗。后在湄洲湾救助遇难船只时不幸遇难，年仅28岁。她生前慈悲勇敢，行善济世，凭借其良好的水性多次在湄洲海面拯救遇难的商贾及渔民。林默"羽化升天"的同年即宋雍熙四年（987年），当地民众为了怀念她，在湄洲岛立通贤灵女庙进行祭祀。按照当地

图5-11 太仓浏河天妃宫妈祖塑像

第五章 海国世界

的民俗，人们亲切地称她为"娘妈"，尊称为"妈祖"，后人又称其为天后、天后娘娘、天妃等。

宋元时期繁荣的海外贸易和海上交通，是妈祖信仰产生并迅速传播的基础。天妃信仰由莆田湄洲、福建沿海的地方性神祇发展成全国性的航海保护神，这与涉海者的心理需求、官方的不断敕封加崇、海商贸易的拓展等方面关系密切。

妈祖海神受到众人信仰有两股推动力量，一是历代官方的推动；再就是民间的自发信仰推动。官方推动主要与宋元明清各个朝代大规模航海事业的开展直接相关。宋元时期，是古代中国航海事业发展的高峰，海上贸易对朝廷财赋至关重要。宋代，尤其是南宋，因偏安一隅，海上对外贸易成为其重要的经济命脉。元代定都北京，粮食仰给于江南。从元世祖（1260～1294年在位）开始经由海道运输漕粮，每年运输的漕粮达数百万石之多。明初虽厉行海禁，但海上漕运并未停止。后续，气势恢宏的郑和七下西洋航海活动，使中国的远洋航海事业推向巅峰。明代沿海水师为打击倭寇亦有频繁的海巡活动。及至清代，为收复台湾进行了大规模的渡海作战，明清两代为沟通琉球多次跨越东海往复航行。清中叶之后，因原有的运河漕运体制难以为继，道光间朝廷开始试行漕粮海运；咸丰之后，漕粮海运渐成漕粮运输的主要方式。包括海运、河运在内的水

图5-12 太仓浏河天妃宫遗址

域航行活动，催生了妈祖信仰的流传。当时科技发展水平比较低，而长距离、大规模的海上、水上运输活动，受天气状况、水文地理、航运技术等因素影响较大，每次航行即意味着险象环生。面对大海难以预测的神秘力量，涉海人群对自然充满敬畏，产生对神灵力量佑护的需求，以获得海上出行的安全感。

妈祖作为航海者的精神信仰，在历次大规模的航海活动中多得到王朝从中央到地方官府的重视。朝廷将之纳入国家祭祀体系，实行例行的春、秋二祭，以自上而下的推行模式，使妈祖信仰逐渐完成从边缘到中心、从地方到国家的发展。

历代对妈祖的颂扬宣导，主要通过赐封等方式进行。宋宣和五年（1123年）以降，直至清代，先后共有14位帝王对妈祖进行过36次敕封。有宋一代，对妈祖褒封共有14次。赐封原因多是与航海有关的护佑出洋使节、驱逐海盗、击退海潮等事宜。元明清三代，对妈祖的赐封达20多次，赐封与庇护海漕、保护下西洋官军、击败明郑水师、收复水师、保护册封使节、保护海堤等事件直接相关。

除了国家层面的推动力量外，妈祖信仰的传播还与闽省经由航海的商人活动密切相关。福建一地的厦门、漳州、泉州、福州均是历史上重要的外贸港口。闽商的航海活动北抵中国东北、朝鲜半岛、日本列岛，南至东南亚各国。闽商所到之地，往往是妈祖信仰移植之地。妈祖信仰先是传播到东亚、东南亚地区，如日本、韩国、新加坡、越南、马来西亚、菲律宾、印度尼西亚等地，后传至法国、美国、丹麦、加拿大等国家和地区，信众达2亿多人。湄洲妈祖庙是全世界2000多座妈祖庙（宫）的祖庙。作为妈祖信仰

第五章 海国世界

重要载体的妈祖庙及会馆,在越南有 10 多处,在马来西亚有 50 多处,在日本有 100 多处,新加坡也有 50 多处,印度尼西亚有 40 多处,菲律宾有 100 多处。东南亚地区的妈祖信仰多半是主要是由于历代闽粤籍华商赴该地经商、务工、移民过程中扩散传播的。当然,明初郑和七下西洋的航海壮举从一定程度上亦推动了妈祖信仰在该区域的生根传播。

图 5-13(1) 淡水福佑宫　　图 5-13(2) 淡水福佑宫

由闽商在世界各处建立的会馆、公所等同业、同籍组织中,妈祖信仰是其重要的精神维系纽带。通过不断的移植、调适、本土化,加之在侨居地进行建筑庙宇、会馆,定期不定期地开展各类祭祀活动,不断构筑海内外华人华侨的共同身份认同。这种身份认同经由上述活动的开展不断得到强化和巩固,也逐渐演化成中华文化在海外表现的重要组成部分。由此,在港、澳、台、东南亚乃至世界各地的华人聚居区,妈祖信仰对于提升民族凝聚力和向心力的功能得以彰显。妈祖文化也成为世界华人华侨与中华民族的精神纽带,对增进海外华人华侨的民族认同和中华文化认同具有重要现实意义。

（二）妈祖信仰与文化遗产

历史上，妈祖信仰的传统，伴随其灵验事件及各类传说持续延绵。这类传说经过口耳相传、绘制圣迹图像、祭祀仪式等形式流传、强化，形成了妈祖信仰传说的故事原型。这些传说主要包括：

1. 窥井得符：妈祖16岁时，曾与一群伙伴出外游玩，照井水梳妆时，突有神人从井中捧着一双铜符，涌井而出。神人将铜符授给妈祖后即消失踪迹。妈祖接受神人所授铜符后，有了神奇的法力，腾云驾雾，通灵变化。经常腾云渡海，拯救危难。

2. 救父寻兄：妈祖16岁时，其父兄驾舟出洋，遭遇险风恶浪，情势危急。当时妈祖正在家中纺织，忽然伏在织布机上入睡，脸色突变。其母见状唤醒她后，妈祖受惊，遂将梭子失手落地。妈祖哭啼道："父亲得救，哥哥亡命。"不久有人报信，确实如妈祖所言。

3. 挂席泛槎：一日，海上起风浪，妈祖要渡海。岸边有船，但没有船桨，亦没有船篷，船工不敢开船。妈祖对船工说："你只管开船。"她叫人将草席挂在桅杆上当作船帆。后挂着草席的船舶，平安抵达目的地。

4. 救舟护使：北宋宣和四年（1122年），给事中路允迪率领船，经由海路出使高丽，在东海洋面遇到飓风骇浪，八艘使船沉没了七艘。路允迪所乘使船岌岌可危，随时面临沉没的危险。此刻他向天祷告，忽然船的桅杆处出现红光，有神女一袭朱衣端坐桅杆处，风浪俄顷平静，使船转危为安。船上莆田籍随从告诉路允迪，此神女乃湄洲妈祖。出使返朝后，路氏奏请朝廷妈祖救船护使的圣迹，朝廷遂赐妈祖"顺济"牌匾。

5. 助剿海寇：宋淳熙十年（1183年），福建都巡检姜特立奉旨征剿温州、台州等地的海寇，开战前官兵向妈祖祈求保佑。交战时，官兵隐约看到妈祖在云端助战。最后，官兵一鼓作气，擒获寇首。

6. 庇护漕船：元朝至元元年（1330年），朝廷海运漕粮的船只在海道上遭遇飓风，船只几近倾覆，船工在船头向天后祈祷平安。至晚间，忽有灯笼从天空飘降，漕船被照得通亮，后海水安澜，船舶得救。

7. 佑护郑和：郑和率船队出使西洋，因历次"言神多感应"，行前沿途要祭祀天妃，平安归来后要酬谢天妃。为答谢天妃的佑护之功，郑和或勒碑石以颂扬，或新建（重建、修葺）天妃宫，遣人或亲自到湄洲岛致祭天妃。

8. 澎湖助战：清康熙二十二年（1683年）六月，施琅第二次帅官兵攻打澎湖。官兵感到天妃在暗中助战，个个英勇上阵。千总刘春梦见天妃告之军队二十一日必克澎湖，七月必克台湾。后来清军攻占澎湖七昼夜，最终统一了台湾。

9. 甘泉济师：清康熙二十一年（1682年）十月，清朝水师提督施琅奉旨驻扎莆田平海。时适值平海天旱，军队供水紧张。施琅命令挖掘平海天后宫旁的一口枯井，并向妈祖祈祷。挖掘清理后，该井涌出甘泉，源源不断，缓解了军中用水之急。

妈祖信仰经过不断地传播，逐渐由莆田、福建、全国沿海、沿江乃至内地及世界上诸多地方。历经1000多年的分灵传播，妈祖信仰的功能越来越丰富，从最初的航海保护神，逐渐演化除送子、

图 5-14　宁波天后宫

保育、兴云布雨、助战等无所不能的万能神,并积极与本土信仰融合,以契合传入地信众的需求。这种转型和调适,是妈祖信仰走出福建一地,向全国及世界其他地区扩展传播的重要路径。在传播的过程中,它给人类留下了丰赡的航海文化遗产,其中既包括物质文化遗产,如各类宫殿建筑、碑刻、绘画等,也涵盖各类非物质文化遗产,如各类妈祖祭祀仪式等。这些文化遗产成为历史学、考古学、美术学、民俗学、宗教学、社会学、航海学等多学科研究的重要对象。

2004 年在湄洲岛妈祖祖庙,国家批准成立了首个全球性的妈祖文化社团"中华妈祖文化交流协会"。祖庙的"妈祖祭祀大典"被列入中国首批非物质文化遗产名录。2009 年"妈祖信俗"被联合国教科文组织列入人类非物质文化遗产名录,成为人类共同的精神财富。2016 年,在十二届全国人大四次会议上通过的《中华人民共和国国民经济和社会发展第十三个五年规划纲要》中指出:"在推进'一带一路建设'中要发挥妈祖文化等民间文化的积极作用"。妈祖文化作为中国航海文化的重要组成部分,在"一带一路"发展倡议中,必将发挥出其独特的纽带作用。

四、东西互鉴

(一) 明代以前的中西交流

东西方文明的交往源远流长,最早可追溯至汉朝时期张骞出使西域。西人东来则始于汉桓帝年间(166年)大秦王遣使至中国。中国的《汉书·地理志》中就载有非洲的记录。公元8世纪,中国唐朝的杜环曾到过摩洛哥,并著有《经行记》。而元代中国的航海家汪大渊和摩洛哥的大旅行家伊本·白图泰几乎同期"互访"。诸多阿拉伯典籍也多有与中国相关的记录,如《道里邦国志》《中国印度见闻录》《苏莱曼游记》等等。

及至元代,蒙古的西征和东西交通的畅通,加速了欧亚非各民族间的交流和融合。波斯、叙利亚、阿拉伯、欧洲各国人士侨居中国,而汉人及蒙古人也有移民到阿拉伯区域,这些人员的流通,或经由海路,或经由陆路,有力地推动了中西文化的交流和互鉴。

1. 马可·波罗与中国

忽必烈定都大都(现北京)后,大都内汇聚来自欧亚各地的官吏、传教士、天文学家、建筑师、医生、乐师等各色人等。他们当中的部分人回国后写有行纪。影响最大的无疑是《马可·波罗行纪》。

马可·波罗(1254~1324年)出生于威尼斯一个商人家庭。1271年11月,17岁的马可·波罗跟随父亲、叔叔踏上了前往东方的旅程。他们经地中海东岸、两河流域、伊朗、巴达克山、和阗、

图5-15 《马可波罗行纪》书影

黑城，于1275年5月到达元上都（现内蒙古锡林郭勒盟正蓝旗），后到达元大都（北京）。在元上都，马可·波罗一行受到了大汗忽必烈的接见。马可·波罗聪敏好学，很快学会了蒙古语、骑射等，深得忽必烈的信任，在元朝居住17年。他在中国期间曾远至东南的云南、四川西部，并乘船沿大运河，经淮安、宝应、高邮、泰州、扬州、南京、瓜洲、镇江、苏州等地，并到过福州、泉州等地。1291年初，马可·波罗跟随阔阔真下嫁伊利汗国阿鲁浑的使团，从泉州经海道到霍尔木兹，然后返回威尼斯。1295年，他回到故乡威尼斯。在1296年威尼斯与热那亚的一次海上战斗中，马可·波罗被俘，被囚禁在监狱里。在狱中他口述了其在中国和东方诸国的见闻，由狱中友人笔录，撰成著名的《马可·波罗行纪》。

《马可·波罗行纪》主要记述他本人在中国的旅行纪实，兼及途中的西亚、中亚、东南亚等国家和地区的情况。他向欧洲介绍了中国的政事、战争、宫廷秘闻、驿政、钞法、印刷、航海、造船等，记述了元大都的经济、文化和社会生活，特别是对中国古代城市和商埠，诸如西安、开封、南京、镇江、扬州、苏州、杭州、福州、泉州

图5-16 马可波罗纪念币

等地的繁盛景象进行了详细描述。《马可·波罗行纪》问世后，极大地丰富欧洲人对东方世界特别是中国的认知，引发了欧洲人对富庶繁盛的东方世界的向往，对后来15世纪大航海时代的航海家们产生了重要的刺激和影响。推动他们经海路来东方世界从事探险活动，并开辟新航路，发现"新世界"。

2. 伊本·白图泰东行

在马可·波罗去世20年后，出现了另一位伟大的旅行家伊本·白图泰。伊本·白图泰（1304～1378年），出生于摩洛哥北部位于直布罗陀海峡南岸的丹吉尔。他的家庭是一个伊斯兰教法学世家，自小就受到较好的教育，精通《古兰经》，谙熟伊斯兰教法学，并精通柏柏尔语、突厥语、阿拉伯语、波斯语、印地语等多种语言，这为他日后游历欧亚非各大洲提供了条件。

公元1325年6月（元泰定二年五月），22岁的伊本·白图泰开始了自己的东方游历。当时出行的交通条件极为不便，伊本·白图泰凭借自己的双脚以及骆驼、马车及帆船等工具，用近30年的时间，完成了遍历亚、非、欧30多个国家和地区的伟大壮举。他一生共经历了四次大的游历，分别是西亚北非游历、远东中国的游历、安达卢西亚游历、黑非洲游历等。他一生多次出入麦加、开罗，长期侨居印度德里和马尔代夫。

伊本·白图泰当时作为印度德里素丹的钦差，经由海路来到中国。他在中国三次经过刺桐城（泉州），南下穗城（广州）及行在（杭州），记述了中国各地的山川地理、物产风貌、动植物资源、建筑、陶瓷、丝绸等等，并对中国的丰富物产、社会制度、驿站制度、交通设施、民居特色、风俗习惯、城市建筑及宗教等作了详细记载。

在历经30年的游历之后，伊本·白图泰回到祖国，晋见了艾布·阿南素丹，并向素丹汇报了其游历所见所闻。素丹对其所讲一切见闻均甚感兴趣，便命令自己的秘书将其见闻辑录成《伊本·白图泰游记》一书，并于1355年定稿。全书记录了他30年旅行生涯积累的世界各地的见闻。该书以大量翔实的亲闻亲历资料，介绍了当时亚、非、欧各国的经济社会状况。有些资料补充了世界史的不足或缺失。该书也是阿拉伯世界及欧洲人了解世界各地，尤其是中国的重要史料，长期为相关研究者所重视和引用。伊本·白图泰经由海上丝绸之路，将中国介绍给世界，为促进世界文明之间的对话、传播与交流做出了贡献。

（二）明清西学东来

15世纪末，伴随新航路开辟、西方国家海上力量兴盛，欧洲殖民势力向东方拓展。1498年，葡萄牙人绕过好望角进入印度洋，相继到达印度西海岸的贸易重镇果阿、东西洋交通咽喉马六甲以及香料群岛，从1524年起在中国东南沿海进行走私贸易。伴随葡萄牙、西班牙海外探险及殖民开拓，也为天主教向新航路所抵达的地方开辟了新的传教空间。政治、经济势力与宗教传播同步东渐。出于对海外贸易市场、原材料供应地以及海外宗教王国的渴望，西人在对域外世界进行探索与认知方面体现出更强烈的主动性、明确的目的性。从文化史意义上，16至18世纪来华的欧洲耶稣传教士堪称这一时期中西互通的媒介。伴随西人东来，以西方科技为代表的西学传入中国。这种传播与耶稣会士利玛窦开创的"学术传教"密不可分。

1. 利玛窦学术传教

意大利人利玛窦（1552～1610年）是耶稣会在华传教事业的奠基者，为明末清初中西文化交流开创了新局面。1578年9月，利玛窦从欧洲到达印度果阿，1582年在澳门学习中文，1583年北上广州，9月到肇庆。利玛窦在肇庆传教的同时积极与地方官员、文人交往，介绍西方的天文、算学、理化知识，并将自鸣钟、地图、天象仪等西方器物陈列供人参观。1589年，利玛窦到韶州，边学习儒家学说，边宣传西方科技文化。居韶期间，结识苏州的瞿太素。利玛窦听从瞿氏劝告，由西僧打扮改穿儒服。1595年，利玛窦到南京，因正值朝鲜壬辰战争期间，地方官员对私通外国很敏感，利玛窦遭到驱逐，只得转回南昌。在临江府与建安王结交，谈论西方交友之道，整理成《与建安王论友》(即《交友论》)，献给建安王，利玛窦因此声名鹊起。

1598年王忠铭出任南京礼部尚书，将赴北京，利玛窦随他9月抵北京。时值日本侵略朝鲜战争爆发，利氏无法晋谒明神宗，后南下，到苏州寻找瞿太素。1600年5月，利玛窦再次启程北上，1601年1月底抵达北京，见到明神宗，并进赠礼物，上奏疏。

利玛窦传教，注意适应中国习俗，在西学中国化方面做了很多的努力。初到广东，他以僧自称，后又称儒，习儒服，主动学习中国文字、阅读中国典籍。注重引用中国儒家思想论证基督教义。利玛窦所著的《天主实义》《畸人十篇》等书，均从诠释儒家学说来达到他反对佛教、排斥空疏的宋儒理学的目的。1593～1596年利玛窦写成《天主实义》二卷，抄本风行，传诵一时。该书是利玛窦宣扬天主教，融合儒家与天主教义的重要著作。徐光启获得该书后，决意受洗。湖广监察御史冯应京，在狱中获得此书后，便成了天主教教徒。

在北京，利玛窦继续宣扬几何、算学、天文、历法、地理、测量等西方科学，以博取那些主张实学、反对空谈的官绅信赖与合作。利玛窦在绘译《坤舆万国全图》时，考虑到"华夷观"影响至深的中国人心理需求，对西人地图作了改动。他将地图上的本初子午线位置移动，使中国居于全图中央位置，一方面满足传统士人的自大心理，又向中国人展示了世界图景，认识了中国之外的洲际。利玛窦以传教为目的，客观上开启了近世中西文化交流进程，以他为代表的西学东渐在明清中西交流诸多领域都留下了重要成果。

2. 西学成果

天文历法。明朝采用大统历，至万历年间，因日食观测误差问题，有识之士请求改历。崇祯二年（1629年），朝廷命徐光启、李之藻，传教士龙华民、邓玉函负责其事。后期汤若望等也参与其中。1634年，修成《崇祯历书》。该书主要采用了丹麦天文学家第谷的宇宙体系，折中了托勒密的地心说和哥白尼的日心说，但是仍然以地球为中心，并认为地球是静止的，它是宇宙的中心，月亮、太阳及恒星绕地球旋转，五大行星则绕太阳运行。书中介绍了哥白尼、伽利略、开普勒等人的某些天文科技成果。传教士之所以采用第谷的宇宙体系，是因为当时日心说不及第谷地心体系观测精读高。天象观测是编制历法的基础。第谷的地心体系能更精确地预测日食、月食天文现象，符合当时明朝改历的需求。该历法共137卷，修订完毕后，未及颁行，明朝覆亡。入清之后，重新刊刻，改名为《西洋新法历书》。汤若望依据该历法制订了《时宪历》，西洋历法代替大统历，成为清朝的正统历法。后来，南怀仁等根据汤若望编译的历书，编成《康熙永年历法》32 卷，清朝由此通行西历。1690～1721 年间，在康熙帝的主持下，修撰了《律历渊源》，该书包含《数理精蕴》《律吕正义》《历象考成》三部分内容，融第谷地心体系与中国传统天文历法于一体。

西方数学。明代是传统数学知识方面处于式微的时期。汉唐的《算经十书》及宋元算书在当时已经成为绝学。此期在传统数学方面少有创新。自利玛窦把大量西方的数学知识传入中国。他和徐光启合作翻译了《几何原本》前六卷，和李之藻合作翻译了《同文算指》。西方数学经典著作《几何原本》，由古希腊数学家欧几里德著述，对西方科学发展起到过深远影响。经利玛窦传入中国后，对中国人了解和研究欧洲天文学、数学基础几何学，起到了一定的作用。双方在编译科学著作的过程中，交流中西学术成就，并形成了中西结合的翻译方式。利氏生平学术著作丰富，除《几何原本》《同文算指》外，还有《测量法义》一卷、《圜容较义》一卷、《乾坤体义》二卷、《西字奇迹》一卷及《坤舆万国全图》等。迨至清代，又有部分的西方数学知识经由法国传教士传入中国。作为《律历渊》重要组成部分的《数理精蕴》，该书系统概述了 17 世纪后传入的西方几何学、三角学、代数以及算术等数学知识，是西洋数学传入中国后的集成作品，直接推动了乾、嘉时期数学研习的热潮的到来。

地理学。伴随大航海时代的到来，西方传教士也给中国带来了西方地理知识。除了利玛窦绘制的《坤舆万国全图》之外，在华耶稣会士艾儒略、毕方济、南怀仁、蒋友仁等人也绘有世界地图。艾儒略和杨廷筠合编的《职方外纪》介绍了五大洲的风土、民情、气候、名胜等。这些世界地图及地理专书的绘制、出版及传播，对中国传统的"天圆地方""中国居中"等观念造成了重大冲击。

在吸纳西方地理测绘知识的基础上，康熙和乾隆年间先后举办过两次大规模的地图测绘工程。第一次是1707年12月开始，1718年完成，前后耗时10年之久，全程在康熙帝的亲自主持下进行。此次测绘引用了西方球形大地观念，使用了三角测量和地图投影方法，摒弃了传统的"计里画方"的制图方法。期间，派遣大批满汉官员及传教士到全国各地进行实地测绘。参与此次测量的传教士有法国人白晋、雷孝思、杜德美，日耳曼人费隐、葡萄牙人麦大成、法国人遥瞻、汤尚贤等。最后，关内十五省及关外满、蒙、朝鲜都测绘成图，总图三十二幅，合称《皇舆全览图》(又称《皇舆全图》《大内舆图》)。这是当时世界工程量最大的地图测绘活动。另外一次是乾隆皇帝命刘统勋、何国宗，由葡萄牙传教士傅作霖、高慎思协助，随军之新疆伊利等地勘测活动。何国宗负责测量天山以北，明安图（蒙古族）负责天山以南。最后由传教士蒋友仁在《皇舆全览图》的基础上，添入何国宗、明安图等人所绘的新疆、西藏地图及法国传教士宋君荣搜集的俄、蒙图籍，总编成《乾隆内府地图》(又称《乾隆内府铜版地图》《乾隆十三排地图》)。该图比康熙《皇舆全览图》在西部有大部增加。西至西经九十多度，北至北纬八十度。北抵北冰洋，南至印度洋，西至波罗的海、地中海、红海。

医学和生物学。西方的现代医学自16世纪传入中国。初期，

第五章　海国世界

医学的传入是理论先行，医学实践随后。医学理论传入，往往作为传教士传教的附属与注解。如利玛窦的《西国记法》、傅汎际的《名理探》、艾儒略的《性学粗述》、毕方济的《灵言蠡勺》、高一志的《修身西学》、汤若望的《主制群征》、龙华民的《灵魂道体说》等等。前三者将西方脑神经学译介到中国，从根本上确立了中国人原本的"心为虑本"的观念，宣扬了"脑为神本"的近代医学观念。而由邓玉函撰、毕拱臣译的《泰西人身说概》则是最早传入中国的解剖生理学著作，同时该书也是最早讲解西药制造技术的专书。汤若望的《主制群征》介绍了建立在17世纪西方人体解剖学新发现基础上的血液循环理论。明清之际传教士向中国进行医学知识的译介，一定程度上影响了中国的传统医学的发展。康熙年间，医学家王宏翰所著的《西学原始》，是中国最早一本中西医结合的医学著作，广泛汲取西欧的医学理论和西药治疗方法。乾隆年间，药物学家赵学敏所著的《本草纲目拾遗》，在明代李时珍《本草纲目》的基础上，添补数十种西方药物。

生物学。欧洲生物学传入中国最初见于《无极天主正教真实录》。该书1593年原刊于马尼拉。原文是西班牙文，原书名称是《自然法的修正和改进》，将天主教义与地理知识、动植物知识等结合进行介绍。意大利人利类思曾将阿尔特劳瓦地的博物学百科全书中的狮子、鹰等动物译成中文。同时，传教士对中国的植物研究也取得一定成绩。巴多明、汤执中、卜弥格等通过采集中国的植物标本，并进行分类，与欧洲研究同行进行交流。

明清之际的耶稣会士编译的西学著作中，还传入了以亚里士多德学说为基础的自然哲学，内容以宇宙论和自然知识为主。利玛窦的《乾坤体义》、熊三拔的《表度说》、阳玛诺的《天问略》、傅凡际和李之藻合著的《寰有诠》,依据天文学的知识,对宇宙的结构和天体运行规律做了诠释。此外,龙华民的《地震解》、高一志的《空际格致》、熊三拔的《泰西水法》等书,主要介绍自然科学知识。

与中国明清之际同一时期的日本,通过荷兰人或荷兰语移植,研究西洋学术(日本此期处于锁国时代),并逐渐形成日本"兰学"。它也涵盖了在中国进行传教的西方天主教传教士编著并传到日本的汉文西洋著作。兰学内容包括医学、天文学、历法学、地理学、物理学、航海学、化学、炮术学等。兰学的出现及传播为明治维新初期日本吸纳西方文明奠定了思想基础。

器物层面,传教士带来了先进的科学器物、科学仪器。他们将自鸣钟、世界地图贡献给地方官员及朝廷,引起地方官员和皇帝的兴致。这一时期,望远镜、显微镜、圆规、天体仪、三棱镜、沙漏、日晷、温度计、气压计、赤道经纬仪、黄道经纬仪、象限仪等科学仪器经传教士相继传入中国,它们或由传教士从西方直接携来,或由传教士在中国制造,或由中国人仿制。这些器物的出现,使当时的中国人直接接触了西方现代科学成果,开阔了时人的视野,改变了部分中国人的观念。

除上述文化交流外,西洋建筑在中国陆续出现,最为典型就是各地兴建的教堂。澳门一地是明清西方传教士在远东传教的重要基地,建有多处教堂。此外,南京、北京、广州、扬州等地均有教堂的设置。最为著名的西式建筑,无疑是圆明园中的长春园。长春园于乾隆十二年(1747年)由意大利人郎世宁设计,法国人巴德尼、蒋友仁协助建造。这座欧式宫殿集意大利和法国巴洛克建筑风格于一体，是清代由西方传教士修建的最集中和宏大的建筑群。

（三）欧洲中国风尚

这一时期中国文化的西传亦是经由传教士进行。传教士在中国传教首先要了解中国的社会、文化。中国传统儒家经典四书五经是他们自身研究和向西方译介的首选。多明我会会士高毋羡曾将中文典籍《明心宝鉴》（训诲幼童的格言），在菲律宾翻译成西班牙文。1578年，罗明坚在肇庆将《孟子》全书和《大学》的部分章节翻译成拉丁文。1593年，利玛窦将四书译成拉丁文后，寄往意大利。1626年，比利时人金尼阁将五经译成拉丁文，在杭州印行。四书的完整译本出自比利时人卫方济之手。他在1711年在布拉格出版了四书译本和《中国哲学》，系统介绍了中国的儒家经典，是当时最完整的儒家经典西译本。

康熙、乾隆年间，先后有白晋、刘应、马若瑟、孙璋、宋君荣、钱德明等传教士对《易经》《尚书》《礼记》《诗经》等中国古籍进行研究、译介、出版。同时，他们亦将大量中国的原版书籍带回欧洲。这主要表现在康熙年间来华的一批法国耶稣会士，如张诚、白晋等。

中西文化的交流是双向的，文化的影响也是相互的。18世纪，欧洲正处在思想启蒙运动时期，孟德斯鸠、伏尔泰、魁奈、霍尔巴赫等法国的百科全书派成员，通过来华耶稣会士的译介和宣传，对中国的文化、历史、社会制度等做过深入研究。中国传统的经典文化对他们各自启蒙学说的创立影响深远，而宋儒理学经由传教士的西传后对德国莱布尼茨的古典思辨哲学的创立亦产生了重要影响。中国的传统文化，经由传教士"西渡"，在西方知识界引起了研究热潮，成为欧洲启蒙运动者的思想来源之一。加之此期充满东方风韵的中国瓷器、丝绸等商品行销海外，特别是以青花瓷为代表的瓷器对欧洲人生活、审美与装饰工艺产生了深刻影响，引发了西方世界的中国风尚。博大精深的中国文化，灵动曼妙的中国器物，经由大航海时代东西方的互动交汇，在世界文明史上留下了隽永记忆。

图片来源：

图 5-2　［日］圆仁著：《入唐求法巡礼行记》，广西师范大学出版社，2007 年。
图 5-6　摄于 2014 年 10 月 17 日。
图 5-7　摄于 2014 年 10 月 17 日。
图 5-8　摄于 2014 年 10 月 17 日。
图 5-9　根据中国航海博物馆藏品复制件拍摄。
图 5-10　摄于 2017 年 11 月 4 日。
图 5-11　摄于 2014 年 6 月 18 日。
图 5-12　摄于 2014 年 6 月 18 日。
图 5-13（1）　摄于 2017 年 11 月 5 日。
图 5-13（2）　摄于 2017 年 11 月 5 日。
图 5-14　摄于 2017 年 7 月 10 日。

海帆远影

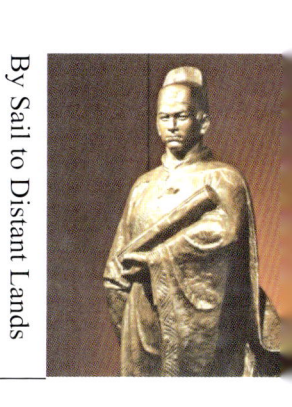

第六章　航海名家

By Sail to Distant Lands

我国位于太平洋西岸，漫长的海岸线自北向南蜿蜒迤逦，辖域内渤海、黄海、东海、南海四海相连，众多岛屿星罗棋布。历史上，中国沿海地区的人们以海洋为背景，在政治、经济、军事、文化等方面展开了实践。在数千年的海上活动中，涌现出一些著名的航海人物。他们有的是受官方派遣的使节，有的是弘法求知的高僧，有的是蹈海求利的海商，有的是探胜猎奇的文人行者，还有不畏强敌的水师将领。这些海上人物灿若明星，既是中国古代航海事业的创造者，也是航海精神的诠释者，在时空版图上连缀起中国古代航海的壮丽篇章。

一、秦汉时期

徐福

自战国晚期至秦朝，在我国山东沿海地区出现了一些勇于探险的海上方士。徐福即为其中重要的一位代表。

徐福，古称徐市（市即巿，音同福），大约出生于公元前255年，齐国方士。方士是中国古代从事医术、占卜、星相等职业的人，他们中许多人自称能炼丹访仙、长生不老。由于行业特性，方士对流传民间的各类知识都有所涉猎，特别是对医学算术、炼丹术、占星术、航海术等比较熟悉。加之齐地濒海，当地人士素有航海传统。扑朔迷离的海洋、传说中的海市蜃楼，与方士追求形解销化的仙道境界颇为契合。驾船远航、入海求仙也是方士实现仙道思想的依托。

公元前221年，秦始皇统一中国后，实施了苛政苦役，给老百姓带来沉重负荷。现实中的战乱、兵祸与暴政，更加唤起沿海居民们的彼岸情结，加剧了他们对海外乐土的向往。而作为一国统治者，秦始皇希望自己能长生不老，永久掌控权力。在这样的背景下，出现了徐福东渡。

司马迁所著《史记》，出现了徐福两次航海东渡的记载。第一次是在始皇二十八年（公元前219年）。当时正值秦始皇首次巡海，东行郡县、南登琅邪。徐福借助秦始皇希冀长生不老的心理，向秦始皇描述了海外神仙世界，称"海中有神山，名曰蓬莱、方丈、瀛洲，仙人居之"，并以向仙人求神药为名，提出入海请求。受命后，徐福率领童男女数千人入海远航。

第二次东渡是在始皇三十七年（公元前210年）。时隔九年，秦始皇再次巡海至琅邪，会见徐福。徐福担

图6-1 徐福像
（中国航海博物馆藏）

心自己入海多年花费巨多,却没求到仙药有欺君之罪,就编出了"蓬莱药可得,然常为大鲛鱼所苦"一辞,并请求善射者同行。秦始皇同意徐福的请求,并亲自同徐福乘船自琅邪北上,经荣成山,到达芝罘。其间,秦始皇射杀了一条巨鱼,然后并海西行,徐福则沿着既定航线继续东渡。另有根据《史记·淮南衡山列传》中伍被的转述,徐福第一次出海返航后自称已经到了神山蓬莱,但由于仙人嫌秦始皇礼品少而没得到仙药。后向神仙询问求药代价,海神回答需要派遣众多的童男女与百工(即手工业者)。秦始皇欣然应允。于是,徐福再次率领船队入海,载童男童女三千人,同行者还有百工,并随船载去五谷,最终"得平原广泽,止王不来"。

对于徐福去向的终点"平原广泽",史料并无具体解释。学者们通过史料考证,并结合当时海洋地理等因素,认为徐福很有可能到达了日本。来自日本方面的文物、史迹以及文献记载也基本印证了徐福东渡日本的史实。比如,日本《和歌山县史迹名所志》中载

图 6-2 "徐福东渡"创作油画(中国航海博物馆藏)

着新宫町徐福之墓、墓碑等信息,而墓碑前的木牌上也刻录着徐福率童南女、携五谷百工东渡日本的故事。遥远的古代,在人们对海洋的认识还非常有限、航海技术相对落后的条件下,徐福两次率领数千人船队入海,作沿岸逐岛航行,其规模与航程在世界航海史上实属罕有。

舟船从此逝,沧海寄余生。关于徐福东渡,虽然史书仅提供了只言片语,甚至不乏传奇色彩,却为中国航海留下了第一位有姓名见诸史册的航海家。追溯早期中国人的航海,徐福堪称先驱。

二、三国至隋唐时期

（一）孙恩、卢循

在中国古代史上,不满当权者腐败统治、利用海洋作为战场向统治者发起的武装冲击始自东晋末年孙恩、卢循领导的海上起义。

孙恩,东晋琅邪人,五斗米道教主孙泰的侄子。五斗米道即天师道,早期道教的重要流派,自东汉以来在民间影响深广。孙泰在五斗米信道信众中颇有威信。当权者司马道子与元显见孙泰私招义兵,恐其作乱,杀害了孙泰父子七人。孙恩从残酷的家族诛杀中幸免于难,逃命至舟山群岛。

利用孙泰五斗米道在民间的影响,孙恩在海上聚众兵力百余人。之后几年间,兵力壮大,发展成数十万人的起义军。自隆安三年（399年）至元兴元年（402年）,孙恩以舟山海岛为根据地,多次率领水军渡海登陆,与晋军展开激烈斗争,向以门阀制度为核心的东晋王朝发起了猛烈的攻击。

朝廷大为震惊，派遣各路将军统领各路兵马对孙恩进行攻剿，同时命令吴国内史袁山松筑沪渎垒，加大沿海防御，朝廷海陆军事力量重重压境。隆安五年（401年），孙恩率兵攻浃口，打败高雅之兵队，遭到刘牢之攻击。退回海岛后，孙恩在很短的时间内出其不意，率兵直接攻击长江口门户沪渎，杀了内史，歼灭官兵4000人。然后立刻率军十万，分乘千余艘战船，溯长江而上。船队浩浩荡荡，军容颇盛，淹至京口（今镇江），直逼东晋京都建康。朝廷急忙调兵遣将，调各路将军保卫都城。孙恩本打算在晋军集合前攻袭建康，但由于楼船遇到逆风恶浪，船速缓慢，未能完成计划。情急之下，孙恩挥师攻广陵（今扬州），接着浮海北上郁州（今江苏灌云），在郁州海面上与晋军水师展开了激烈的海战，一举攻克了郁州海岛。朝廷以刘裕为建武将军、下邳太守，专征孙恩。几经激战，孙恩败退。元兴元年（402年），孙恩率军攻临海，与太守辛景交战连接挫败，加之起义军因饥饿、疾病死亡过半，几十万起义军最后只剩下数千人。孙恩不愿为官军所俘，赴海自沉，结束了悲壮的一生。

孙恩死后，其部众推选孙恩的妹夫卢循领导余众，继续进行反晋海上武装起义。卢循，字于先，小名元龙，是范阳世族司空从事卢湛的曾孙，曾长期追随孙恩转战于东吴海上，是起义军中的得力谋士。卢循临危受命，为保存实力、从长计议，他接受了东晋招抚，于元兴二年（403年）出任永嘉（温州）太守。

虽受命，卢循仍然坚持斗争，遭到刘裕发兵进攻。卢循采用南下策略，从永嘉进入晋安，在晋安休整船队，于第二年率军浮海番禺，从海上进攻了广州。此后五年，卢循以南海都会广州为据点，建立政权，在广州兴建城池，伐木造船、操练水军，为日后举兵起义储备实力。义熙五年（409年），趁东晋兵力空虚，卢循与其姐夫徐道复兵分两路趁势举事：卢循率水军由广州北经湘水流域攻长沙等湘中诸郡，打败刘裕弟刘道规官兵，占领巴陵；徐道复则沿赣江抵豫章，大败官兵，击杀何无忌。其后，卢循与徐道复会师巴陵，合力击败了大将军刘毅。此时起义军军威大振，"戎卒十万，舳舻千计"，大军直逼京都建康。东晋王朝连忙召回北伐大将军刘裕等各路将军联合征伐。但在关键时刻，由于起义军在战略上产生了分歧，犹豫踌躇之间为刘裕反攻赢得了时间。在与刘裕的作战中，起义军连连失利，被迫退回广州。这时，刘裕同派孙处与田沈子率领水师从海上攻打番禺，致使广州先期落入官兵之手。卢循决定军事转移，率领起义军北上广西，均遭官兵阻击。后挥师南下至合浦、交州。义熙七年，在交州作战时遭交州刺史杜慧度等官兵夹攻，兵败船焚，卢循投水而死。至此，东晋末年孙恩、卢循海上起

图 6-3 孙恩、卢循等东海枭雄石像

义告终。

孙恩、卢循领导的海上起义,时间跨度长达十二年,航行范围跨越东海南海两大海,从浙东洋面拓至晋安、番禺,转战陆地,深入内河,其远程航海与活动范围,堪称海道用兵之始。他们以海岛为基地,开辟了海洋战场,建立船队,打造舰船。其间,卢循根据作战需要发明建造了八槽舰。该战舰的特点是用 7 个水密舱壁将船体分成 8 个船舱,这是中国乃至世界见于记载的最早运用水密隔舱技术的船舶,对于中国造船发展具有里程碑意义。卢循部众在起义败亡后,散居闽、粤海间。他们世代生活在江海之间,以船为家,积极从事海上运输与贸易,为促进福建沿海地区的海上交通与贸易繁荣起到了推动作用。

(二)法显

法显,俗姓龚,东晋平阳谷阳(今山西临汾县)人,我国古代高僧,也是早期求学印度第一位取海道归国的僧人。据推考,法显大约生于东晋咸康八年(342年),卒于刘宋景平元年(423年)。法显幼时有三兄,但都不幸夭折。其父亲担心他亦遭遇不测,因此在他三岁时把他送到寺庙出家度为沙弥。法显从小聪慧过人,二十岁受大戒,得以更深入研习佛典。

西汉末年,佛教传入中国后主要

图 6-4 法显画像
(中国航海博物馆藏)

依赖西域以及印度的译经师来华传授。由于语言原因，外来僧侣传译的佛经往往弃文缺篇，中土的学佛者难以掌握佛经的全貌。面对当时佛教在中国盛行、信徒日众的趋势，法显深感仅凭外来僧侣翻译的佛经不利于弘法，于是决心亲自前往天竺求经，将佛典戒律引入本土。

隆安三年（399年），法显与惠景、道整、慧应等同行，前往天竺国求法。去时法显一行取道陆路，他们从长安出发，沿着河西走廊，度陇山（今甘肃省清水县东北），过流沙（今甘肃省敦煌西面大沙漠），越葱岭（今新疆西部及其南北两端附近山脉通称），一路跋山涉水，历经风霜，途经三十多国，终于到达天竺。在天竺，法显遍访各地，后来在恒河下游的佛教中心——摩羯提国首都巴连弗邑（今印度比哈尔邦之巴特那）停留了三年。在这里，法显学习梵语，阅读梵书，抄写经律，在阿育王塔南天王寺获得《萨婆多律》等珍贵经典。此时，与他同行的僧人有的客死他乡，有的执意留在天竺。唯法显不忘初衷，立志将学成归国。

自义熙三年（407年）起，法显从巴连弗邑搭乘船只，沿着恒河、印度半岛东海岸航行，先后到达瞻波大国（今印度比哈尔邦东部）、多摩梨帝国（今加尔各答西南）、师子国（今斯里兰卡）。所到之地多为古印度的港口城市，也是佛教中心。法显一路继续研习佛教，写经画像，寻山访寺。义熙五年（409年），在师子国的一座佛寺边，法显看到一把来自故乡晋地的白绢扇，禁不住潸然泪下。此时远离故国数载，一路辗转孤零。异国他乡遇故物，法显思乡心切，也更加坚定了归国意志。

两年后，义熙七年（411年）八月，当法显在师子国又求得

第六章　航海名家

《弥沙塞律》《长阿含》《杂阿含》等珍贵佛典后,决定启程回国。法显搭乘了一艘能装载二百多人的商船,自师子国出发,拟渡孟加拉湾。刚开始,船只借助信风,航行顺利。两天后,海上刮起了大风,船漏水入。商人打算启用备用的小船救急。然而船小人多,船主担心船只难以承载,要求搭客丢弃随身携带的粗货物以保全安全。法显也丢弃了瓶罐杂物,唯将经书与佛像保留。船在疾风骤浪中颠簸了十几天后,到达了一个小岛。潮退后,船主修补了漏船继续前行。海上航行,伴随着海贼、天气、暗礁等各种危险,搭客常常提心吊胆。如此艰难漂航了九十多天后,船只到达了位于苏门答腊岛东部的耶婆提。

耶婆提国佛教风气极盛,法显在此地又停留了五个多月,研习佛学。义熙八年(412年)四月,法显换船北航。这也是一艘可载二百多人的商船。按照既定航线,原计划五十天即可返回广州,不料最后这段航行更为艰险。一月之内,多次在晚上遭遇风暴,船上商贾人心惶惶。他们认为正是因为搭载了僧人才导致航程不幸,要将法显赶下船去。危难之时,幸亏得到一位施主的帮助,法显才得以继续随船而归。由于海上连续阴天,舵工们难以掌握方向,商船漂流了七十多天,此时船上粮食、饮水面临短缺。商船失去方向后,只能沿着西北航行,以期能泊岸。最终,当船只漂到人迹罕至的岸边,法显上岸询问得知已经到达青州长广郡(今山东即墨)。

历经数年的艰难航行,法显于义熙八年七月回到汉地。归国后,法显在传教译经之余,对其十多年的海外旅行进行整理记录,于义熙十二年(416年)完成撰写纪实性名著《法显传》(又称《佛国记》《佛游天竺记》等)。这是我国历史上第一步关于远洋航行的纪实性文献，内容涉及公元 5 世纪中亚、印度、南洋地区的地理交通、宗教文化、物产风俗以及中国古代航海等方面。方豪先生评价法显在古代中外交流史中的功绩，不仅在于译经弘法促进佛教交流，更重要的是"其所记旅程虽仅九千五百余言，然精确简明，尤为今日研究中西交通史及中亚中古史地者必需之参考资料"。

自隆安三年，法显以近花甲之年出行西域，历访三十余国，前后凡十三年。其间，法显跋山涉水、乘危履险，经历了世人难以想象的艰辛。在漫长艰险的海上航程中，法显矢志不渝、舍身忘我的精神，诠释了高僧修行的真谛，也谱写了海上勇士的壮歌。

（三）鉴真

鉴真（688～763 年），俗姓淳于，扬州江阳（今江苏扬州）人。14 岁时入扬州大云寺当和尚，师从智满禅师。后外出游历求学，在洛阳、长安两京，潜心钻研佛教经义，学问精进。开元元年（713 年），26 岁的鉴真成为授戒大师。他在扬州大明寺宣讲戒律、广收弟子，组织僧人抄写经书，并设计建造寺院，在中国以及日本佛学领域德高望重，声名远扬。

唐天宝元年（742 年）冬天，随遣唐使来华的日本留学僧荣睿、普照受日本天皇委托，来到扬州大明寺拜谒鉴真，邀请他前往日本传法授戒。当时，鉴真环视寺内众僧，

图 6-5　鉴真塑像

第六章　航海名家

问及谁愿同行。众僧都陷入沉默。后有一僧说出"沧海渺漫,生命难存"的顾虑,鉴真有力地回答,"为法事也,何惜身命",毅然接受了日本僧人的邀请。

自天宝二年(743年)起,鉴真与弟子们开始踏上东渡日本的漫漫征程。

在唐朝,僧人私自渡海不仅得不到官府支持,而且触犯刑律。因此东渡日本所需的各种准备,是由鉴真组织弟子们私下进行。第一次东渡时,由于僧侣之间产生矛盾,如海和尚被道航视为晚辈而不能同行,因此他将鉴真等备船入海一事密告官府。结果,日本僧侣被诬告为海贼而遭捕,船只充公,出航未发而终。

后来日本僧人被释放,鉴真东渡决心不移。他亲自出钱购船,并招雇船工,筹措准备。天宝二年十二月第二次东渡。此次自扬州出海,沿长江东下。当船抵达长江口狼沟浦时遭遇狂风恶浪。船只受损后,众人暂避浅滩,不料又逢潮水逆袭。其时隆冬腊月,寒水刺骨、艰难困苦可想而知。东渡不成只能返回,待修补船只后再寻时机。

第三次东渡,还是从扬州出发,取道大坂山(今浙江大盘山)。不料大盘山没有靠泊之地,转驶下屿山,航至乘名山(位于今浙江舟山岛北)时再次遭遇恶劣风暴,趋岸避险时又撞上暗礁。船损粮尽,人沉大海,幸亏获得渔民救助。鉴真后来被明州(今宁波)官员软禁于阿育王寺中。

鉴真在阿育王寺,受到邀请去各地讲学。在巡回传授戒律的同时,鉴真又暗暗地筹措第四次东渡事宜。为了避开官府耳目,鉴真再次改变出海路线,选择在远离江浙海域的福州登船,并派人做好准备。鉴真在扬州的弟子灵佑，因不忍心师父冒死渡海，联合各寺庙众牒告知官府，结果鉴真一行又被护送回扬州。

最为惊险的是第五次东渡。唐天宝七载（748年），鉴真等人自扬州三叉河口登舟起航。这次船只经受住了长江狼山附近的风浪考验，终于冲出长江口。在越州（今浙江绍兴）停留了一个多月，等到顺风后驶入舟山群岛一带。后来不幸又遭遇风暴。风暴持续不停，船只在海上时高时低，仿佛无根蓬叶，在风波的漩涡中打转、漂荡。僧人们开始抛弃行李以减轻船重。船上粮尽水绝，众人惶恐。如此漫无边际地漂流十四天后，船只居然飘到了海南岛南端的崖州，这与鉴真东渡日本的航线早已南辕北辙。

从海南岛返回扬州的途中，当初邀请鉴真东渡的日本僧侣荣睿不幸去世，普照也与鉴真分别。斯人已去，沧海渺漫。自然风暴、

图 6-6 "鉴真东渡"创作画（中国航海博物馆藏）

人为障碍，导致东渡一波多折、前路渺茫。鉴真因过于劳累而双目失明，但仍然不改初志，赴日弘法传学的意志愈发坚定。

天宝十二载（753年），日本第十次遣唐使藤原清河等一行在回国前，赴扬州拜访鉴真，探询赴日弘法之意。在其弟子仁幹的帮助下，66岁高龄的鉴真冲破扬州道俗界的严密防范与阻挠，再次登船启程。鉴真及其弟子驶出大运河，入长江与遣唐使会合，后乘坐日本遣唐使船只入东海。海上航程颇为艰辛，风浪、暗礁导致船队中的船只先后失散。鉴真饱经沧海风霜，先后到达阿尔奈波岛（今冲绳岛）、益救岛（今日本屋久岛），最终于当年十二月底踏上了日本国土。

到了日本后，鉴真受到各界的盛大欢迎。鉴真孜孜不倦讲经授戒，开创了日本的律宗，并按照扬州大明寺标准建造了唐招提寺。同时，他还携带了大量的中文书籍（鉴真因此被学者们称为"海上书籍之路"的开创者），将中国的文学、绘画、建筑、工艺等传入日本，为中日文化交流做出了卓越的贡献。

漫漫十一年，鉴真与弟子们万里蹈海、历经苦难，却矢志不渝，以非凡的信念与舍己的精神书写了中日文化交流史诗。鉴真受到中日两国人民的尊敬与爱戴，也激励着更多的有识之士远涉重洋促进交融。

（四）杨良瑶

1984年4月，陕西省泾阳县云阳镇出土了一通《唐故杨府君神道之碑》。碑文记叙了唐朝贞元年间，一位航海出使黑衣大食（今伊拉克首都巴格达）外交使节的生平与事略。这位使节，就是杨良瑶。

杨良瑶（736～806年），陕西省泾阳县人。其先祖为周宣王之子尚父，因受封诸阳，实称杨侯；其曾祖父为唐朝初年的功臣，受到厚赏，被赐业云阳。杨家在云阳县一带是名门望族。少年杨良瑶志气宇不凡，志怀高远，素以忠勇为己任。唐肃宗至德年间（约756～758年），杨良瑶被召入宫中"收为内养"，开始了宦官生涯。

此后二十多年，杨良瑶因才干卓群受到皇帝倚重，其宫廷职位逐渐上升。自唐代宗永泰年间（765年）至兴元初年（784年），杨良瑶先后奉召，成功完成招抚狼山叛军、宣慰安南（今越南）、震慑广州叛军、出使回纥请到援兵等使命，一次次化解了唐王朝的军事危机，展示出非凡的外交才能。这为他日后出使黑衣大食奠定了坚实的基础。

贞元元年（785年）四月，作为唐王朝的聘国使，杨良瑶携带国信诏书，在南海舍陆登舟，启程出使黑衣大食。

原来在安禄山之变以后，唐王朝皇权蒙损，无论在军事还是政治上，德宗都受到孤立，同时还要抵抗来自邻近吐蕃的攻击。此前崛起于青藏高原的吐蕃政权，已经连续攻陷了甘肃、陕西等地州郡，给唐王朝西部边疆造成了很大的军事威胁。杨良瑶此次出使，很有可能是唐王朝为了获取外部支援，与阿拉伯国家在政治、经济、军事上结盟，以应对吐蕃入侵、遏制吐蕃扩张。

临危受命，出使遥远的黑衣大食国，杨良瑶不畏艰险，风雨一心。使团自广州南海登船出发。按照沿海人士出海的习俗，杨良瑶在启程前也剪发祭奠海神、祈愿庇佑，然后"挂帆凌汗漫之空，举棹乘灏渺之气"，开始了波澜壮阔的海上征程。根据唐代著名地理学家贾耽以及阿拉伯商客旅人的记载，经由海道前往黑衣大食，须沿着南中国海向南航行，先到达门毒国（今东西竺昆仑洋）、古笪国（一说真腊）、再经海峡（今新加坡海峡），路过天竺等数百个国家，抵达大食国弗剌利河（今幼发拉底河），再改乘小舟北行到达末落国（今伊拉克巴斯拉镇），水陆交替西北再行千里，方能到达缚达城（今巴格达）。海路一行，杨

图 6-7　唐故杨府君神道之碑

良瑶使团昼夜兼程，白天借助海豚等海洋动物驱路，晚间凭借海岸灯塔引航。一年内，杨良瑶成功地完成外交活动，"播皇风于异俗，被声教于无垠"，为唐王朝于危机时刻获取外援做出重要贡献，也在我国古代航海外交史中留下重要印记。

自西汉以来，中国即经由海路交通域外，建立交往。《后汉书·地理志》中记载自汉武帝时期，有汉使携带黄金杂缯赴黄支国、已程不国等印度洋南亚国家。三国时期东吴孙权派遣朱应、康泰南洋航行，与东南亚、天竺等国相通。到了唐代，西方崛起的黑衣大食国自唐高宗永徽二年（651年）起派人入唐，至德宗贞元十四年（798年）的一百多年间，共遣使39次之多。到了公元8世纪时，唐王朝与大食国一直保持着外交关系。但现存的各类历史文

献中，尚未发现唐王朝派遣外交使节航海出使的记录。《唐故杨府君神道之碑》为此提供了珍贵的实物证据。

公元785年，杨良瑶携经由海路出使阿拉伯国家，远航印度洋抵达波斯湾，比明代郑和使团七下西洋早了整整620年。此番出使，不仅促进唐帝国与阿拉伯、印度列国之间的政治结盟，而且为古代中国与阿拉伯国家的文化交流也做出了贡献。根据学者考证，杨良瑶出使的航路日志很有可能为贾耽所记的通大食海道提供了史实依据。近年来，出土于陕西云阳《唐故杨府君神道之碑》引发中外历史学者的关注，为研究唐朝对外关系、唐朝航海历史带来了许多新的命题。

三、宋元时期

（一）徐兢

公元10—13世纪，北方辽、金的崛起对北宋产生了威胁。宋与辽、金的对峙，使得位于辽、金后方的高丽在宋朝的对外战略中具有重要地位。"东联高丽"是北宋长期奉行的战略对策。据统计，宋代高丽遣宋使者有50余次，宋使前往高丽者也有30次。其中比较著名的即为宣和五年（1123年）徐兢随同给事中路允迪出使高丽。

徐兢（1091～1153年），北宋著名的外交家，瓯宁（今福建建瓯）人。徐兢出身于仕宦家族，自幼聪颖好学。徐兢十八岁时入太学，其博览群书，文思敏捷，是一位对历史、文学、音律、书画等多有研究造诣的学者。二十四时以父任，补将仕郎，开始了仕途生涯。

宣和四年（1122年），高丽国王王俣卒、王子登位，宋徽宗即派官员出使，兼作吊唁与贺喜特使。当时，朝廷为更多了解域外国情，要求出使者记录沿途见闻并上报朝廷，因此对于出使者的学识素养有很高的要求。徐兢因其博学多识、能写会画成为使节的最佳人选，随同给事中路允迪、中书舍人傅墨卿共同出使。

宣和五年（1123年）五月十六日，徐兢一行由明州（今宁波）出发。出使船队由两艘神舟与六艘客舟组成。航行路线自定海出海，过虎头山（位于今镇海县宝山东北之虎蹲山）、至蛟门（位于今虎蹲山东北）、沈家门（今浙江普陀县沈家门），入白水洋、过黄水洋，进入朝鲜半岛西岸的黄海水域。海上航行二十余天，一路历尽艰辛。在高群山岛（今古群山群岛）、广川（今仁川），使团与前来迎接的高丽使节进行礼节性拜访，后乘坐大船，继续航行。在经过大青屿（今汉城东南广州海中）等诸多岛屿后，使团于六月十二

图 6-8　场景复原：宋代明州港

日到达高丽王城（今开城），受到高丽各界的热烈欢迎。徐兢一行完成出使公务后，于七月十三日离开，按照来路返回。

在高丽的一个多月时间里，徐兢随同正、副使完成公务活动之外，注重搜集资料，对高丽的山川形势、地理民情、礼仪物产、典章制度、往来通道等进行仔细观察，以素描和文字的形式进行记录。宣和六年（1124年），徐兢撰成《宣和奉使高丽图经》一书。

《宣和奉使高丽图经》是徐兢出访高丽的见闻录，也是历史上比较系统介绍高丽地理历史的重要著作。全书以奉使见闻为基础，"物图其形，事为之说"，全面记录了王氏高丽时期的政治、经济、军事、地理与社会生活。是书共四十卷，共分为二十九大类，三百余细目。二十九类题目下有序文及详细的文字说明。原著附图，到了南宋，图已佚失。在《宣和奉使高丽图经》四十卷内容中，有关海上交通的内容列于"舟楫""海道"名目之下，共七卷，占了全书重要比重。北宋时期，我国与高丽王朝的交通只循海道，中间隔以黄海。徐兢详细记叙了东渡黄海的具体航线，并对宋代使臣、商客们所使用的远洋海船多有记录。比如在《宣和奉使高丽图经》的卷三四《客舟》中，徐兢描述了宋代客舟的尺寸、结构：

"其长十余丈，深三丈，阔二丈五尺，可载二千斛粟。其制皆以全木巨枋挽叠而成，上平如衡，下侧如刃，贵其可以破浪而行也。其中分为三处，前一仓不安艎板，唯于底安灶，与水柜正当两墙之间也。其下即兵甲宿棚。其次一仓，装作四室。又其后一仓，四壁施窗户，如房屋之制……"

此外，徐兢还记载了堪称巨舰的"神舟"，即由宋代明州建造的大型远洋海船，其规模、尺寸与所载船员人数都为客舟的三倍。

图 6-9 宋船构件"龙骨"(宁波博物馆藏)

书中还对舟师御风操舟的过程进行了生动描述,"每舟十橹,开山入港,随潮过门,皆鸣橹而行。篙师跳踯号叫,用力甚至,而舟行终不若驾风之快也。大樯高十丈,头樯高八丈,风正则张布帆五十幅,稍偏则用利篷,左右翼张,以便风势……"同时,《宣和奉使高丽图经》还出现了以指南针应用为代表的航海技术,以及宋代与高丽航程间所经的山名、岛礁、洋流等信息。

宣和六年,徐兢将撰成的《宣和奉使高丽图经》进献给朝廷,徽宗皇帝阅览后大加赞赏。作为一名外交官员,徐兢不仅出色地完成了奉使任务、促进北宋与高丽的政治与文化交流,而且留下一部经典的航海纪实文献,为后人了解宋代中国航海提供了宝贵的资料。

(二)亦黑迷失

亦黑迷失,元初著名的航海家、外交家,也是维吾尔族历史上第一位有史可考的航海家。至元二年(1265 年)亦黑迷失进入朝廷，任忽必烈的宫廷侍卫。此后二十多年被朝廷委以重用，前后共五次奉命出使海外。

至元九年（1272年），亦黑迷失首次奉命出使八罗孛国。八罗孛国为古代南印度大国，位于今印度西南濒阿拉伯海的马拉巴尔地区。该国盛产龙脑香、珍珠、紫檀木等，其国人多为蕃商。元世祖在元初派遣亦黑迷失出使该国，主要是出于政治目的，即为了扩大元朝在印度诸国的影响，以结成朝贡关系。此次出使历时两年。至元十一年（1274年），在亦黑迷失的带领下，八罗孛国人奉表并携带珍宝来元都通好。

至元十二年（1275年），亦黑迷失第二次奉命出使八罗孛国，后有该国国师携带名药来朝贡。因航海出使有功，亦黑迷失受到元世祖嘉奖，至元十四年（1277）被任命为兵部侍郎。

第三次奉使海外是在至元二十一年（1284年），亦黑迷失出使僧迦剌国。僧迦剌国为今斯里兰卡。该国盛行小乘佛教，国都王宫有佛牙精舍，汪大渊《岛夷志略》记"其山腰有佛殿岿然，则释迦佛肉身所在"。根据马可·波罗游记所叙，元朝大汗听说此处山中存有释迦牟尼之遗物，乃于1284年派遣使者求之。史书虽未提及获取圣者遗物一事，但亦黑迷失此次出使实现了"观佛钵舍利"的目的。

至元二十四年（1287年），亦黑迷失出使马八儿国（位于今印度南部东南沿海地区），主要目的是取得佛钵舍利。第四次远航海外，遇到了狂风阻挠，海上颠簸一年才到达马八儿国。亦黑迷失等在当地得到了"良医善药"，并携带该国国人来朝贡。回国后，亦黑迷失将在马八儿国自己出资购买的紫檀木献给忽必烈，获得了元

第六章　航海名家

世祖更深的信任。有一次，亦黑迷失服侍忽必烈洗浴，忽必烈问及"你已经几次出使海外了？"亦黑迷失回答已有四次。元世祖顾念其航海劳苦赐其玉带，并加封资德大夫，授江淮行尚书省左丞，就任泉州府太卿。

纵观亦黑迷失前四次南航出使，多与宗教有关。元代，西北地区的佛教中心是畏兀儿。作为一名虔诚的佛教徒，亦黑迷失数次出使南亚诸国，以宗教互动增强政治交往，加强了元朝与南亚地区的交流，也促进了古代宗教经由海路向中国传播。基于前期数次海上出使经历，亦黑迷失积累了丰富的航海经验，成为忽必烈海上征伐爪哇国的重要人选。

元代是航海事业蓬勃发展的时代，也是中国历史上疆域空前拓张的时期，"其地北逾阴山，西极流沙，东尽辽左，南越海表"，其国威远播欧、亚、非三大洲。至元二十九年（1292年），元世祖征伐爪哇，亦黑迷失与史弼、高兴等成为爪哇之役的最高统帅。在具体分工上，元世祖忽必烈把军事交付史弼，将海道事付亦黑迷失。亦黑迷失、史弼率领军数万赴泉州，当年十二月从泉州后渚港启程。海上风急涛涌，舟船颠簸，士兵们由于晕船而不能进食。如此艰难航海，其间经七洲洋（今南海北部）、万里石塘（今西沙群岛），历交趾（今越南北部）、占城（今越南）等地，次年正月到达勾阑岛（今加里曼丹岛西南端），在此处造舟，作登陆爪哇的准备。当时，爪哇与其邻国葛朗构关系紧张，听说亦黑迷失等到达，爪哇国主女婿土罕必都耶遣使降元，请求元军帮助。元军协助爪哇打败其邻国后，土罕必都耶假意投降。后在回国取宝的路上杀死了元军护卫兵。亦黑迷失未料其中之诈，元军突遭爪哇军队伏击。亦黑迷失等不得不且战且行，行三百里登舟，海上航行六十八天回到泉州。此时，军士死亡三千余人。

亦黑迷失因为远征失利，受到责罚，被没收三分之一的家产。不久，他即告老家居。后来，元仁宗感念其多次出使海外的功绩，诏封为吴国公，给予亦黑迷失很高的荣誉和地位。

亦黑迷失一生五次奉使海外，是中国古代少数民族航海家的卓越代表。他传奇的海上经历是元代航海盛期的写照，在中国古代航海历史中绽放奇光异彩。

（三）朱清、张瑄

朱清、张瑄是宋元之际活跃于东海、黄海和渤海的著名海盗，也是元代海道漕运的开拓者、太仓港的营建者。

朱清，崇明州人，自幼家境贫寒，以捕鱼樵柴为生。少年朱清性格刚烈，具有反抗精神。民间流传着一则传说：宋代一位名叫张锦堂的相士因为得罪了宋宰相贾似道而逃至海上，渡海到达崇明。一天偶然碰到朱清，见其"身长八尺、貌如彪虎"，拜地直呼"见到贵人"。传说不免夸张，但表达了当时民众对南宋王朝统治的不满，期盼有英雄强者带领反抗官府。由于不堪忍受富豪杨氏的压榨与欺凌，朱清杀死杨氏并盗其财货，逃至海上。他在海上聚众集党，操舟贩运私盐。后来，当朱清驾船入吴淞江到新华镇换米，遇到了张瑄。张瑄是平江嘉定人，其生活背景、性格特征与朱清颇为相似。两人意气相投，结为兄弟。

朱清、张瑄结伙后，一起驾船出海，私运贩盐，曾被巡盐官吏逮捕，释放后继续在海上活动。他们"南自通州，北至胶莱，往来

第六章 航海名家

飘忽。聚党至数千人，海舶五百艘"。作为宋代海盗商业活动的继承人，朱清、张瑄利用海洋这个流动的活动场所，将商业活动从东南拓展到北洋，海外贸易范围也从南洋拓展到日本、朝鲜等国。伴随贸易发展，他们也重视海上航道的开辟。经过十多年海上活动，朱清、张瑄船队对南北海道中的航道、岛屿、礁石、险滩、河州方位非常熟悉，对海水的流向、缓急、海上天气等了如指掌，形成了丰富的航海经验。

朱清、张瑄活跃海上时期，正值宋元朝代易鼎之际。接受元朝朝廷招抚后，他们被授予行军千户职，先后受命率领船队，协助元军渡海作战。在元代海运事业中，朱清、张瑄最重要的功绩还是开辟海上漕运。

漕运是我国古代通过水路调运公粮的专业运输方式，对于保证京师与北方军民所需粮食、巩固国家统一、促进南北货物流通具有重要意义，历代王朝非常重视漕运。元代平定江南之后，漕运依靠旧运河进行水陆转运。路线是：由长江入淮河，逆黄河而上，到达中滦旱站（今河南封丘西南、黄河北岸），通过陆地转运至淇门（位于今河南浚县），入御河（今卫河），运抵京师大都。该路线辗转、耗费巨大，部分运河段淤浅，容不下大船，限制了运输量。正当元朝君臣为漕运一筹莫展之际，朱清、张瑄向朝廷建言海道漕运，获得元世祖忽必烈重视。

元至元十九年（1282年），朱清、张瑄率领专为海漕打造的60艘平底漕船，装载粮谷四万六千五十石，从刘家港入海。其航线为：经扬州，过通州海门县黄连河头，沿山屿而行，抵达淮安，经过盐城，历西海州（今连云港）、海宁府东海县、山东密州、胶州界，灵山放洋，投东北路，行驶一个多月，经过成山抵达直沽。海漕首航成功后，伴随京师大都以及京畿地区对漕粮需求的增加，元朝廷持续拓展海漕事务管理机构。元至元二十四年（1287年），元朝廷设立行泉府司。至元二十五年（1288年）内外分置两漕运司，至元二十八年（1291年）又在朱清、张瑄下属设有千户、百户等官，以督岁运。朱清、张瑄因为海漕有功，官职升至宣慰使。因此，史上素有"漕运万户之有府有官，始朱、张"一说。

其间，朱清、张瑄等人不断探索更为安全、便捷的漕运航线。在他们的带领下，元代先后三次变更了海上漕运航道。最终的航线将航程时间从两个月缩短为数十天，提升了海上漕运的速度，也使漕粮运量大增。至元二十七年（1290年），漕运突破百万石。海道漕运蓬勃发展，促进了元代造船数量激增，船型也由小型号向大型号发展。由于漕运需要大量人力物力，朱清、张瑄充分调动了原来的船队与部众，并招募更多的水手、灶丁、沙民、船户以及开河军，推动了元代航海事业的繁荣。

朱清、张瑄兴办海上漕运时，选择了将太仓作为基地。伴随漕运兴盛，太仓逐渐吸引了众多的船民、漕户、工匠、富人等前来落户。同时，朱清、张瑄着力营建太仓，将其打造为海外通商的贸易港口。他们筹集银钱，征调工匠，在太仓修衢筑路，建造屋宇，并于至元二十四年（1287年）疏通娄江，江海航道畅通无阻。各地商贾前来互市，琉球、日本、高丽等国商船云集于此。元代太仓由早年不满百户的僻壤渔村一跃成为海舶辐辏、人烟兴盛的巨市，"六国码头"的美誉名扬天下。时至今日，太仓的地方史志、博物馆中仍然保留着相关记录，向世人展示着朱清、张瑄营建太仓港市的历史记忆。

朱清、张瑄开创海漕有功受到朝廷恩宠，后因卷入错综复杂的中央王朝政治斗争，被降罪而致死。一代英雄曾经劈波斩浪驰骋海上，被朝廷招抚后沉没于宦海。然而，他们开创的海上漕运航线，不仅是贯通南北的经济动脉，而且也是中国古代航海史上的创举。

图 6-10　朱清、张瑄画像（太仓博物馆藏）

（四）汪大渊

汪大渊，字焕章，江西南昌人，约出生于1311年，我国元代杰出的民间航海旅行家。

汪大渊生活的时期，正值元朝海外贸易繁盛之际。广州、泉州等东方大港海舶辐辏，中西奇货堆积如山，商人、使节、旅行家往来其间。海国奇风氛围浓郁，东南沿海地区的文人学者也对海外世界充满兴趣。南宋周去非所撰《岭外代答》、赵汝适《诸番志》以及元代周达观《真腊风土记》等地理著作对汪大渊产生了影响。在这样的背景下，汪大渊展开了他的航海旅行。

大约自1328年起，汪大渊先后两次从泉州港搭乘商船远航。学者刘迎胜根据《岛夷志》中"大佛山"条进行考证，汪大渊的第一次航海是取西洋路线，船只沿大陆近海航行，过印支半岛，进入暹罗湾。第二次航海路线乃取东洋，泉州出发经澎湖抵台湾，再沿台湾、菲律宾列岛、加里曼丹等岛南下。两次航海旅行，前后历时数十年，航程达数万里，跨越了印度洋、红海。汪大渊的旅行足迹远及东南亚、南亚、西亚以及非洲各地，甚至抵达地中海南岸的杜米亚特和丹吉尔港。航海途中，汪大渊亦历经艰险。比如，苏门答腊岛北部的马六甲海峡沿岸、亚齐沿岸海流奔腾旋急，海况汹涌。海船行驶至此，前进艰难，有时连续数月滞留，无法摆脱险境。印度洋上的马尔代夫群岛附近不仅潮流迅急，变化难测，船舶常遭漂流，而且这一带暗礁"利如锋刃"，航船常被撞破，非常危险。

在长期的远航旅行中，汪大渊笔耕不辍，对所经之地的见闻多有记录。航海归国后，汪大渊根据记录，着手撰写《岛夷志》。至正己丑年（1349年）当他经过泉州时，正逢泉州吴鉴续修《清源郡志》。考虑泉州是海道要地，理应记录海外知识，吴鉴就约请汪大渊将《岛夷志》附录于《清源续志》之后。第二年，汪大渊返回故里，又在南昌刊行了《岛夷志》。到了明代，该书名被改为《岛夷志略》。

《岛夷志略》是我国古代重要的海外地理著作。全书著录了南海行纪地名凡九十多处，内容包括亚非诸国的地理形势、贸易物产、生活器物、风俗民情、宗教文化及其各种"可怪、可愕、可鄙、可笑"的见闻逸事。特别是对当时华人在东南亚的生活也多有生动记录。

《岛夷志略》还记述了元代澎湖、台湾与大陆的关系，以及台湾通菲律宾的航路问题，特别是亚、非、欧诸多国家的物产交易在苏门答腊这一中西交通咽喉处集散的盛况。书中关于当时南海地理、商埠贸易以及航程数据的记载，对当时从事海外贸易的人们具有指导作用，也为后人研究元代航海史、泉州港史、华侨史等留下了一部丰富的历史文献。《岛夷志略》的写作极为严谨，但凡入书内容皆为自己亲身游历，传说之事一概不录，体现了汪大渊"考求其故实"的精神。

开放的元代，海陆交通发达，中外交流纷呈。几乎在与汪大渊附舶浮海的同时，来自摩洛哥的旅行家伊本·白图泰通过海路，踏上了他的东方之旅，甚至曾经三次到达过泉州。在中国，伊本·白图泰自南向北，游历甚广，对中国的物产、制度、交通、民居、风俗多有记载。航海归国后，在与汪大渊《岛夷志略》成书相近的时期，伊本·白图泰也完成了《伊本·白图泰游记》的辑录。14世纪的航海为两位著名旅行家绘就了广阔的地图。汪大渊、伊本·白图泰都以行踪广远、地理知识丰富而著称，成为东西方航海旅行史上闪耀的双子星座。

四、明清时期

（一）郑和

郑和，我国历史上伟大的航海家，世界航海史的杰出先驱。原姓马，名和，小字三保（也作三宝），明洪武四年（1371年）生于云南昆阳。其家族信仰伊斯兰教，其父马哈只年轻时曾经漂洋过海远赴伊斯兰教圣地（今沙特阿拉伯麦加）朝觐。马和从小深受父辈航海的影响，志存高远，对探索域外充满向往。

图 6-11 郑和雕像
（中国航海博物馆藏）

洪武十四年（1381年），朱元璋为消灭盘踞云南的元朝残部势力，发起平云南之战，战事持续一年。战乱中，年仅12岁的马和被明军虏阉，后被拨入燕王府。马和为人谦恭勤勉，聪慧机敏，渐为燕王朱棣赏识并着力培养。1398年朱元璋去世后，明朝统治阶级集团矛盾激化。次年，朱棣发动兵变。靖难之役中，马和为帮助朱棣夺得帝位立下战功。永乐二年（1404年），明成祖朱棣赐马和"郑"姓，以表达对功臣的封赏。同时，郑和升迁至内官监太监，执掌宫中后勤总务大权，史称三保太监。

永乐元年至永乐二年，郑和曾先后奉命航海出使暹罗、日本两国。航程中，郑和率领船队勘察沿海航道，并绘制出沿线的牵星图样以及海岛、山屿、水势图。这为日后远航西洋积累了经验，奠定了基础。

永乐三年（1405年），朱棣为巩固永乐政权、扩大明王朝在海外的声威，派遣使团通使西洋。郑和因杰出的管理才能、渊博的知识及其伊斯兰教、佛教等多元的宗教背景，被朱棣遴选为出使西洋总兵正使。自永乐三年（1405年）至宣德八年（1433年），郑和率领明朝船队七下西洋。

作为出使西洋的统帅，郑和在历次远洋航行中发挥着核心作用。出航前，他奉命奉召组建了当时世界上最为庞大的远洋船队。船队中海船数量众多，约有大小海船 200 余艘。船只类型齐全，既有体式巍然的宝船，还有兼具运输与作战功能的马快船、运载粮食物资的粮船以及其他战船等。为保证船队在海上航行顺利，郑和等对船只进行严密编队，形成总船队与分船队的方式，可分可合，行动便捷。船上人员众多，每次出航约在 27000 人左右。其建制层次清晰，分工明确，形成了包括统领指挥、航海业务、外交贸易、后勤供给、军事护航等功能的主体架构。其中，火长、舵工、缭索工、碇泊工等航海业务人员为船队战胜狂风巨浪、日夜兼程顺利航行提供了保障。

出使西洋二十八年间，郑和壮心不已、不辞劳苦，率领船队远涉重洋十万余里。海上常常洪涛接天，巨浪如山。船队则"云帆高张、昼夜星驰，涉彼狂澜，若履通衢"，其航迹遍历西太平洋与印度洋的广大海岸，开辟了数条横渡印度洋直达非洲的新航路，友好访问亚非三十余国。在海外，郑和以"宣教化于海外诸番国"为使命，拜见海外诸国国君并互赠礼物，着力推行和平外交。其间，通过布施佛寺、立碑刻文、传授中国技艺等增进与当地人民的情谊。同时，在东南亚和印度洋各主要贸易区都建立了航海贸易基地，促进明朝与海外诸国在政治、贸易与文化方面的交流。由于成年累月在海上奔波，且承担着大量外交与管理事务，宣德七年（1433 年），在最后一次下西洋的归途中，郑和不幸病逝于古里。郑和为航海付出了毕生的精力，其生命终点亦归于海洋，与他追求的航海事业融为一体。

郑和率领下西洋是我国古代航海事业的壮举，也是世界航海史

图 6-12　巡海大臣泥塑像（中国航海博物馆藏）

上的丰碑。15世纪初，东南沿海的中国人沿着郑和开通的海路，走向了世界；15世纪末，西方航海者东来，葡萄牙航海家达·伽马的登陆地正是郑和七下西洋每次到达印度的卡利卡特。从郑和开始的海洋世纪包含了东西方向海洋的开拓历程，促进一个整体的世界从海上形成。

我国近代思想家梁启超对郑和尤为赞叹，"运用如此庞硕之艨艟，凌越万里，叹我大国民之气魄，洵非他族所能几也"。时至今日，郑和及其船队所到之处，特别在东南亚一带，仍然流传着关于郑和的故事传说，保存着许多以郑和尊号命名的遗迹与纪念遗址。每年在南洋各地举行的纪念郑和登陆仪典，体现了东南亚人民与海外华侨对郑和的怀念。

（二）王景弘

在明初近三十年的西洋远航中，王景弘是郑和航海事业的最重

第六章　航海名家

要合作者与继承者，也是我国古代著名的航海家、外交家。

王景弘，福建龙岩集贤里人。早年参与了明成祖夺嫡之战而受到器重。自永乐三年起，王景弘与郑和共同奉召出使海外，参加了七下西洋中的五次远航。作为掌管船队航海事务的高层管理者，王景弘在数十年的海上航行中，始终与郑和肝胆相照，全力协助郑和领导船队。最后一次航程中，在郑和不幸病逝后，王景弘毅然担当起船队主帅，领导船队顺利归航，为七下西洋画上了圆满的句号。

自古以来，闽南地区的人们向海而生，形成了悠久的航海传统。王景弘生长于此，亦精于航海。他不仅对流传于民间的航海图博闻强记、熟谙水程，而且具有精湛的航海技术与丰富的实践经验。流传至今的一个传说描述了王景弘的航海才能，"七洲洋中有种神鸟，状似海雁而小，啄尖而红，脚短而绿，尾带一箭，长一尺许，名曰箭鸟，船到洋中，飞而来，示与人为准，呼号则飞而去。……相传王三保下西洋，呼鸟插箭，命在洋中为记。"文中的"王三保"即王景弘。人们以能为船舶指示航向的海鸟来比兴王景弘，喻示了他高超的航海技术。同时，郑和船队中的火长、舵工、班碇手等技术人员，多为来自福建沿海地区的民间航海人士，他们是普通民众，且操福建地方方言。作为他们的同乡，王景弘在传达指令时能以闽南方言与其直接交流，深得船员们的信赖，除此外，王景弘还精于医术与建筑，深谙船队人员组织与管理。在他的指挥下，船队中的航海业务人员恪尽职守，风雨一心，为船队的安全航行提供重要保障。

王景弘在七下西洋航海事业中的贡献，获得了朝廷的认可。永乐七年（1409年）使团第三次下西洋时，王景弘被命为"正使太监"。在第七次出洋前，明宣宗赐诗给王景弘，诗中称颂了他的功绩：

昔时命将尔最忠，大船摩拽冯夷宫。

驱役飞廉决鸿蒙，遍历岛屿凌巨谷。

七下西洋之后，王景弘还受命率船队出使苏门答腊。晚年时期，王景弘久居南京，致力于总结航海经历，整理了郑和下西洋相关资料。在明清一些史料中多有提及"王三保所遗《赴西洋水程》"，实为当时不可多得的航海指南。近些年来，伴随史料与考古发掘，王景弘的航海功绩已为更多人所知。

除王景弘之外，郑和船队中还有其他知名的航海人物，比如侯显、王贵通、周闻等船队统领，其中侯显在永乐十三年（1415年）奉命率领船队出使孟加拉湾北部的榜葛剌国。另有马欢、费信等具有较高文化修养的随行翻译，他们信奉伊斯兰教，精通阿拉伯语，在数次远航中记录了亲身所经历的航路以及海外诸国的情况，分别撰写了《瀛涯胜览》《星槎胜览》，为郑和航海留下了珍贵的资料。他们同为创造明代七下西洋壮举的关键人物，其名熠熠生辉，永载明朝航海史册！

（三）戚继光

戚继光（1528～1588年），字元敬，号南塘，登州（今山东蓬莱）人，明朝抗倭名将，我国历史上杰出的军事家。戚继光出生于将门家庭，其祖辈历任登州卫指挥佥事。嘉靖二十三年（1544年），戚继光秉承父命，袭职世祖辈封职，任登州卫指挥佥事，开始了他的军旅生涯。在他早年的诗作中曾经写下"封侯非我愿，但愿海波平",表明了这位年轻的军官保卫国家海疆安全的决心。

此时的明朝,东南沿海地区备受倭寇侵扰。嘉靖二年(1523年),由于争贡之役,明朝政府罢市舶司,日本与中国的官方贸易基本断绝。此后,日本的商人、失业武士、浪人以及中国沿海的海盗勾结,倭患愈发猖獗。自嘉靖二十五年(1546年)至嘉靖三十二年(1553年),倭寇大肆侵犯宁波、台州、黄岩,大掠象山、定海、太仓、吴淞等地。嘉靖三十三年之后,倭患又蔓延至福建、广东,给中国沿海地区老百姓带来深重的灾难。

在倭患严峻的形势下,戚继光因在山东备倭有功而调任浙江。嘉靖三十五年(1556)七月,经胡宗宪提议戚继光担任宁绍台参将,担负起宁波、绍兴、台州三府的抗倭重任。

上任伊始,戚继光招募兵士。在他精心的训练下,招募的兵士武艺精湛、军纪严明、勇敢善战,成为浙江抗击倭寇的主力军,史称"戚家军"。嘉靖四十年(1561年)四月至五月期间,戚继光率领戚家军至浙江抗倭最前线台州,先后在宁海、新河、花街、上峰岭、楚门、隘顽湾、藤岭、长沙和洋歧等地与倭寇展开九次大战。

作战时,戚继光周密部署,注重水陆并发的战略。在长沙(今温岭东南长沙)一战中,戚继光安排陆军对倭寇展开正面攻击,安排水军在浙江洋面上形成夹角从多个方向展开攻击,同时焚烧倭船,并切断倭寇海上逃离通道。在戚继光的指挥下,戚家军将士万众一心,每次都能果断抓住战机,像雷电一样攻击敌人,取得了九战九捷的佳绩。"台州大捷"狠狠打击倭寇的嚣张气焰,解救被俘百姓万余名。同年九月,戚家军又在温州七战倭寇,均获大捷。戚家军的威名由此而起,倭寇畏惧戚家军如猛虎,不敢再犯浙江。嘉靖四十一年（1562年），戚继光挥师南下，赴福建、广东抗击倭寇。福建宁德横屿是倭寇的巢穴。岛屿与海岸之间是浅滩。涨潮时是汪洋，退潮时变为泥沼，给渡海作战带来难度。戚继光命令兵士们在退潮时一边进攻一边铺草，大部队沿着草路冲锋，一举攻下横屿。在南澳一战中，戚继光部署水师封锁港口，阻死倭寇逃路；然后以战船进攻，水师用大船，撞沉五艘倭寇小船，最后登陆作战，一举剿灭岛上倭寇。戚家军水师在沿海地区威名远扬，倭寇畏惧戚家军如猛虎，不敢再犯。

长期的抗倭实战，使戚继光深刻认识到建立海防力量的重要性。由于当时明朝朝廷腐败，已无财力建远洋海军，戚继光因地制宜，实行御海洋、固海岸、严城守的多层次海防战略，采取海陆协同的作战思想。在卫所、水师的建设上，戚继光对沿海卫所及港口部署防御兵力，修建空心敌台，加强瞭望和报警。他把从沿海地区

图 6-13 "戚继光抗倭"创作画（中国航海博物馆藏）

招募来的渔民编成水军，进行训练，注重在船上使用佛朗机、鸟铳、火砖、烟罐等火器装备。在戚继光等战将的推动下，明朝掀起了第二次大规模建造战船的高潮。福建的福船、广东的"乌槽"和"横江"等都是戚家军海战的主力战船。他曾经说过"倭船甚小，一入里海，大福、海苍不能入，必用苍船逐之"。苍船，被温州人称为"苍山铁"，是一种小型海船，船身长七丈，吃水六七尺，适用于对阵倭船，用以冲敌颇为便捷。1561年，戚继光在灵江建造各有特色的海苍、苍船、鹰船等战船40余艘，丰富了战船类型，促进了明代造船技术发展。

戚继光是明代海防史中的领军人物之一。他智勇兼备、练兵有法，建立了颇具特色的水军。作为近海防御的重要力量，戚家军水师为保卫海疆安全立下战功。胡宗宪曾经夸赞戚继光"勇冠三军，身经百战，累解桃诸之厄，屡扶海门之危"。在应对繁忙军务的同时，戚继光笔耕不辍，撰写军事著作。《纪效新书》与《练兵实纪》凝结了他的作战经验与军事思想，是留给海战史、军事史的珍贵财富。

图 6-14 《纪效新书》书影（中国航海博物馆藏）

（四）王直

王直（又称汪直），徽州歙县人，明代中期民间海上贸易的代表人物，也是当时实力最为雄厚的海上武装集团首领。

早年，王直按照徽州经商习俗做过盐商，后困于中国法度森严，遂与同乡叶宗满、徐帷学等商议出路，将经商的目标转向海洋。嘉靖十九年（1540年），王直与叶宗满等南下广东。他们打造海船，将带硝黄、丝锦等违禁商品运抵日本、暹罗（今泰国）、西洋等国进行贸易，往来互市五六年，获利颇丰。

明代中期，伴随商业经济的发展，徽州商人扩大经商范围。他们逐渐同东南海商为伍，兴贩海外。此时明朝政府为整肃海疆、维护统治而强化"禁海"政策，对于民间海上贸易实行严控打压。为了海外贸易的需要，海商们开辟了浙江双屿港、福建月港、安平港等民间自由贸易港口，开展走私贸易活动。徽商中，最初到达东南沿海的是歙县许氏兄弟。他们与福建海盗金纸老、李光头等合伙经营海上贸易。一方面，他们将"佛郎机夷人"招至双屿岛，同时又招引国内沿海各地商贾至双屿岛互市，开创了双屿岛繁盛的走私贸易局面。王直在嘉靖二十三年（1544年）加入双屿岛许氏集团。双屿岛遭遇朝廷攻剿、许氏兄弟溃败后，王直被推选为船主，接替了许氏的海上贸易事业。他收编了许氏兄弟的船只及余众，重整旗鼓，组织武装船队，积极开展与日本的民间自由贸易。

此时日本处于动乱，货物奇缺，中国的生丝、棉布、锦绣、瓷器、药材、铁器等都是急需商品，颇受欢迎。商人运货到日本后，通常可以获得 5～6 倍的利益。王直来到日本，得到当地领主的庇护,在走私贸易中获得丰厚利润。他以长崎为基地,与葡商、日商形成稳定的贸易关系,并以日本为中转站,将贸易航线延伸至菲律宾、暹罗(今泰国)、安南(今越南),形成强势的贸易网络。王直船队纵横海上,活跃于西太平洋海域,积累了巨额资本。

伴随贸易实力增强,王直在中日沿海的影响力也大增,素有"五峰船主"之称,也成为明朝廷的心患。朝廷将王直海商集团定性为反抗朝廷的"盗匪"。嘉靖二十九年(1550年),王直率领船队攻灭了卢七、陈思盼等几支横行于浙洋的海盗力量。本以为靖海有功,官府会改变对他的态度,接受他开放海禁、允许通市的请求。不料,朝廷拒绝了王直的请求,而且趁其船队停泊之时,命参将俞大猷率数千艘战船围攻。王直突围后逃往日本,积蓄力量。嘉靖三十一年(1552年),王直返回浙洋。次年,他率领数舰船发起反攻。数百艘海船遮天蔽日而来,如入无人之境,声势威震海洋。浙江沿海数千里同时告警,官军闻风丧胆。王直占据浙江定海操江亭后,自称净海王,以强大的海上武装力量对朝廷造成震慑。

后来,朝廷派胡宗宪招抚王直。王直未能识得胡宗宪的招抚策略,轻信使者关于开放海禁的承诺,于嘉靖三十六年(1557年)率叶宗满等归顺朝廷,两年后被朝廷诱杀于杭州。王直在狱中写有一份《上疏》,至死仍然进谏朝廷开放海禁、通商互市。王直是在明朝"禁海"的困境中突围而起的海商巨贾。他以徽商的开拓性格经营贸易、发迹海上,终其一生都在与代表着保守、封闭的海禁政策对抗,然而命运如此,令人唏嘘。这是明代航海由盛至衰的悲歌,也是中国航海历史局限性留给后人的深刻思考。

（五）郑芝龙

郑芝龙，字曰甲，小字一官，号飞虹，约明万历三十二年（1604年）出生，福建南安县石井人。南安石井是依山傍海的渔村，村民们向海而生，有的驾船捕鱼，有的兴贩贸易。郑芝龙从小生活在海洋氛围浓郁的环境中，对于海事海情非常熟悉。

郑家有五子，郑芝龙为长。早年由于家境不济，郑芝龙偕两个弟弟去广东香山投靠舅舅黄程。黄程在澳门经营海外贸易。17世纪，伴随西方国家的商业拓张，澳门成为中外贸易中心，云集了葡萄牙人、荷兰人等。郑芝龙在澳门与西人打交道的过程中学会了葡萄牙语和西班牙语，并显示出了经商的天赋与才干。在进入荷兰东印度公司担任翻译后，郑芝龙更直接了解到航海贸易知识、亦官亦商的商业组织模式，由此激发了对于海洋贸易事业的向往。

天启三年（1623年），郑芝龙押运黄程的一批货物到达日本，在长崎结识了华人海商李旦与颜思齐。李旦赏识郑芝龙的才干，将部分资产和船只交给郑芝龙。郑芝龙率领商船，数年往来于中日之间，积累了财富。李旦死后，郑芝龙继承了李旦的财富与部众。不久，郑芝龙追随颜思齐，从日本航海到台湾，建立了海上活动基地，开拓台湾。天启五年（1625年）在颜思齐病逝后，郑芝龙被推选为首领。

独立门户后，郑芝龙着手组建军事性机构，派人督造战船，扩大船队规模，从福建沿海招来诸多部将，开启了经略海洋的事业。天启六年，郑成功率领船队攻掠漳浦、金门等地。在攻掠沿海各地时，郑芝龙打出"劫富济贫"的旗号，沿海贫苦民众投奔其下。郑

第六章　航海名家

芝龙实力愈盛，名气振于南海，成为东南沿海势力最强的海上武装集团。

伴随郑芝龙称雄海上，明朝廷屡次派兵追缴。郑芝龙先后率领船队在军澳迎战洪先春、俞咨皋等官兵，最终"官兵船器，化为乌有，全闽大为震动"。崇祯皇帝即位后，即派福建巡抚熊文灿招抚郑芝龙。崇祯元年（1628）七月，郑芝龙接受朝廷招抚。

与王直不同的是，郑芝龙在归顺朝廷后始终掌控自己的武装船队。朝廷只得下诏授其海防游击，任命其为"五虎游击将军"。郑芝龙官至福建水师提督。崇祯元年九月，郑芝龙率船队与李魁奇在料罗湾海上交战，郑芝龙攻灭对方船队，并吞并了对方的船只与部众。后来，又相继先灭了杨六、杨七、钟斌、刘香等海商集团，从此，海上太平，"往来各国皆飞黄旗号，沧海大洋如内地矣"。郑芝龙借助朝廷的政治势力，扫除了东南沿海其余几股海商势力，既解决了明朝东南海氛不靖的危机，又为郑氏海上力量消除了障碍，其海上活动如虎添翼。

此时，郑氏部众达三万多人，船队发展为千余艘，船队航行于中国沿海、日本、菲律宾等地，进行大规模海外贸易。这一时期，西人东来海上拓张，西太平洋海域被称为世界经济领域中最具活力的区域。郑芝龙以商人的眼光、海盗的胆识，自由驰骋于这片海域。一方面，他以强大的武装活跃在海上，从长江口到马六甲海峡，畅通无阻，威慑远道而来的欧洲列强，使得他们放弃在印度、锡兰、马六甲等地垄断中国贸易的念头。据史载，那时"海舶不得郑氏令旗，不能往来。每舶例入三千金，岁入千万计，芝龙以此富敌国"。另一方面，郑芝龙头脑灵活，善于在国际商团之间周旋。

他同葡萄牙人、荷兰人签订协议，在对日贸易上展开合作，各获其利。根据17世纪东印度公司的记录，郑芝龙派船装载葡萄牙人运往日本的货物并收取运费，商船回来时装满了货物，葡萄人在澳门获利颇多。郑氏商船运往日本的商品以生丝及丝织品为主，其次是砂糖和鹿皮，这些贸易的利润惊人。根据《长崎荷兰商馆日志》，明崇祯十四至十六年（1641～1643年）郑芝龙与日本的贸易量大增，运送大量生丝、纺织品、黑白砂糖及麝香、土茯苓等药物到日本，受到日本人士欢迎。

除日本外，郑芝龙的贸易对象还包括东南亚诸国。基于早年行商经验，他熟谙国外对中国货物的需求。郑氏船队经常满载丝绸、瓷器、铁器等货物驶往柬埔寨、暹罗、占城、交阯、三佛齐等国易货，换回苏木、胡椒、象牙等货物。根据《巴达维亚城日志》《大员商馆日志》等记录，明崇祯六年至十一年每年驶往台湾的帆船中大多数为郑氏所有，满载着生丝、绸缎、铁器、瓷器、米、麦、食品、木材、石头等物运往台湾，荷兰人购买后再转运欧洲各国，获取巨额利润。荷兰人深知要与中国通商，需遵循郑芝龙的意愿与要求，因此他们不得不将部分商业利润转让给郑芝龙。

17世纪20至40年代，郑芝龙从事的东西洋通商贸易达到顶峰，也开创了闽南地区海外贸易的繁盛局面。安平港是泉州对外贸易的主要港口之一，素有兴贩商贸的传统。在郑氏"海上长城"的庇佑下，安平人"农、儒、童、妇皆能贾"，海上贸易进入了黄金时代。根据美国学者弗兰克在《白银资本》中的统计，16世纪中期至17世纪中期的百年间，由于欧亚贸易流入中国的白银约在7000吨到1万吨，占世界白银总产量的1/3，其中不乏郑芝龙海上集团贸易的重要作用。

清军入关后，郑芝龙出于对权位的贪恋而降清。数年后，由于清廷与郑成功和谈无望，郑芝龙于康熙元年（1662年）被斩首，结束了极富传奇的一生。

郑芝龙叱咤海上的时期，正值中国社会厉行海禁，欧洲列强相继进入东亚地区，西太平洋贸易网络日渐形成。郑芝龙在特定的历史背景下探索出一条官商结合的海上贸易之路，其亦商、亦盗、亦官的特殊身份一度将他的海上事业带到巅峰。然而，局限性也正在于：因为无法摆脱传统制度的束缚，郑芝龙成为王直之后的又一个海洋悲剧人物。郑芝龙海上事业之盛衰、个人命运之起伏，也是明清时期中国航海发展的历史写照。

（六）郑成功

郑成功，本名森，1624年出生于日本长崎。他是郑芝龙的长子，其母亲是日本女子田川氏。7岁时，郑成功被接回福建，15岁考取同安秀才，后在南京拜大儒钱谦益为师。后来，郑芝龙将他带至福州引见明室隆武帝。郑成功天资聪慧，文武兼备，受到隆武帝的赏识，被赐朱姓，"国姓爷"的称号由此而起。

清军入关后，郑芝龙决意归顺清朝。郑成功曾经泣谏郑芝龙，坚决反对

图6-15 田川氏、郑森母子石膏像（厦门郑成功纪念馆藏）

父亲降清。1646年后，清军继续南下，郑成功母亲田川氏在清兵攻占安平后受到奸污而自缢，对郑成功赏识有加的明室皇帝隆武帝也遭清军杀害。此时，国恨家难当头，郑成功义无反顾地走上了反清复明的道路。

1646年冬天，郑成功率领部众在南澳募兵。南澳岛具有南北海上交通要冲、闽粤两省咽喉的地理优势。早年郑芝龙在此担任副总兵时，郑成功随侍左右，非常熟悉此地的山川地势。郑成功很快就在南澳招募集结了一支数千人的队伍，着手编列战阵，形成了郑成功军团的基本构架，并利用南澳的海域海情特点，展开水师训练。当时由于郑氏家族四分五裂，家族成员据地称雄，郑成功的叔父、族兄们分别盘踞了金门、厦门、舟山等地。厦门、金门这两座岛屿不仅是郑芝龙早年的军事基地，也是郑氏家族收入的重要来源。为了扩大自身军团实力，1650年秋季，郑成功带兵驾船攻打厦门。传说，当天郑成功的堂兄郑联喝醉酒，醉倒在厦门郊外的一个山洞里。待他酒醒，发现郑成功已经控制了厦门。之后，郑成功带兵连破同安、海澄、漳浦等地，掌握了东南沿海重要的通商港口，收编了原有郑氏部众，从而形成一支数万人的强大海军。南澳、铜山、厦门、金门等地贯通一线，成为郑成功海上举义的重要基地。

1651年，郑成功收到广东勤王的求援信。就在郑成功率主力军南下广东时，清朝福建巡抚张学圣、巡道黄澍、福建右路总兵率兵对厦门基地发起偷袭。清军将郑氏家族的数百万黄金与珠宝抢劫一空，并纵火焚烧城镇，抢劫了军粮，给郑成功军团带来严重损失。这次遭劫也使郑成功痛定思痛，深刻反思此前东征西讨的状态并非长久之计，决定长期经略金厦，作为抗清根据地。在这期间，郑成功体现出坚定的信仰、顽强的斗志与杰出的才能,成为一名独当一面的统帅。

面对清军,郑成功亲自率军攻击。他擅长在行队前方向士兵发表慷慨激昂的训话以鼓舞士气,及时根据清兵战术调整军力,并发明新的指挥体系与信号系统,督造藤牌及各类武器。由于非常熟悉福建区域内的海湾与峡谷,郑成功采取了以进为守、以攻为防的战术,每一次战役都采取主动。自1651年5月至1654年11月,郑成功先后出兵攻打永宁、崇武、漳浦、漳州、海澄等地,大败清军,基本占领了闽南沿海地区。其中,1653年的海澄之战役促使福建一些独立的军阀向他靠拢,从而进一步扩大了军团实力。在同清廷长期作战的过程中,郑军纵横海上、所向披靡,队伍从早期的数千人发展到二三十万人,主力战舰2000余艘,成为威震东南的海上军事力量。金门、厦门也在明清鼎格之际成为中国东南地区的抗清中心。郑成功与其部众将厦门改名为"思明州",并在厦门建立政府,按照明朝传统在此设置行政,吸纳人才,加大对军力的构建。郑成功也被称为"海王"。

在控制了福建大部分地区之后,郑成功计划进一步深入清政府的"心腹地区",北伐南京。然而由于战略失误,导致1659年长江之役失败。此后,清军不断加紧对郑军的围剿,郑成功深感仅依靠厦门金门不足以实现东南复明的使命,于是将目标锁定台湾,以拓展新的根据地。

17世纪中期,澎湖被荷兰东印度公司占领,荷兰人在主岛上建立了堡垒作为侵占基地。他们不时派船侵扰台湾沿岸,烧毁村庄和船只,贩卖中国劳工,对东南沿海造成威胁。1660年,郑成功向

图 6-16　国姓瓶一组（中国航海博物馆藏）

众将通报了收复台湾的计划。面对多数将领的畏难情绪，郑成功发表了铿锵有力的讲话，"吾预复台湾以为根本之地，招沿海民实之，以耕以战；进则将士无内顾、眷属免奔波，退则大海为天堑，军民安磐石。中兴之计，孰有逾此者"，表达坚定的攻台决心。同时，着手修理战船、备办粮饷，通过在荷兰东印度公司担任通事的何斌了解台湾方面情报，开始了周密的攻台准备。

图 6-17　郑成功战船船模（中国航海博物馆藏）

1661 年 4 月初，郑成功挥师东征，率领首批军队乘船向台湾方向进发。舰队开动，一时海面上帆樯如林、颇为壮观。4 月 21 日，舰队到达料罗湾后在此待风，22 日到达澎湖。不料航至东吉岛和西吉岛时，舰队遇到了逆风，此前准备的军粮已经告急，澎湖诸岛上搜集的作

第六章　航海名家

物"不足当大师一餐之用",如果再等风向整个军队将面临断炊的危机。郑成功当机立断,决定顶着逆风开航前进。29日出发时大雨滂沱、风急浪高,舰队顶着逆风而行非常危险。到了夜里风消雨散,天气转好。经过昼夜航行,4月30日郑成功军队抵达鹿耳门。当天恰值潮水大涨,在何斌提供的地图指引与当地渔民的领航下,郑成功率军在短短两小时内从鹿耳门进入港口,顺利完成登陆,为夺取平定台湾的胜利奠定了基础。

登陆台湾一周,郑成功就占据了台湾的战略核心,控制了普罗民遮城。二十多天后,郑成功向荷兰联合印度公司台湾总督揆一和地方长官送达了劝降书,但荷兰人不以为然,集结兵力向郑军发起进攻。自1661年5月20日至6月之间,郑成功率兵与荷兰人展开了激烈的海战。凭借对台湾地理形势与海上作战的熟悉,在精密的部署下,郑军以传统木帆船迎战荷兰人的西式武器装备,屡次击败荷兰人,对号称世界一流的荷兰海军给予重创。到了6月,郑成功第二批军队一万多人到达台湾,增强了军力。此时荷军主力已经退守热兰遮城。郑成功采取了围城候其投降的战略,并在城堡外围建造了炮台和战壕。被围困热兰遮城长达近半年,荷军看到巴达维亚的援军彻底远去、城内疾病蔓延,军心一片涣散,揆一和守军向郑军投降。1662年2月初,揆一和郑成功双方代表各按本国的习俗举行誓约、签字、盖章等手续。至此,荷兰殖民者结束了对台湾三十八年的殖民统治,台湾回到祖国的版图。

在数十年的海上武装活动中,为了保障郑军供给、维持军需粮饷,郑成功以厦门为口岸,积极拓展东西洋海上贸易。在继承郑氏海上资本的基础上,郑成功发挥了卓越的管理才能,将东西洋贸易制度化与军事化管理相结合，贸易范围更广，东至日本，兴贩吕宋、暹罗等东南亚国家，数以千计的商船纵横海上，贸易利润滚滚而来。根据学者们研究，郑成功的东西洋海外贸易总额每年约392万~456万。繁荣的贸易、雄厚的武装成为郑氏海上力量双翼，使其在17世纪的东亚海域纵横捭阖、影响深远。

顺治十八年（1661年），收复台湾后不久听闻郑芝龙被清廷斩首、郑军将领降清等消息，加之军士们在台湾水土不服，郑成功内外交困染上急病，不幸逝世，年仅39岁。

纵观郑成功一生，不论是坚持了十多年的抗清举义还是驱逐荷夷、收复台湾，都是以海洋为据点，以东南沿海的重要岛屿与港口为基地。早在1646年向郑芝龙与隆武帝的进言中，郑成功就明确提出"据险控扼，拣将进取，航船合攻，通洋裕国"，体现出开发海利、富国强兵的思想。在海洋意识与战略的指引下，郑成功展开了波澜壮阔的海上活动，特别是他基于民族大义与荷兰人展开的海战，体现了中国与西方殖民势力相逢时勇于抗衡的精神，永远彪炳中华民族航海史册！

图片来源：
图6-1　中国航海博物馆。
图6-2　中国航海博物馆。
图6-3　摄于台州市三门县蛇蟠岛海盗村。
图6-4　中国航海博物馆。
图6-5　孙光圻：《中国古代航海史》，海洋出版社，2005年。
图6-6　中国航海博物馆。
图6-7　摄于陕西省泾阳县。
图6-8　摄于宁波博物馆。

第六章　航海名家

图 6-9　摄于宁波博物馆。
图 6-10　摄于太仓博物馆。
图 6-11　摄于中国航海博物馆。
图 6-12　摄于中国航海博物馆。
图 6-13　中国航海博物馆。
图 6-14　中国航海博物馆。
图 6-15　摄于厦门郑成功纪念馆。
图 6-16　中国航海博物馆。
图 6-17　中国航海博物馆。

结　语

公元前 2500 年前后，深具各自特色的几大古文明先后从大河流域应运而生，这些文明形态既独立发展、异彩绽放，又伴随着人类历史的演进实现交融与互动。海上交往，就是人类文明融汇的重要方式之一。

与陆路交往不同的是，海上交往的发展深受造船技术、航海技术与域外地理科学知识的影响。在人类航海史上，埃及人、地中海海域的腓尼基人、印度洋海域的阿拉伯人以及东南亚诸岛的"昆仑人"等无不以其卓绝的航海技艺与造船技术成为著名的航海人群。作为舟船发源地之一，中国传统舟船的发展经历了从原始简易的浮海工具到数千种船型舟式的漫长历程。河、海船只因航行区域的不同而体现出不同的形制与特点，如海船中平底的沙船，尖底的福船，坚巨的广船等，以及河船中的歪屁股、太湖七扇子等，反映出我国复杂的河海环境对船型的影响。无论是水密隔舱等基本构件的创造，还是具有浓郁中国地域文化特征的装饰涂绘，无不凝聚着中国传统舟船建造师的心血以及口耳相传的世代经验和法则。这也使得中国帆船在相当长的历史时期里领先于西方，并成为中国古代文明成就的重要象征。

在舟船发展的同时，以火长舟人为代表的中国古代航海技术人

结　语

员披荆斩棘，将传统航海技术（尤其是导航技术）的发展推向极致，而其中最具代表性、变革性的航海器具，当数航海罗盘。航海罗盘脱胎于堪舆罗盘，至迟在北宋时期即已被用于航海；南宋中叶，航海罗盘臻于成熟。此时专掌航海罗盘的航海技术人员出现，即"火长"；而"火长"称谓的由来，则与堪舆术中的五行阴阳八卦理论相关。海上航行中，尤其是风雨晦冥之时，"火长"常用航海罗盘指示方向，并假以载明航道更数与针位的"海图针经"来协助航海。与此同时，域外的航海技术也在独立发展，并适时传入中国，如阿拉伯地区的牵星过洋术，即为郑和下西洋等跨越印度洋的航行提供了技术向导，中外航海技术也借此展开交流融通。

随着航海技术的发展和造船水平的提高，汪洋大海从人类交往的天堑变为通途，海上丝绸之路应运而生，创造了与早期航海中区域内部交流迥然不同的跨文化交流，并碰撞出新生文明之花。当技术不再成为迈向海洋的禁锢时，朝代政策成为影响中国古代海上丝绸之路起伏变迁的重要因素。海上丝绸之路伴随着历史的脉搏，经历了不同的发展阶段：它自秦汉肇始，历隋唐发展，经宋元繁荣，在明初郑和下西洋时达到顶峰。遗憾的是，郑和下西洋之后不久，明廷厉行海禁，民间交往被禁绝；随后隆万年间虽有短暂复兴，但终不抵颓势已至。与此同时，海国世界已悄然发生改变：东西海洋交通与西太平洋—北印度洋海域的主导者，已经从包括中国人在内的亚非各民族转变为西方列强。之后清廷基本因循海禁政策，古代海上丝绸之路基本以此为断，而大清天朝也在西方列国的觊觎中迎来新的海上挑战。

航海的发展，带来了古港的沉浮变迁、文明的交互融合和物质

321

文化的互通有无，一个新的航海世界因此诞生。汉代的徐闻港、合浦港，三国至隋唐时期的广州港，宋元时期的刺桐港等，均以海上丝绸之路重要始发港而声名鹊起。域外的奇珍、香料、异兽乃至宗教、艺术等以此为站传入中国，而中国的瓷器、丝帛、茶叶等也于此启程销往海外。管理海贸的机构如市舶司等因需设立，域外人士侨居的社区如蕃坊等应时形成。与此同时，一些航海名家相应出现，他们或因卓绝的航海功绩而彪炳史册，或因笔耕不辍的海域闻见而为后人留下丰厚遗产，记录融会异域海洋地理知识的图籍也不断出现。与东亚其他国家相比，古代中国在跨区域航海方面的成就非同一般。所有这些，共同组成了中国数千年恢宏灿烂的航海历史文化，并以其千姿百貌的丰富形象，融入世界大航海史的诗篇。

在人类的文明演进中，航海及其带来的改变是一个迷人的话题。在航海所形成网络中，不仅有人口的流动、商品的交换、物种的迁移以及思想文化的融通，更有新的经济体系的形成、政治权力的重组，乃至文明的崛起与沉浮。显而易见，航海极大地改变了人类历史的进程。这种改变在 15 世纪前后变得更加剧烈——大航海时代的到来将世界各地席卷裹挟，海洋的力量渐趋所向披靡，并强势推进了世界一体化的进程。

作为中国航海史中浓墨重彩的篇章，古代海上丝绸之路为包括中国在内的世界各国人民带来的丰厚馈赠，不仅惠及当时，也为后世所珍视。如今，在国家倡导的"一带一路"愿景中，古代海上丝绸之路的历史积淀依然可为当今的决策与行动提供借鉴，其历史之光辉映当下，也为向海而生的人们照亮了未来的路。

参考文献

一、古籍（按年代排序）

[1] 赵汝适原著，冯承钧校注：《诸番志校注》，台湾"商务印书馆"，1937年。

[2] 吴自牧：《梦粱录》，商务印书馆，1939年。

[3] 司马光编著、胡三省音注、标点资治通鉴小组校点：《资治通鉴》，中华书局，1956年。

[4] 徐松辑：《宋会要辑稿》，中华书局，1957年。

[5] 刘昫等撰：《旧唐书》，中华书局，1975年。

[6] 欧阳修、宋祁撰《新唐书》，中华书局，1975年。

[7] 脱脱等撰：《宋史》，中华书局，1977年。

[8] 汪大渊著，苏继庼校释：《岛夷志略校释》，中华书局，1981年。

[9] 黄叔璥著：《台海使槎录》，台湾大通书局，1984年。

[10] 《清实录》，中华书局，1985年。

[11] 徐兢原著、朴庆辉校注：《宣和奉使高丽图经》，中华书局，1986年。

[12] 叶权、王临亨、李中馥撰：《贤博编　粤剑编　原李耳载》（元明史料笔记丛刊），中华书局，1987年。

［13］ 张津：《乾道四明图经》，中华书局，1990年。

［14］ 宋濂等撰、阎崇东等校点：《元史》，岳麓书社，1998年。

［15］ 魏征：《隋书》，中华书局，1999年。

［16］ 周达观原著、夏鼐校注：《真腊风土记校注》，中华书局，2000年。

［17］ 张燮著、谢方校注：《东西洋考》，中华书局，2000年。

［18］ 佚名：《顺风相送》，中华书局，2000年。

［19］ 董诰等编：《全唐文》，山西教育出版社，2002年。

［20］ 【法】沙海昂注，冯承钧译：《马可·波罗行纪》，中华书局，2004年。

［21］ 马欢原著、万明校注：《明钞本〈瀛涯胜览〉校注》，海洋出版社，2005年。

［22］ 陈寿：《三国志》，中华书局，2006年。

［23］ 【意】马可·波罗著，冯承钧译：《马可·波罗行纪》，上海书店出版社，2006年。

［24］ 巩珍：《西洋番国志》，中华书局，2006年。

［25］ 郦道元著、陈桥驿校证：《水经注校证》，中华书局，2007年。

［26］ 圆仁著：《入唐求法巡礼行记》，广西师范大学出版社，2007年。

［27］ 朱彧原撰，李伟国点校：《萍洲可谈》，中华书局，2007年。

［28］ 叶梦珠：《阅世编》，中华书局，2007年。

［29］ 伊本·白图泰口述：《异境奇观——伊本·白图泰游记》（全译本），海洋出版社，2008年。

[30] 成寻原著，王丽萍校点：《新校参天台五台山记》，上海古籍出版社，2009年。

[31] 司马迁：《史记》，中华书局，2014年。

[32] 陈桐生译注：《盐铁论》，中华书局，2015年。

[33] 虞世南：《北堂书钞》，学苑出版社，2015年。

[34] 张廷玉：《明史》，中华书局，2015年。

[35] 《明实录》，中华书局，2016年。

[36] 班固：《汉书》，国家图书馆出版社，2017年。

二、专著（按作者姓氏拼音排序）

[1] 陈复授编著：《厦门疍民习俗》(闽南非物质文化遗产系列)，鹭江出版社，2013年。

[2] 陈希育：《中国帆船与海外贸易》，厦门大学出版社，1991年。

[3] 陈炎：《海上丝绸之路与中外文化交流》，北京大学出版社，1996年。

[4] 邓端本：《广州港史（古代部分）》，海洋出版社，1986年。

[5] 范中义：《戚继光传》，中华书局，2003年。

[6] 方豪：《中西交通史》(上、下)，上海人民出版社，2008年。

[7] 福建省泉州海外交通史博物馆编：《海交史研究丛书》(一)，海洋出版社，2013年。

[8] 广东省地方史志编纂委员会编：《广东省志·船舶工业志》，广东人民出版社，2000年。

[9] 韩振华主编，林金枝、吴凤斌编：《我国南海诸岛史料汇编》，

东方出版社，1988年。

[10] 何芳川：《中外文化交流史》，国际文化出版公司，2016年。

[11] 黄纯艳：《造船业视域下的宋代社会》，上海人民出版社，2017年。

[12] 黄珅：《西游与东渡》，中华书局、上海古籍出版社，2010年。

[13] 金行德：《广东船研究》，广东旅游出版社，2012年。

[14] 李光斌：《伊本·白图泰中国纪行考》，海洋出版社，2009年。

[15] 李国荣、林伟森：《清代广州十三行纪略》，广东人民出版社，2006年。

[16] 林士民：《宁波造船史》，浙江大学出版社，2012年。

[17] 刘迎胜：《海路与陆路：中古时代东西交流研究》，北京大学出版社，2011年。

[18] 陆传杰、曾树铭：《航向台湾：海洋台湾舟船志》，远足文化，2013年。

[19] 陆儒德：《海殇——遭封建王朝湮灭的中国海商》，海洋出版社，2011年。

[20] 马骏琪：《碰撞·交融：中外文化交流的历史轨迹与特点》，贵州人民出版社，2006年。

[21] ［日］木宫泰彦：《日中文化交流史》，商务印书馆，1980年。

[22] 宁波市文物考古所、象山县文物管理委员会办公室、国家文物局水下文化遗产保护中心编著：《象山遗珠——宁波象山"小白礁一号"出水文物精品图录》，宁波出版社，2015年。

[23] 宁波市文物考古研究所：《句章故城考古调查与勘探报告》，科学出版社，2014年。

[24] 彭德清：《中国航海史》（古代航海史），人民交通出版社，1988年。

[25] 莆田学院妈祖文化研究院、莆田市湄洲妈祖祖庙董事会编：《妈祖文化年鉴》(2013)，人民出版社，2016年。

[26] 陕西省考古学会编：《陕西考古重大发现1949—1984》，陕西人民出版社，1986年。

[27] 上海中国航海博物馆编：《新编中国海盗史》，中国大百科全书出版社，2014年。

[28] 沈福伟：《中西文化交流史》，上海人民出版社，2006年。

[29] 《水运技术词典》编辑委员会：《水运技术词典（试用本）古代水运与木帆船分册》，人民交通出版社，1980年。

[30] 司徒尚纪：《广东文化地理修订版》，广东人民出版社，2013年。

[31] 宋正海：《以海为田》，海天出版社，2015年。

[32] 孙光圻：《海洋交通与文明》，海洋出版社，1993年。

[33] 孙光圻：《中国古代航海史》（修订版），海洋出版社，2005年。

[34] 孙光圻：《中国航海士基础文献汇编》（第一卷·正史卷1），海洋出版社，2007年。

[35] 孙光圻：《中国航海士基础文献汇编》（第一卷·正史卷2），海洋出版社，2007年。

[36] 唐志拔：《中国舰船史》，海军出版社，1989年。

[37] 王冠倬：《中国古船图谱》（修订本），生活·读书·新知三联书店，2011年。

[38] 王小甫等：《古代中外文化交流史》，高等教育出版社，2006年。

[39] 王晓秋：《中日文化交流史话》，山东教育出版社，1991年。

［40］ 王英瑛主编:《湄海祥云：中国妈祖文化》，黑龙江人民出版社，2014年。

［41］ 吴春明:《环中国海沉船——古代帆船、船技与船货》，江西高校出版社，2007年。

［42］ 吴家兴主编:《扬州古港史》，人民交通出版社，1988年。

［43］ 吴玉贤:《海神妈祖》，外文出版社，2001年。

［44］ 席龙飞:《中国古代造船史》，武汉大学出版社，2015年。

［45］ 席龙飞:《中国造船史》，湖北教育出版社，1999年。

［46］ 席龙飞:《中国造船通史》，海洋出版社，2013年

［47］ 徐作生:《郑和宝船扬帆世界》，中华书局、上海古籍出版社，2010年。

［48］ 杨金森、范中义:《中国海防史》(上、下)，海洋出版社，2005年。

［49］ 叶显恩等:《泛珠三角与南海贸易》，香港出版社，2009年。

［50］ 袁晓春、张粤俊:《漆在中国古船的运用与贡献》，载杭州市跨湖桥遗址博物馆编《跨湖桥文化国际学术研讨会论文集》，文物出版社，2014年。

［51］ 曾枣庄、刘琳主编:《全宋文》第77册，上海辞书出版社、安徽教育出版社，2006年。

［52］ 张广达等:《天涯若比邻——中外文化交流史略》，中华书局(香港)有限公司，1988年。

［53］ 张国栋等:《妈祖文化与当代社会》，厦门大学出版社，2016年。

［54］ 张培忠:《海权战略：郑芝龙、郑成功海商集团纪事》，生

活·读书·新知三联书店，2013年。

[55] 张星烺《中西交通史料汇编》(第一册～第四册)，中华书局，2003年。

[56] 章巽：《〈法显传〉校注》，复旦大学出版社，2015年。

[57] 郑和下西洋六百周年纪念筹备领导小组等：《云帆万里照重洋》，中国社会科学出版社，2005年。

[58] 郑绍昌：《宁波港史》，人民交通出版社，1989年。

[59] 郑一钧：《论郑和下西洋》，海洋出版社，2005年。

三、论文（按作者姓氏拼音排序）

[1] 蔡薇等：《吴国的王舟艅艎》，《国家航海》2012年第1辑。

[2] 陈高华：《元代的航海世家澉浦杨氏——兼说其他航海家族》，《海交史研究》1995年第1期。

[3] 陈丽华：《元代畏吾儿航海家亦黑迷失与泉州港——以三方碑刻为中心》，《海交史研究》2017年第1期。

[4] 陈学文：《戚继光在台州》，《浙江外国语学院学报》2012年7月第4期。

[5] 戴开元：《中国古代的独木舟和木船的起源》，《船史研究》1985年第1期。

[6] 顿贺、席龙飞：《唐代"海鹘"战船复原研究》，《华东船舶工业学院学报》(自然科学版)2004年第4期。

[7] 顿贺：《话说中国古船上的旌旗》，载上海中国航海博物馆主编：《中国航海文化之地位与使命》，上海书店出版社，2011

年。
[8] 葛荣晋：《"西学东渐"与清初"中西会通"的科学观》，《北京行政学院学报》2004年第5期。
[9] 龚昌奇、席龙飞、吴琼：《晋代"八槽舰"复原研究》，《武汉理工大学学报》（交通科学与工程版）2003年第5期。
[10] 龚昌奇、席龙飞：《隋代五牙舰及其复原研究》，《武汉理工大学学报》（交通科学与工程版）2004年第4期。
[11] 广东省博物馆：《广东徐闻东汉墓——兼论汉代徐闻的地理位置和海上交通》，《考古》1977年第4期。
[12] 广西文物保护与考古研究所、合浦县博物馆：《广西合浦县大浪古城址的发掘》，《考古》2016年第8期。
[13] 广西壮族自治区文物考古写作小组：《广西合浦西汉木椁墓》，《考古》1972年第5期。
[14] 何国卫：《对跨湖桥独木舟的研讨》，收入杭州市萧山跨湖桥遗址博物馆编《跨湖桥文化国际学术研讨会论文集》，文物出版社，2012年。
[15] 何国卫：《中国古船建造法考述》，载上海中国航海博物馆编：《国家航海》2015年第13辑。
[16] 何国卫：《中国木板船探索》，船史研究会武汉年会论文，2017年。
[17] 何志标：《跨湖桥独木舟对探索中国舟船文化发端的重要意义》，《武汉船舶职业技术学院学报》2012年第6期。
[18] 介永强：《佛教与中古中外交通》，《厦门大学学报》（哲学社会科学版）2012年第5期。

［19］犁川:《三朝虎臣戚继光》,《文史月刊》2013年第9期。

［20］李宝珍:《兰学在日本的传播与影响》,《日本学刊》1991年第2期。

［21］李蕙贤、文尚光:《赤壁之战斗舰的复原研究》,《武汉水运工程学院学报》1990年第3期。

［22］李振乔:《中国古代水战武器拍竿考略》,《邢台学院学报》2010年第4期。

［23］梁利:《论徐兢及〈宣和奉使高丽图经〉》,《河南大学学报》(社会科学版)1998年第2期。

［24］林广森、钟建明:《关于福州港的研究情况》,《井冈山师范学院学报》(哲学社会科学),2003年第24卷(增刊)。

［25］刘义杰:《福船源流考》,《海交史研究》2016年第2期。

［26］刘迎胜:《汪大渊两次出洋初考》,载《"郑和与海洋"学术论文集》,中国农业出版社,1999年。

［27］洛阳市第二文物工作队:《黄河小浪底盐东村汉函谷关仓库建筑遗址发掘简报》,《文物》2000年第10期。

［28］朴庆辉:《徐兢与〈宣和奉使高丽图经〉》,《延边大学学报》(社会科学版)1988年第2期。

［29］陕西省考古研究所、宝鸡市考古工作队、凤翔县博物馆:《陕西凤翔县长青西汉汧河码头仓储建筑遗址》,《考古》2005年第7期。

［30］上官绪智、温乐平:《从秦汉时期造船业看水军战船及后勤漕运保障》,《南都学坛》2004年第2期。

［31］沈福伟:《元代航海家汪大渊周游非洲的历史意义》,《西亚

非洲》1983年第1期。

[32] 宋兆麟:《从葫芦到独木舟》,《武汉水运工程学院学报》1982年第4期。

[33] 孙春龙:《羊皮筏子及其变迁史》,《新西部》2003年第1期。

[34] 万明:《传播中华文明的伟大使者——纪念郑和下西洋600周年》,《求是》2005年第13期。

[35] 王勇:《鉴真东渡与书籍之路》,《郑州大学学报》(哲学社会科学版)2007年第40卷第5期。

[36] 吴聿明:《郑和下西洋与太仓元明沉船之研究》,《上海造船》2005年第2期。

[37] 西山明彦:《东渡扶桑的鉴真和上》,《扬州大学学报》(人文社会科学版)2011年第15卷第2期。

[38] 许路:《清初福建赶缯战船复原研究》,《海交史研究》2008年第2期。

[39] 叶冲:《中国帆船的建造流程:"架先"还是"壳先"?》,袁晓春、尤泽峰主编:《行舟古丝路　致远新视野——2016年中国航海日行舟致远航海文化论坛论文集》,2016年。

[40] 张世民:《杨良瑶:中国最早航海下西洋的外交使节》,《咸阳师范学院学报》2005年第20卷。

[41] 张世民:《唐故杨府君神道之碑》碑文(参见张世民于2015年7月在中国航海博物馆所作学术报告《杨良瑶与海上丝绸之路》)

[42] 张争胜、刘南威《〈西、南、中沙群岛渔业生产和水产资源调查报告〉的历史价值》,《南海学刊》2015年第一卷第

3期。

［43］中国航海博物馆船模研制中心：《中式木帆船模型建造考证指南（征求意见稿）》，2017年7月25日发布。

［44］周世德：《中国沙船考略》(中国造船工程学会1962年会议论文）。

［45］周世德：《中国沙船考略》(中国造船工程学会1962年会议论文），收于氏著：《雕虫集造船·兵器·机械·科技史》，(北京）地震出版社，1994年。

［46］庄景辉：《郑和舟师驻泊福建航次、时间考》，《海交史研究》1985年第2期。

图书在版编目(CIP)数据

海帆远影:中国古代航海知识读本/中国航海博物馆编著.—上海:上海书店出版社,2018.8
ISBN 978-7-5458-1678-5

Ⅰ.①海… Ⅱ.①中… Ⅲ.①航海-交通运输史-中国-古代-通俗读物 Ⅳ.①F552.9-49

中国版本图书馆 CIP 数据核字(2018)第 152644 号

责任编辑	韩敏悦
装帧设计	郦书径
技术编辑	丁　多

海帆远影:中国古代航海知识读本
中国航海博物馆 编著

出　　版	上海书店出版社
	(200001　上海福建中路193号)
发　　行	上海人民出版社发行中心
印　　刷	上海豪杰印刷有限公司
开　　本	890×1240　1/32
印　　张	10.75
版　　次	2018年8月第1版
印　　次	2018年8月第1次印刷

ISBN 978-7-5458-1678-5/F・41
定　　价　88.00元